KB147939

영국 선생님의 5개국 학교 탐사기

공부 잘하는
아이들의 나라

공부 잘하는 아이들의 나라
영국 선생님의 5개국 학교 탐사기

초판 1쇄 펴낸날 | 2020년 7월 30일

지은이 | 루시 크레헌
옮긴이 | 강이수
펴낸이 | 류수노
펴낸곳 | (사)한국방송통신대학교출판문화원
　　　　주소　서울특별시 종로구 이화장길 54 (03088)
　　　　전화　1644-1232
　　　　팩스　(02) 741-4570
　　　　홈페이지 http://press.knou.ac.kr
　　　　출판등록　1982. 6. 7. 제1-491호

출판위원장 | 이기재
편집 | 박혜원 · 김경민
편집 디자인 | (주)성지이디피
표지 디자인 | 김민정

ISBN 978-89-20-03749-8　03300
값 17,000원

이 도서의 국립중앙도서관 출판예정도서목록(CIP)은 서지정보유통지원시스템 홈페이지(http://seoji.nl.go.kr)와
국가자료종합목록 구축시스템(http://kolis-net.nl.go.kr)에서 이용하실 수 있습니다(CIP제어번호: CIP2020030327).

영국 선생님의 5개국 학교 탐사기

공부 잘하는
아 이 들 의
나   라

루시 크레헌 지음 ︱ 강이수 옮김

지식의날개

차례 contents

PISA, 정치, 그리고 여행의 시작

긴장한 탓인지 나는 무심코 볼 안쪽을 깨물고 있었다. 상하이의 후텁지근한 여름 날씨에 평소보다 답답하게 느껴지는 구두에 신경을 쓰면서도, 머릿속으로는 어설픈 중국어 몇 마디를 미리 연습했다. '워 스 라오스(나는 선생님입니다).' '워 스 잉궈 런(영국 사람입니다).' '워 칸 쉐샤오 마(나는 학교를 봅니까)?'

소란을 피우지 않으려고 아이들이 형형색색의 체육복 차림으로 등교하기 전에 아침 일찍 학교에 도착했지만, 교문 옆에 앉아 있던 수위가 처음 보인 반응은 내가 예상한 대로였다. 그는 도무지 알 수 없다는 표정을 짓더니 어깨를 으쓱했다. 그는 기다렸고 나도 기다렸다. 그는 내가 돌아가기를 바랐겠지만 나는 그대로 버티고 서 있었다. 그러다 내가 미소를 지어 보이자 그가 수화기를 집어 들었다. 내 중국어 실력으로는 통화 내용을 제대로 알아들을 수 없었지만 대강 이런 이야기가 오간 듯했다. "어떤 이상한 영국 여자가 교문 밖에 서서 학교 좀 구경할 수 있냐고 물어보는데, 영어 통하는 사람 좀 보내주십쇼." 수위가 전화를 끊었다.

"셰셰(감사합니다)."

감사 인사를 전하자 그가 고개를 끄덕였다.

몇 분 뒤에 꽃무늬 원피스를 입은 아담하고 날씬한 여자가 호기심과 경계심이 뒤섞인 얼굴로 서둘러 운동장을 가로질러 왔다.

"안녕하세요!"

내가 먼저 인사를 건넸다.

"방해해서 정말 죄송합니다. 많이 바쁘실 텐데요."

그녀는 미소를 띠고 점잖게 고개를 가로저으며 물었다.

"무슨 일로 오셨어요?"

나는 영국에서 온 교사라고 밝히고 상하이 학생들이 국제학력평가에서 최우수 성적을 거두고 있어 이곳 학교교육에 관심이 많다고 대답하면서 이렇게 부탁했다.

"혹시 폐가 되지 않는다면, 이 학교에서는 학생들을 어떻게 지도하는지 보고 배우고 싶어요. 조만간 약속을 잡아서 다시 와도 될까요?"

그 지역에 있는 학교를 방문할 기회가 이미 한번 무산된 터라, 무작정 학교로 찾아가는 방법 말고는 별도리가 없었다. 나는 상하이에 와서 못사는 동네에 있는 학교에서 일주일 동안 학생들을 가르쳤고, 잘사는 동네에 있는 실험적 학교에서도 일주일 동안 수업하고 면담하고 참관을 했기 때문에, 이번에는 내게 숙소를 제공한 교사의 집 근처, 상하이 교외의 주택밀집지역에 있는 보통 학교를 꼭 방문해 보고 싶었다. 내 계획은 현지 학교에서 교사들과 함께 생활하고 학생들과 교류하며 '빅 데이터'로는 알 수 없는 세세하고 미묘한 문화적 차이까지 유심히 살펴보면서 중국 최대 도시인 상하이의 교육제도를 파악하

7

는 것이었다. 상하이를 선택한 이유는 이 도시의 15세 학생들이 읽기와 수학·과학 시험에서 다른 나라의 또래 집단을 압도하며 1위를 했기 때문인데, 나는 그 비결이 궁금했다.

내 직업은 교사이다. 3년 동안 런던의 빈곤 지역에 있는 일반 중등학교에서 근무했다. 말하자면 다소 불우한 환경의 청소년들이 주로 다니는, 그리고 그런 배경과 무관하지 않게 시험에서 그리 좋은 성적을 내지 못하는 학교에서 학생들을 가르쳤다. 쉽지 않은 일이었다. 과제를 독촉하며 아이들을 쫓아다니거나 전날 밤잠을 줄여가며 준비한 연습문제 시험지를 복사하느라 이리 뛰고 저리 뛰다 보면, 점심 먹을 시간은커녕 화장실 갈 시간도 없던 시절이었다. 식구들 앞에서 불평한 적도 있지만 사실 이 부분은 크게 상관이 없었다. 오히려 당시에는 교사라면 당연히 해야 하는 책무로 받아들였다.

내가 좌절감을 느낀 이유는, 아무리 노력해도 내가 가르치는 학생들의 상황이 별로 나아지지 않는 현실 때문이었다. 장시간 수업계획을 짜고 방대한 양의 과제를 검사하고 날마다 자료를 입력하는 일처럼, 업무 대부분은 대외적 목표를 달성하거나 중요한 학교 감사를 통과하기 위해 학교 경영진이 요구하는 사무였다. 나에게 남은 시간과 에너지를 모두 아이들에게 쏟아부어도 학생들 대다수가 맞닥뜨리는 난관을 극복하기에는 역부족이었다.

15세(이 책에서 언급되는 나이는 모두 만 나이를 기준으로 함-옮긴이) 데이나의 경우도 그랬다. 과학을 좋아해서 과학 교사가 되고 싶어 했지만 이미 2년 전부터 실업계 과정에 배정된 상태였다. 어린 나이지

공부 잘하는 아이들의 나라

만 진로를 바꾸기엔 너무 늦어버렸다. 더 좋은 환경, 더 나은 교육제도에서 공부했다면 데이나는 꿈꾸던 인생을 살 수도 있었을 것이다.

나는 교육제도가 더 나은 방향으로 운영될 수는 없는지 알고 싶었다. 교사들이 혹사하지 않으면서도 학생들에게 더 나은 성취의 기회를 주는 바람직한 교육제도는 없는지 궁금했다. 그래서 해답을 찾기 위해 영국 밖으로 눈을 돌렸다. 그런데 어느 나라의 교육제도가 '더 좋은지' 어떻게 판단할까? 각국의 교육 성과를 객관적으로 비교하고 측정하는 방법이 있을까? 그리고 우리는 과연 이렇게 계량화된 교육 성과에 주목해야 할까?

PISA의 정치적 배경

'유럽 교육이 학생들을 망치고 있다'[1]

'전 세계 조사에서 미국 학생들 학습부진'[2]

'PISA 테스트 결과, 상하이가 1위를 차지한 가운데 영국은 제자리걸음'[3]

'PISA 테스트 결과, 호주 중등교육이 10년 전보다 악화'[4]

'노르웨이 학력 저하'[5]

'OECD 조사 결과, 핀란드 10대가 읽기에서 최우수 성적 거둬'[6]

'캐나다 학생들, 과학 시험에서 1위'[7]

3년마다 한 번씩 신문에는 이런 기사가 넘쳐난다. 기자들은 읽기, 수학, 과학 능력을 평가하는 PISA(국제학업성취도평가Programme for

9

International Student Assessment) 결과를 인용한다. 참가국마다 만 15세 학생 대표단이 시험에 응시하며, 2000년에 시행된 첫 시험에는 43개국이 참가했다. 이후 15년 동안 PISA 테스트가 널리 알려지면서 점점 더 많은 국기가 참가 신청을 했고 2015년에는 모두 71개국이 참가했는데, 이는 세계 경제의 약 90퍼센트에 달하는 규모이다. 시험에 응시한 학생 수를 의외의 방식으로 해석한다고 생각하겠지만, 여기에는 그럴 만한 이유가 있다. PISA 테스트의 시행 주체가 다름 아닌 경제협력개발기구OECD이기 때문이다.

이토록 많은 국가가 PISA 테스트에 참가하는 이유는 무엇일까? 두 가지로 대답할 수 있다. 하나는 꽤 간단한 설명이지만 다른 하나에는 훨씬 씁쓸한 사정이 숨어 있다. 우선 OECD는 PISA 테스트가 "의무교육이 끝나는 시점에서, 학생들이 그동안 배운 지식을 실생활에 응용하고 온전하게 사회에 참여할 준비를 어느 정도까지 갖췄는지" 측정한다고 밝히고 있다. PISA 테스트는 또 다른 국제학력평가시험인 TIMSS(수학·과학 성취도 국제비교연구Trends in International Mathematics and Science Study)를 보완하는 정보를 각국 정부에 제공한다. TIMSS는 4학년과 8학년 학생들이 수학·과학 교과과정을 얼마나 잘 마쳤는지 평가하며, 응용력보다는 학업성취도를 측정한다.[8]

두 종류의 시험 결과는 과목별, 문항별, 학생 배경별로 세분되며, 시험에 참가한 국가는 이상적으로는 이 결과를 자국 교육제도의 강점과 약점이 어디에 있는지 확인하고, 교육개혁과 학생의 능력 배양, 또는 추가 재정 지원의 대상이 될 영역을 선정하는 잣대로 삼는다. 또한 PISA는 지식을 단순히 암기하고 재현하는 능력보다 지식을 적용하고

공부 잘하는 아이들의 나라

활용하는 능력을 측정하도록 세심하게 고안되었기 때문에, PISA 테스트 참가국은 자국의 교육제도에서 이와 같은 교육 과업이 얼마나 성공적으로 수행되고 있는지 확인하는 유용한 도구를 얻을 수 있다. 중국이 2009년에 상하이 학생들을 PISA 테스트에 참가시키고, 2012년과 2015년에는 추가로 다른 도시까지 참가시킨 이유도 여기에 있다.

그럼 세계 여러 나라가 국제학력평가에 응시하는 보다 씁쓸한 이유는 무엇일까? PISA 테스트가 시작된 배경을 살펴보면 쉽게 짐작할 수 있다. 1980년대에 이례적으로 미국 공화당과 프랑스 사회당이 연합해 주도적으로 PISA 테스트를 구상하고 실행하기 시작했다. 1983년 로널드 레이건Ronald Reagan 당시 미국 대통령은 〈위기에 빠진 미국Nation at Risk〉이라는 제목의 교육 관련 보고서를 받아보고 나서, 보고서 제목에서 결론을 짐작하듯이 그 내용에 충격을 받았고, 국가적 교육개혁을 실행하고자 했다. 하지만 교육을 완전한 자치에 맡겨야 한다는 여러 주정부의 저항에 부딪치는 바람에, 그는 교육정책을 국제적 이슈로 부각하여 대통령 권한으로 통제할 방법을 모색하고 있었다.

이 무렵 대서양 건너편에서는, 프랑스의 교육부 장관 장-피에르 쉬벤느망Jean-Pierre Chevenement이 교육개혁을 추진하면서 개혁의 명분을 세우기 위해서 프랑스의 엘리트 교육제도의 실패를 입증하려고 시도하고 있었다. 레이건과 쉬벤느망은 한마음으로 국가 간 교육 성과를 비교할 수 있는 국제 교육 조사를 원했고, OECD가 이 국제학력평가를 제공하기를 바랐다. 전 세계에서 상이한 문화권에서 통용될 만한 문제해결 능력을 읽기와 수학·과학 세 과목만으로 정확히 평가하겠다는 시도는 상당히 야심찬 계획이었으므로 개발 기간이 상당히 오래 걸렸지만, 2001년에 드디어 OECD가 제1회 PISA 테스트 결과를 발표했고, 이 결과는 세계 각국에서 교육개혁의 명분으로 활용되었다. 당시 노르웨이의 국무장관은 첫 번째 PISA 테스트에서 노르웨이 학생들이 거둔 저조한 성적을 인용하며, 이 결과가 교육개혁을 실행할 '순조로운 출발점'이라고 표현했다.[9] 미국에서는 PISA 테스트 결과가 '최고를 향한 경주'라는 연방정부 학생성적 책임 프로그램(연방정부가 책임지고 학생들의 성적 향상을 도모하고 주별로 성취도를 평가하는 상향경쟁 교육정책-옮긴이)을 시행하는 핵심적 명분으로 이용되었다. 뉴질랜드에서는 논란이 분분한 교육개혁을 정당화하기 위해 정부가 OECD 자료를 인용한 사실을 두고 일부 교육전문가들이 'OECD의 망령'이라고 비판하기도 했다.[10]

　PISA 테스트 결과를 교육개혁의 원동력으로 삼는 것 자체는 잘못된 방향이 아니다. 세계 최고의 교육제도를 보유했다고 자부하던 독일 국민은, 2001년 PISA 테스트에서 자국 학생들의 읽기와 수학·과학 실력이 실제로는 국제 평균 이하이며, 교육제도도 OECD 회원국 가운데 가장 불공정한 편에 속한다는 결과를 받고 이른바 'PISA 충격'을 겪었다. 충격의 여파로 독일에서 교육 관련 토론, 자기 탐구, 연속 기획 TV 프로그램이 활성화되었고, 다양한 증거 기반 개혁이 전국적으로 퍼져나갔다. 그 결과, 이후 10년 동안 독일의 교육제도와 PISA 테스트 순위는 향상되었다.

　물론 PISA 테스트는 특정한 교육 영역에서 성공을 가늠하는 기준을 제시하고, 성적이 우수한 외국의 교육제도에서 한 수 배울 수 있는 기회를 제공한다는 점을 대표적 장점으로 내세울 수 있다. 적어도 정치인들은 이렇게 주장한다. 하지만 안타깝게도 이것이 항상 옳은 주장은 아니다. 정치인들은 일반인과 마찬가지로 증거를 선별한다고 알려져 있다. 다시 말해, 이미 세워놓은 계획을 뒷받침하는 우수한 교육제도의 특징과 자료만 선택해서 인용하고, 상정된 개혁안에 의심을 품을 만한 증거는 묵살한다.[11] 따라서 성공적인 교육제도의 운영방식, 그리고 분석된 테스트 결과의 의미를 더 많은 사람이 더 자세히 아는 것이 특히 중요하다. 그래야 교육개혁이 값비싼 비용을 들이고도 무용지물로 전락하기 전에, 우리가 정치인들에게 설명을 요구할수 있기 때문이다.

책을 쓴 계기와 접근 방법

PISA 테스트와 관련해서 이미 모든 정보가 공개되어 있지만, 대중은 충분히 알아보려고 하지 않는다. OECD는 국가별 보고서와 국가 간 비교 분석 보고서의 형태로, 내가 따라잡기 버거울 만큼 계속해서 새로운 자료를 발행한다. 추가로 자문위원 및 학자와 언론인 등 전문가의 검토, 분석, 논평 정보도 제공한다.[12] 내가 이 책에서 소개할 일부 전문가가 내린 결론은 OECD가 도출한 결론과 일치하지만 전문가들이 OECD의 영향을 받지는 않았다. 여러 분야에서 나보다 훨씬 더 훌륭한 자문위원과 학자들이 참여했으므로 커다란 가치가 있는 분석이지만, 전문가 분석은 현상을 반쪽만 보여준다. 효과 크기effect size(비교하려는 집단들 사이의 차이 혹은 관계를 나타내는 표준화된 지표-옮긴이)는 포함하고 인적 요소는 배제하기 때문이다. 분석된 자료를 들여다보면, 어떤 요인이 서로 상관관계에 있는지는 알 수 있지만 각각의 요인이 문화적 맥락에서 어떻게 상호작용하는지는 알 수 없다. 즉, '현상'에 대해서는 알 수 있지만, 현상의 '원인'이나 '방법'에 대해서는 알 수가 없다.[13]

비가 추적추적 내리는 영국에서 '최상위' 국가들의 교육제도에 관련된 자료를 읽다 보니, 더욱 총체적이고 실질적인 모습을 알고 싶다는 생각이 간절해졌다. '실제 수업은 어떻게 진행될까?' 수많은 궁금증이 이어졌다. '싱가포르 학부모들은 자국의 교육제도가 우수하다는 사실을 알고 있을까, 아니면 외국의 교육제도를 부러워할까? 핀란드 정부가 7세 이후부터 학교교육을 시작하는 이유는 뭘까? 나도 아이가 있다면 핀란드 학교에 보내고 싶어질까?' 나는 OECD가 발행한 보고서와 학계 문헌에서 여러 국가의 교육방법론과 특정한 교육정책의 효과를 각각 확인할 수 있었지만, 직접 경험하지 않고는 나라마다 전반적인 교육이 구체적으로 어떻게 이루어지는지 알 수 없었고, 더 큰 그림을 보기 전에는 섣불리 결론을 내릴 수 없었다.

스스로에게 이런 질문을 던질 무렵, 막 석사 과정을 마친 나는 정해진 직장이 없었고 빚도 자식도 없는 처지라 영국에만 머물러 있을 이유가 없었다. 그래서 그때부터 내 친구가 '못 말리는 안식년'이라고 이름 붙인 여정에 나섰다. 최우수 교육제도를 갖춘 학교의 주소를 인터넷에서 검색한 다음, 해당 학교 교사들에게 발송할 이메일 초안을 작성하기 시작했다. 내가 그곳에 가서 임시 교사 역할을 할 수 있는지, 그리고 몇 주 동안 숙식을 함께할 수 있는지 문의하는 내용이었다. 그러다 문득 미치광이가 보낸 이메일이라며 아무도 내게 기회를 주지 않으면 어쩌나 하는 생각이 들었고, 결국 나는 아이패드를 세워 놓고 미래의 하숙집 주인에게 최대한 제정신으로 보이도록 짧은 자기소개 동영상을 만들었다.

PISA 테스트에서 최상위권을 차지한 10개국 가운데 상하이와 싱가포르는 경이로운 점수 때문에 선택했고, 일본은 1억 이상의 인구를 가진 규모가 큰 국가라서, 핀란드는 당시 동아시아 국가들보다 우수한 성적을 거둔 유일한 서구 국가라서, 마지막으로 캐나다는 문화적·지리적으로 다양한 배경 속에서도 좋은 성적을 거둔 국가라서 선택했다. 나는 맨 먼저 방문하고 싶었던 핀란드의 교사들에게 이메일을 전송하고 나서 기다렸다. 과연 누가 답장을 할까 반신반의하면서, 여차하면 계획을 변경해서 무작정 헬싱키로 건너가 '핀란드 교육에 대한 여러분의 생각을 듣고 싶습니다. 와서 말 걸어주세요!'라고 적은 커다란 플래카드를 들고 커피숍에 앉아 있어야 하는 건 아닐까도 생각했다. 그러던 차에 놀랍고 기쁘게도 크리스티나라는 이름의 교사가 답장을 보내왔다. 다음 장에서 우리는 그녀를 만나게 될 것이다. 크리스티나처럼 믿을 수 없을 만큼 너그럽고 열린 마음으로 나를 흔쾌히 받아주고, 이 책을 쓰는 데 핵심적 역할을 해준 각국의 교육자들에게 무한한 감사를 보낸다.

내가 택한 방식은 이렇다. 방문하는 나라마다 현지 교사의 집에 묵으면서 현지인의 생활방식과 문화를 더 깊이 이해하려 노력했고, 교육제도의 전반적 면모를 파악하기 힘든 '명문' 학교는 되도록 피하고 싶었기 때문에 비공식 경로를 통해 학교에 방문했으며, 가는 곳마다 교직원이 나를 편하게 대할 때까지 한 학교에서 적어도 일주일 이상 머물렀다.[14] 방문한 국가마다 대략 4주씩 머무는 동안 3주는 학교 안에서 생활했다. 수업을 직접 하거나 보조할 때도 있었고, 끊임없이 질문을 하며 지냈다. 이 책에 소개한 면담 중에는 내가 공식적으로 녹음한 내용도 있고, 지하철을 타고 집에 가는 동안이나 국수 한 그릇을 먹는 동안 사람들과 허물없이 나눈 비공식적인 대화도 있다. 열정적인 학교 관리자들, 쟁쟁한 교육계 인사들, 질풍노도 같은 학생들과 체념한 부모들의 이야기도 실었다. 이런 식으로 나는 다양한 교육적 접근법과 그 이면에 자리한 교육 이념에 관해 방대한 정보를 얻었고, 세계 '최상위' 교육제도를 둘러보는 여행을 함께하면서 내가 알게 된 내용을 공유하려고 한다.

학업성취도와 큰 그림

내가 학회 강연을 다니기 시작했을 때, 발표를 끝마치고 나서 공통적으로 받은 질문은 실제로는 비판에 가까웠다. "왜 우리가 PISA 테스트를 신경 써야 하죠? 교육은 시험 성적이 다가 아닙니다." 매우 훌륭한 지적이다. PISA 테스트에 관심이 없다면, PISA 테스트 성적이 좋은 다른 나라의 사정에도 관심을 두지 말아야 한다. 이런 훌륭한 주장이 거듭 등장하는 배경에는, PISA 테스트 결과를 둘러싸고 벌어지는 소동으로 인해 정부가 매우 편협한 교육 기준에 집중하게 되고, 결국에는 아동의 예술적 소양이나 시민의식, 개성과 사회성 발달처럼 다른 중요한 교육 목표까지 희생시키게 된다는 인식이 깔려 있다. 영국과 미국의 일부 주에서 실제로 이런 일이 벌어지고 있으며, 나도 옹

호할 생각은 없다. 하지만 이런 현상이 벌어지는 이유는 정부가 PISA 테스트 순위를 지나치게 중시한 나머지 OECD가 제공하는 방대한 데이터를 바람직한 교육제도의 방향을 설정하는 유용한 정보로서 제대로 활용하지 못했기 때문이다. 이런 사례 때문에 PISA(또는 TIMSS) 테스트의 가치가 떨어진다고는 생각하지 않는다.

사람들의 대다수가 교육이 읽기, 수학, 과학보다 훨씬 폭넓은 분야라는 생각 못지않게, 넓은 의미의 교육에 읽기, 수학, 과학이 포함되어야 한다는 견해에도 동의할 것이다. 나도 처음 조사를 시작할 때 PISA 테스트 최상위권 국가들이 다른 영역을 희생하는 교육제도 덕분에 읽기, 수학, 과학 영역에서만 뛰어난 성적을 얻었는지, 아니면 세 영역에 투자하는 시간을 특별히 늘리지 않고도 이해도와 학습능력을 향상하는 방법이 따로 있는지 궁금했다. 청년들이 학교를 졸업한 뒤에 사회생활을 하려면 읽기, 수학, 과학 과목에서 최저 학력 수준을 달성하는 것이 매우 중요하다. 그리고 현시점에서 영국의 교육제도는 모든 학생을 충분히 교육하지 못하고 있다. 2012년 PISA 테스트에 참가한 영국 학생(15~16세) 가운데 17퍼센트가 읽기 영역에서 기초학업성취수준(2등급)을 달성하지 못했고, OECD는 '기초학업성취수준에 미달'한 학생들을 '능률적·생산적으로 사회에 참여하는 데 필요한 기술이 근본적으로 결여되었다'고 평가한다. 수학 영역에서 기초학업성취수준에 미달한 학생은 22퍼센트로 5명당 1명꼴이었다.

다음의 〈Box 1〉에서 확인할 수 있듯이 기초학업성취수준은 상당히 초보적이며, 11년이나 학교를 다니고 의무교육을 거의 마무리하는 단계의 학생들에게는 더욱 그렇다. OECD가 막무가내로 성취수준을 설정한 것은 아니다. 호주, 캐나다, 덴마크, 스위스의 청년들을 대상으로 실시한 연구에 기초해서 각각의 등급을 매겼다. 수년간 추적조사를 한 끝에, 연구자들은 기초학업성취수준(2등급)에 미달한 학생들이 졸업 후 대학이나 직장에서 자주 심각한 어려움에 직면한다는 사실을 확인했다.[15] 이는 경제적 어려움에만 그치지 않는다. 스케이트보드 선수가 되건 식당을 차리건 가정을 꾸리건, 우리가 인생에서 어떤 일을 하고자 할 때 이와 같은 기본적 학업성취 기술이 부족하면 삶이 곤란해지고 기회를 잡기도 어려워진다.

Box 1 PISA의 기초학업성취수준(2등급)

◆ 2등급을 성취하지 못한 학생은 아래와 같은 문제에 답할 수 없다는 뜻이다.

PISA 수학 문제 [2등급]
여행길에서, 헬렌은 처음 10분 동안 4킬로미터를, 다음 5분 동안 2킬로미터를 이동했다.

다음 중 옳은 진술은?
A. 헬렌의 평균 이동 속도는 처음 10분이 다음 5분보다 빠르다.
B. 헬렌의 평균 이동 속도는 처음 10분과 다음 5분이 같다.
C. 헬렌의 평균 이동 속도는 처음 10분보다 다음 5분이 빠르다.
D. 주어진 정보로는 헬렌의 평균 이동 속도를 알 수 없다.

◆ 영국의 15~16세 학생들 중 5분의 1에 가까운 인원이 아래와 같거나 낮은 수준의 문제를 푸는 데 그쳤다.

공부 잘하는 아이들의 나라

PISA 읽기 문제 [1a등급]

칫솔질을 더 오래, 더 세게 할수록 이가 더 깨끗해질까? 영국의 연구자들은 아니라고 말한다. 다양한 방법으로 시험을 실시해 본 결과, 그들은 이를 닦는 완벽한 방법을 알아냈다. 2분 동안 적당한 세기로 칫솔질을 할 때 가장 좋은 결과가 나왔다. 칫솔질을 세게 하면 음식물 찌꺼기와 치석은 제거되지 않고, 치아 법랑질과 잇몸이 손상된다.

칫솔질 전문가 벤티 핸슨에 따르면, 칫솔은 연필을 쥐듯 잡으면 좋다. 핸슨이 권고한다. "한쪽 어금니 맨 안쪽부터 시작해 반대쪽까지 이를 차례차례 솔질하세요. 잊지 말고 혀도 닦으세요! 혀에는 구취를 일으키는 박테리아가 엄청나게 많으니까요."

이 글의 주제는?
A. 이를 닦는 가장 좋은 방법
B. 가장 좋은 칫솔
C. 건강한 치아의 중요성
D. 이를 닦는 다양한 방법

따라서 제도를 불문하고, 한 국가에서 최소한의 성취수준에 도달한 학생의 비율은, PISA 테스트로 측정되는 결과에서 유의미한 부분이라고 나는 생각한다. 물론 이 밖에도 고려해야 할 수치가 많다. 또하나 유심히 살펴볼 부분은, PISA 테스트에서 최우수 등급을 받은 학생의 비율이다. 가령 전 국민이 기초수준에는 도달했지만 뛰어난 인재가 없어 아무도 복잡한 문제를 해결할 수 없다면, 그 나라의 교육제도는 쓸모가 없다. 이 부분은 다른 OECD 수치, 즉 5~6등급을 받은 학생의 비율로 확인할 수 있다. 물론 가장 널리 쓰이는 지표는 각종 기사 제목에 그대로 인용되고 국가별 학업성취도를 간단히 요약해 주는 평균점수이다.

하지만 여기서 끝이 아니다. 만약 6등급 이상의 최상위 성적을 거둔 학생들이 모두 부유한 가정 출신이고, 기초수준에 미달한 학생들이 모두 빈곤선 이하의 생활을 하고 있다면, 우리는 이 결과를 어떻게 받아들여야 할까? 불공평한 일이 아닐까? 범세계적으로 배경이 결과에 영향을 미치는 경우에 학생의 가정환경을 학업성취의 주요 원인으로 지목하지만, 교육제도로 이 상관관계를 강화 또는 약화할 수 있다(그렇다고 교육제도가 상관관계를 고착한다는 비난을 전적으로 받을 정도는 아니다). 학생의 배경이 학업성취에 얼마나 영향을 미치는지 나타내는 척도를 교육의 '형평성equity'이라고 한다. 이제 PISA 테스트에서 2등급 최저수준에 도달한 학생들의 비율, 5~6등급에 도달한 학생들의 비율, 그리고 평균점수를 바탕으로 본격적인 논의를 시작해 보자. 함께 5개국을 여행하는 동안 필요한 경우에는 아동의 정신건강이나 '행복지수'처럼 측정하기 어려운 부분에 대해서도 살펴볼 것이다.

어떤 특정한 결과를 유심히 살펴본다고 그 결과를 이끌어낸 최선의 방법이 저절로 모습을 드러내지는 않는다. 우선적 목표 혹은 가치와 그 목표를 달성하는 데 필요한 '효과적 방법'은 전혀 다른 영역이다. 전자에 대해서는 교육과 관련된 사람이라면 학부모, 교사, 정치가, 기업가 할 것 없이 누구나 공공연히 목소리를 높여야 한다. 교육이 추구하는 목표와 가치는 모든 민주주의 국가에서 타당하고 중요하다. 그렇지만 목표한 대로 결과를 이끌어내는 방법은 과연 무엇일까?

이 질문에 대한 답을 찾기 위해서는 세계로 눈을 돌려 증거를 확인해야 한다. 각종 수치와 상관관계를 분석하고, 더 나아가 여러 나라의 학생들을 관찰하고 교사들의 목소리에 귀 기울이면서, 교육 이념을 발견하고 모든 증거를 연결해서 퍼즐처럼 완벽하게 들어맞는 큰 그림을 그려야 해답을 찾을 수 있다.

이 책에서 나는 내가 찾은 큰 그림의 일부를 공유할 생각이다. 여러 증거를 연결해 세계 최고의 교육제도를 갖춘 5개 나라의 교육 현황을 소개하고, 몇몇 성공 요인도 제시할 것이다. 큰 그림을 보고 나면 각국의 역사와 문화적 요소를 조금이나마 접하게 되고, 능력이 제각각인 아이들을 가르치는 어려움을 교육제도로 어떻게 해결했는지, 교육에 관심을 높이기 위해 정부가 어떤 다양한 방법을 모색했는지, 그리고 학부모의 성향과 태도가 자녀교육에 어떤 영향을 주었는지 알게 될 것이다. 또한 성공한 교육방법론을 심리학의 관점에서도 분석해 볼 것이다. 함께 핀란드로 떠나보자!

Cleverlands

Part 1
핀란드

취학 전 교육, 교내 아동복지팀

Tyvestä puuhun noustaan.
달리기 전에 걷기부터 배워야 한다. (핀란드 속담)

~~~~~~

"아, 늦어서 미안합니다. 핀란드 사람은 원래 잘 안 늦는데!" 헬싱키 중앙역의 시계탑 아래서 나를 발견하고 크리스티나가 서둘러 다가왔다. 약속시간보다 겨우 2분 늦은 시각이었다. 크리스티나는 철저한 시간 관념 말고도 영락없는 핀란드 사람이었다. 그녀는 겸손하고 논리정연하며, 믿음직하고 상당히 과묵했다. 그러면서도 자기 학교에서 수업을 하고 싶다는 생면부지의 영국 여자에게 도박을 걸었고, 내게 이번 여행이 터무니없는 생각은 아니었다는 확신을 심어주었다. 우리는 학교 수업과 줌바 운동 계획을 세우며 앞으로 한 달 동안 어떻게 지낼지 신나게 의논했고, 나중에 합류한 크리스티나의 동료 교사 엘사와도 함께 차를 마셨다. 두 사람은 예상대로 완벽한 영어를 구사했고, 내게 물어본 영어 단어는 나조차도 들어본 적이 없는 희한한 식물의 이름뿐이었다.

집에 도착하자, 크리스티나의 금발머리 딸들인 6세 엘리나와 4세 벤라가 거실에서 펄쩍펄쩍 뛰고 빙글빙글 돌고 춤을 추면서 내게 '환영식'을 열어주었다. 엘리나는 그날 저녁 내 생애 첫 '핀란드어 선생님'이 되었다. 엘리나는 6세로 아직 읽는 법을 잘 몰랐지만, 일상 사물에 핀란드어 이름이 적힌 그림책을 갖고 있었고, 손가락으로 하나하나 글자를 짚어가며 그림에 해당하는 낱말을 '읽었다.' "사틴바르요 Sateenavaroj(우산)." 엘리나가 소리 내서 읽은 다음 기대에 찬 얼굴로 나를 쳐다보았고, 나는 고분고분 따라 읽었다. "사틴바르요."

엘리나는 아직 초등학교에 들어가기 전이라 읽기를 정식으로 배우지는 않았다. 핀란드 아이들은 7세가 되는 해 8월에 학교에 입학한다(그래서 1학년 나이는 6세 반에서 7세 반까지 다양하다). 입학 전에는 거의 모든 아이가 엘리나처럼 1년짜리 유치원에 다니고, 또 많은 아이가 유치원 이전에 국가에서 보조하는 어린이집에 몇 년간 다닌다.

다음 날 아침 엘리나의 동생 벤라를 어린이집에 데려다주면서, 크리스티나가 어린이집 교사와 면담하는 자리에 나도 따라갔다. 우리가 걸어서 지나친 어린이집 마당에는 밝은색 외투와 장화 차림에 방울털모자를 쓰고 모래투성이가 된 아이들이 가득했다. 이리저리 뛰어다니는 아이, 조그만 플라스틱 물레방아에 물을 붓는 아이, 모래밭에 구덩이를 열심히 파는 아이도 있었다. 건물 출입문에는, 전날 엘리나 선생님의 수업이 무색하게도, 내가 해석할 수 없는 여러 단어로 어떤 질문이 적혀 있었고, 나오는 길에 나는 크리스티나에게 무슨 뜻이냐고 물어보았다. "이건 '오늘 충분히 놀았나요?'라는 뜻이에요. 놀이가 아이들에게 얼마나 도움이 되는지 설명해 주죠. 어린이집이나 유치원에

25

서 아이들은 책상 앞에 앉아서 하는 형식적인 공부 대신 놀이를 통해서 배운답니다."

'어떻게 그게 가능하지? 7세까지 놀기만 하는데 어떻게 15세 핀란드 학생들은 국제 시험의 읽기와 수학·과학 영역에서 최상위 수준에 도달할까?' 나는 속으로 생각했다. '5세에 정규교육을 시작하는 영국 10대보다 한두 해 정도 뒤처져야 하는 게 아닌가, 앞서는 게 아니라….'

의문을 풀기 위해 나는 책을 찾아보았다. 우선 핀란드에서 미취학 아동에게 놀이를 강조하는 것은 유아기를 마음껏 누리게 하려는 단순한 이유가 아니었다. 놀이가 아동의 신체적, 인지적, 사회적, 감정적 발달에 유익하다는 연구 결과에 따라, 핀란드 국민이 심사숙고해서 선택한 전략이었다.[16] 유치원에서는 사실상 읽기와 수학에 대비한다는 목표를 세우지만, 본격적인 수업이 아니라 '준비 활동preparatory activities'이라는 방식을 택한다.[17] 어떤 의미일까?

핀란드 아이들은 사회성과 긍정적 자아 관념, 옳고 그름을 판단하는 분별력을 발달시키기 위한 교육과정 외에도, 읽기와 수학 공부에서 요구되는 이해력과 기술 및 태도를 기를 수 있도록 다양한 활동과 환경에 노출된다. 미취학 아동에 대해 핀란드 교육과정에서는 "문해력literacy은 듣고 말하는 능력, 자신의 생각을 상대방에게 전달하고 상대방의 의견을 듣는 능력, 사물에 대해 사람들과 토론하는 능력, 질문하고 대답하는 능력을 토대로 형성된다"라고 규정하고 있다. 아이들은 동화, 소설, 시와 노래에 관해 토론하면서, 그리고 스스로 읽고 쓰려는 자발적인 노력을 칭찬받고 지원받으면서 읽기 능력을 기른다.

이 가운데 대표적인 동화가 핀란드의 창조신화 〈물의 어머니〉 이야기이다. 물의 어머니는 바다에서 성인 남자를 낳았는데 그가 바로 예지자 뵈이네뫼이넨^{Väinämöinen}이다. 물의 어머니가 700년 동안이나 배 속에 품고 있었기 때문에, 뵈이네뫼이넨은 태어날 때 이미 어른의 모습이었으며, 엄청난 지혜와 마법을 갖추고 흰 수염이 길게 자라 있었다. 당연히 강보에 쌀 필요도, 가르칠 필요도 없었다. 그렇지만 평범한 아이들은 수염 없이 태어나고, 반드시 형식교육이 필요하다. 하지만 여전히 의문은 남는다. 정규교육은 언제 시작해야 이상적일까?

취학연령과 취학 전 교육

핀란드 국민이 세계적으로 최상위권의 문해력을 갖추고 있긴 하지만, 취학연령이 높기 때문에 추후 문해력 발달에 부정적 영향을 미칠 가능성도 배제할 수 없다. 어쩌면 정식 학교교육을 일단 시작하면 학교가 어떻게든 늦은 출발을 벌충하거나, 어린 시절에는 놀이가 필수적이라는 낭만적 사고를 극복하는 어떤 문화의 힘이 발휘되는지도 모르겠다. 역사적으로 볼 때 핀란드에는 누구나 읽고 쓸 줄 알아야 한다는 보편적 정서가 강했다. 16세기 당시에는 핀란드인이 결혼하려면 종교 경전의 일부분을 읽을 수 있어야 했다. 더 최근에는 1인당 도서관 대출도서 권수가 한 해 평균 18권으로 세계 1위를 차지하면서 핀란드인의 독서에 대한 애정을 증명했다. 따라서 우리는 핀란드 아동이 7세 이전에 공교육을 받지 않는다고 해도, 15세가 되면 결국 읽기에 숙달되리라 예상할 수도 있다.

하지만 세계적으로 증거를 살펴보면, 다소 늦은 나이에 정식 학교 교육을 시작한 아동의 경우에도 이후 읽기 능력에 지속적 차이가 생기지는 않는 듯하다. 이 분야에서 시행된 두 건의 비교 연구는, 국가마다 취학연령이 5세(24개국, 섬나라 15개국 포함[18]), 6세(143개국), 7세(38개국)로 다양하다는 사실을 최대한 활용했다. 지난 1992년, 국제교육협회 IEAInternational Education Association는 학교교육을 5세에 시작하는 국가와 7세에 시작하는 국가를 비교해 아동의 읽기 능력에 차이가 나는지 알아보는 연구를 실시했다. 그리고 연구진은, 9세가 되면 읽기에서 학교교육을 4년째 받은 아이들(취학연령 5세 아동)이 2년째 받은 아이들보다 아주 근소한 우위를 보일 뿐이라고 보고했다.

아동의 연령이 높아지면서 이런 차이가 완전히 상쇄되는지 알아보기 위해, 현재 독일에서 활동하는 뉴질랜드 출신의 교육심리학자 서배스천 서게이트Sebastian Suggate는 2009년에 학교교육을 6세부터 시작하는 국가를 포함해 총 54개국의 PISA 테스트 자료를 분석했다. 분석한 결과에서 15세 무렵에 읽기 성취도 면에서 취학연령을 원인으로 볼 만한 차이점은 발견되지 않았다. 다시 말해, 2년 먼저 학교교육을 시작해도 의무교육을 마치는 시점에는 아무런 차이가 없었다.[19] 그렇지만 이 결과만으로 학교교육을 일찍 시작해도 전혀 이득이 없다고 단정할 수는 없다. 취학연령이 높은 국가에서 실제로는 미취학 아동에게 학교교육과 유사한 과정, 말하자면 아이들을 교실에 앉혀놓고 교재를 익히게 한 다음 목표를 달성했는지 평가하는 식으로, 매우 체계적인 수업을 하고 있는지도 모른다. 54개국의 취학 전 교육 실태를 모두 파악하지는 못했지만, 의무교육을 이른 나이에 시작하는 것

(혹은 취학 전에 선행학습을 하는 것)과 핀란드처럼 놀이를 중심으로 하는 비교적 자유로운 취학 전 교육과정을 비교하는 연구를 찾아보았더니 상당히 일관된 결과가 나타났다. 학교교육을 조기에 시작하면 처음 몇 년 동안은 학업성과가 좋았지만, 초등학교를 마칠 무렵에는 늦게 시작한 아이들이 먼저 시작한 동급생을 따라잡거나 앞지르기도 하면서 선행 효과가 거의 사라지는 경향을 보였다. 이와 같은 결과는 국가 내에서도(아일랜드, 독일, 미국의 경우[20]), 그리고 국가 간에도(슬로베니아, 스위스, 영국[21]) 나타났고, 읽기뿐만 아니라 수학에서도 확인되었다.[22]

　여기까지 조사를 진행한 시점에서, 나는 핀란드가 정규교육을 늦게 시작하는 배경에 대해서 품었던 의심을 조금은 거두게 되었다. 길게 볼 때 학문적 성과에 긍정적 차이가 없다면, 놀이 위주의 교육을 좀 더 오래한다고 무슨 해가 되겠는가? 취학연령이 높은 경우 나중에 한층 폭넓은 효과를 거둔다는 연구 결과를 계속해서 찾아보고, 오히려 긍정적 영향을 미쳤다는 증거까지 접하고 나자, 회의적인 생각은 거의[23] 사라졌다. 예를 들어, 덴마크의 연구자들은 학교교육을 1년 늦게 시작하면(5세~5세 반에서 6세~6세 반) 아동이 7세가 되었을 때 주의력 결핍 및 과잉행동이 뚜렷하게 감소되고, 이 차이가 11세까지 지속된다는 사실을 확인했다.[24] 노르웨이에서도 늦게 입학한 남자 아이들이 18세가 되었을 때 상대적으로 정신건강이 더 양호했고, 여자 아이들도 10대에 임신할 가능성이 더 낮다는 분석 결과가 나왔다.[25] 정식 학교교육을 1년 뒤로 늦춰도 장기적으로 학과 성적에 영향을 주지 않고 오히려 긍정적인 사회적 효과를 기대할 수 있다면, 굳이 서두를 이유가 없지 않을까?

그렇지만 분석을 여기서 멈추면 자칫 오해가 생길 수 있다. 너무 어린 나이에 학교에 보내지만 않으면 아동이 취학 전에 뭘 하든 상관없다는 인상을 줄 수 있기 때문이다. 분명히 말하지만 그건 사실과 다르다. 영국 아동 3,000명을 대상으로 실시한 취학 전 환경에 대한 심층 연구에 따르면, '우수한 수준'의 어린이집이나 유치원(Box 2 참조)에 다니는 것이 아동 발달에 전반적으로 긍정적 영향을 미쳤고, 2~3년에 걸친 취학 전 교육은 아동의 지적·사회적 발달에 도움이 되며, 특히 사회취약계층 아동에게 유익했다.[26] 구체적으로는 취학 전 교육이 이후 아동의 읽기 능력 발달에 중요한 역할을 했다. OECD는 'PISA 테스트 읽기 영역에서 유치원에 다닌 아이와 안 다닌 아이가 평균 54점의 점수 차를 보였으며, 이 차이는 학교교육으로 치면 1년 이상'이라고 발표했다.[27] 이 격차는 취학 전에 우수한 교육에 노출되면 아이들이 조기에 언어를 효과적으로 습득한다는 증거로 해석될 수 있다.[28]

 Box 2 취학 전 교육에도 차이가 있다

핀란드의 어린이집과 유치원은 우수한 성과와 상관관계 혹은 인과관계가 있다고 일관되게 증명된 다음과 같은 기준에 맞춘다.

교사 1인당 아동 7인[29]

아이들과 충분히 상호작용할 수 있는 교사의 규모와 비율은 수준 높은 취학 전 교육의 특징이다. 핀란드는 3세 이상의 경우 교사 대 아동 비율이 최대 1:7(3세 이하는 1:4)을 넘지 않도록 권고하는데, 이는 OECD 회원국 가운데 최고 수준이다.

교사의 수준 높은 자질과 교육과정 이해도[30]

교사의 자질이 높은 환경에서 아이들은 우수한 성적을 거두고 더 발전한다. 핀란드에서 미취학 아동을 담당하는 교사는 ISCED(국제표준교육분류International Standard Classification of Education) 5단계(학사 학위)에 상응하는 학력을 최소 요건으로 갖춰야 하며, 정부가 보조하는 전문 교사 연수에도 참가해야 한다.

발달에 적합한 교육과정에 따른 교육 내용[31]

'발달에 적합'한 교육과정은 모든 학습 활동이 아동 주도적이라는 의미는 아니다. EPPE(취학 전 교육의 효과에 대한 연구The Effective Provision of Pre-School Education, 2004년 영국에서 최초로 실시된 3~7세 아동의 취학 전 교육에 대한 추적 연구-옮긴이)에 따르면, '탁월한' 환경에서는 교사와 아동이 주도권을 똑같이 나눠 갖는다. 핀란드의 취학 전 교육과정은 학과 내용 습득과 사회성 발달이라는 학습목표를 중심으로 운영되지만, 이들 목표는 놀이를 통해 실현된다.

어찌된 영문일까? 왜 학교교육을 일찍 시작해도 장기적으로 읽기와 수학에서 효과가 나타나지 않는 반면, 선행학습을 하지 않는 취학 전 교육은 나중에 학습발달에 도움이 되는 걸까? 핀란드 아이들은 7세가 되어야 정식으로 학교에 들어가지만, 그 전에 놀이를 중심으로 하는 수준 높은 유치원에 다닌다. 그렇다면 우리가 진짜해야 할 질문은

'핀란드가 취학 전 교육에 어떤 방식으로 접근하는가?'가 될 것이다.

이 질문에 답하기 위해서 기독교 성경을 잠시 살펴보자.

"농부가 씨를 뿌리러 나갔다. 뿌려진 씨앗이 더러는 길에 떨어져 짓밟히고, 더러는 하늘을 나는 새의 먹이가 되었다. 어떤 씨앗은 바위에 떨어져 싹이 나기는 하나 물기가 없어 말랐고, 또 어떤 씨앗은 가시덤불 한가운데로 떨어져 가시덤불과 함께 자라면서 숨통이 막혔다. 어떤 씨앗은 좋은 토양에 떨어져, 싹을 틔우고 무럭무럭 자라 백배의 결실을 맺었다. (루카 복음 8장, 5-8절)

서게이트는 성경에 등장하는 씨 뿌리는 농부의 우화를 인용해, 저마다 다른 시기에 읽기를 배우기 시작하는 아이들이 실제로 차이를 보이는 이유를 설명했다.[32] 2세가 되기 전에는 읽기를 가르치려 애써봐야 길 위에 씨앗을 흩뿌리는 것처럼 헛수고가 될 것이다. 이 시기의 아이들은 아직 읽기를 시작할 기술도 언어 능력도 인지능력도 없기 때문이다. 3~4세 때 읽기를 가르치는 일은 씨앗을 바위에 뿌리는 것처럼 겉으로는 성과를 거두는 듯하지만, 아이가 읽기에 필요한 능력을 충분히 갖출 때까지 기다렸다가 가르치는 것보다 훨씬 더 많은 수고가 든다. 다른 한편으로 준비가 미흡할 때 가르치는 데 시간을 들이면, 철자와 발음의 연관성을 인식하고 어휘를 늘리는 것처럼 정작 아동에게 필요한 지식과 기술을 발달시키는 데 사용할 시간을 낭비하는 셈이 된다.

기름진 토양에 씨앗을 뿌리는 일은, 비유하자면 토양이 무르익을 때까지는 밑거름을 주듯 준비 과정에 집중하는 것이다(말하자면 끝이 없을 것 같아서 여기까지만 하겠다). 처음에는 아이들이 읽기와 산수를 잘할 수 있도록 준비하는 단계에 집중한 다음, 지식과 기술을 빠르게 습득할 준비가 된 연후에 본격적으로 가르치고 평가해야 한다. 서게이트는 이 방식을 '루카 효과Luke Effect'라고 불렀고, 핀란드 교사들이 다름 아닌 이 방식을 취하고 있었다. 교사들은 읽기를 가르치기 전에 모든 아이가 읽기에 필요한 선행 기술을 먼저 발달시키도록 격려하고 기다려준다. 모든 아이가 7세에 입학하는 것은 아니라서, 유치원에 다니는 동안 학교 갈 준비가 됐는지 평가받고, 준비가 부족한 아이들은 1년 더 유치원에 다닌다. 반대로 또래보다 발달이 이른 아이들에게는 유치원에서부터 다양한 읽을거리를 접하도록 격려하고 지원한다. 그러나 이 경우에도 준비된 아이들에게 기회를 제공하는 차원이지 모든 아이에게 읽기를 요구하지 않는다는 점이 핵심이다.

학습의욕에 따른 차이

핀란드 아이들은 일단 읽기를 배우기 시작하면, 습득 속도가 대단히 빠르다. 한번은 방과 후에 마르조-리타라는 젊은 초등학교 교사와 한참 이야기를 나누었는데, 그녀는 1학년 크리스마스까지, 다시 말해 학교를 다닌 지 겨우 4개월이 지난 시점까지 모든 아이가 읽을 수 있도록 가르친다고 했다. 핀란드라서 가능한 일이겠지만, 사실 핀란드어에는 뚜렷한 이점도 있다. 핀란드어는 철자법이 매우 정직해서 글자와 소리가 일대일로 대응하는 편이라, 아이들도 충분히 연습하면 상당히 쉽게 읽을 수 있다. 반면 영어는 'gh'라는 똑같은 글자가 'trough[trɒf]'와 'though[ðəu]'처럼 다르게 발음된다. 결과적으로 영어권 아동이 읽기를 배우는 데 상대적으로 시간이 더 오래 걸리게 되고,[33] 일부에서 주장하듯 일찍부터 읽기를 가르쳐야 한다는 의미로 해석할 수도 있다. 물론 아이들이 기초를 다지지 않고도 성공적으로 배운다는 의미는 아니다. 루카 효과는 여기서도 적용된다.

영어권 아동이 읽기에서 배울 부분이 더 많다고 하더라도, 글자 두 개를 묶어서 하나의 소리로 발음한다는 사실을 먼저 충분히 이해하기 전에는 'trough'와 'though'를 읽거나 구분할 수 없을 테고, 어차피 여물통trough이 뭔지 알기 전에는 읽을 수 있다고 해도 별 도움이 되지 않는다. 교사들도 이 점을 잘 알고 있지만, 학교에서 아이들에게 투자하는 시간에 비해 일찍부터 너무 많은 성과를 요구하면, 교사들도 어쩔 수 없이 가르칠 때 기본 단계들을 서둘러 진행하게 된다. 아이들의 대다수가 준비됐을 때 학년 전체가 다음 단계로 올라가야 한다는 점이 잘 이해되지 않는다면, 'igh'와 같은 문자소grapheme를 어떻게 읽는지 5세 아이들에게 가르친다고 한번 생각해 보자. 발달이 빠른 아이들은 이 단계를 받아들일 준비가 되어 있으므로, 어떤 글자가 다른 글자와 결합하면 발음이 달라진다는 개념을 이해할 수 있을 것이다. 물론 이해한다고 해도 어휘 수준에 그치기 때문에 장기적으로는 이점이 없지만, 어쨌든 뜻을 몰라도 단어를 읽을 수는 있게 된다. 글자와 발음이 상응한다는 개념을 이제 막 깨우친 아이들에게 이것은 매우 힘든 일이다.

이 상황은 읽기를 일찍 배운 아이들이 늦게 배운 아이들에 비해 훗날 학습에 부정적인 태도를 보인다는 연구 결과와도 일맥상통

34

한다.[34] 그러나 영국 케임브리지대학의 데이비드 화이트브레드David Whitebread 교수가 강조했듯이,[35] 아이들은 연습할수록 더 잘하게 된다. 또 읽기를 좋아하고 학교 밖에서도 책을 읽으려는 의욕이 높은 아이들이, 준비되기 전에 억지로 책 읽기를 강요당하는 바람에 책을 멀리하게 된 아이들보다 읽기에 능숙해질 가능성이 높다. 핀란드의 한 초등학교에 머물 때, 나는 아이들이 조용히 읽고 있는 책이 뭘까 궁금해서 1학년 교실을 들여다본 적이 있다. 어떤 아이들은 꽤 두꺼운 책을 읽고 있어서 놀랐는데, 가까이 가서 살펴보니 핀란드에서 유난히 인기가 많은 도날드덕 만화를 어른들이 보는 책처럼 제본한 양장본이었다.

핀란드 라플란드대학의 연구진 카이사 키베리Kaisa Kiiveri와 카리나 마타Kaarina Maatta는 초등학교에 갓 입학한 1학년 아이들이 정식 수업을 받기 전에, 이제 읽기를 배울 텐데 기분이 어떠냐고 물어보았다.[36] 아이들은 1학년 때 대부분 읽는 법을 모른다고 생각하면서도, 자기는 '조금' 읽을 수 있다고 대답했다. 대체로 아이들은 자신의 학습능력을 믿었고 '배움이 즐겁다'고 여겼다. 몇몇은 이미 읽는 법을 안다고 스스로 정확하게 평가하면서, 입학하기 전에 혼자 집에서 또는 친구들과 어울려 읽기를 공부했는데, 아주 재미있고 놀라운 경험이었다고 말했다. "처음으로 글자 읽었을 때는, 음… 롤러코스터 처음 탈 때랑 비슷했어요. 그때도 엄청 신났거든요!"

7세 무렵에 초등학교에 입학하는 핀란드 아이들이 다양한 읽기 수준을 보인다는 사실은 앞에서 확인했다. 하지만 유치원 시절부터 읽기 능력에서 격차가 벌어져, 입학 전에 읽기를 먼저 시작한 아이들이 뒤늦게 시작한 아이들보다 1학년 때부터 빠르게 앞서 나간다고 주장하는 연구도 있다. 그렇다면 그다지 형평성이 보장된 교육제도가 아니라는 생각이 들지만, 아직 더 확인할 것이 있다. 서게이트의 대규모 국제비교연구를 다시 살펴보면, 취학연령이 낮은 교육제도에서 상대적으로 성적에 큰 변동성variability이 나타난다. 우리가 취학 전 교육에서 벌어진 격차가 장기적으로도 영향을 미친다고 가정했을 때 예상한 결과와는 정반대의 경향이 나타난 것이다. 이 수수께끼의 단서는 초등학교에 입학한 다음 벌어지는 상황에서 찾을 수 있다. [그림 1]의 그래프를 살펴보자.

이 그래프는 울라 레파넨Ulla Leppanen과 동료들의 논문에서 인용한 것이다. 연구팀은 초기 교육 단계에서 다양한 핵심 시기별로 아동의 읽기 능력을 측정했다. 1기T1는 유치원 입학 후 2개월이 지났을 때(6세 무렵), 2기T2는 유치원 입학 후 9개월이 지났을 때(6~7세), 3기T3는 초등학교 1학년이 되고 나서 2개월이 지났을 때(7세 무렵), 그리고 4기T4는 초등학교 1학년이 된 지 9개월이 지났을 때(7~8세)에 해당한다.[38] 연구자들은 결과를 분석하면서 아이들을 세 개 그룹으로 묶었다. 그룹 1은 유치원 초기부터 비교적 높은 읽기 능력을 보인 아이들, 그룹 2는 유치원에서는 수준이 낮았지만 초등학교 1학년 때 급격히 향상된 아이들, 그룹 3은 유치원에서 수준이 낮았고 초등학교 1학년 동안에도 더디게 향상된 아이들이었다. 유치원 초기에는 높은 수행과 낮은 수행을 보인 아이들 간의 격차가 컸지만, 1학년 때 그룹 2가 급격한 향상을 보이고 그룹 3도 상대적으로 완만한 향상을 보였기 때문에 격차는 급격히 줄어들었다. 연구팀은 아이들의 대다수가 읽기

그림 1　핵심 시기별 아동의 읽기 능력

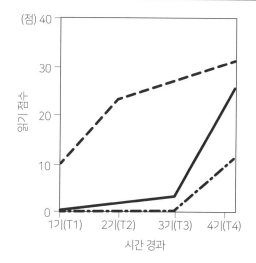

그림 1　핵심 시기별 아동의 읽기 능력

- ━ ━ 그룹 1: 유치원 초기(1기)부터 읽기 수준이 높았던 아동 71명
- ━━ 그룹 2: 유치원(1~2기) 때 읽기 수준이 낮았다가 초등학교 1학년(3~4기) 때 급격히 향상된 아동 113명
- ━·━ 그룹 3: 유치원(1~2기) 때 읽기 수준이 낮았고, 초등학교 1학년(3~4기) 때 비교적 더디게 향상된 아동 11명

출처: Leppanen et al.(2004)[37]

를 배우면서 비슷한 과정을 거치기 때문에 이런 결과가 나왔다고 분석했다. 다시 말해, 아이들은 글을 모르는 상태에서 처음 배울 때는 급속도로 질적인 변화를 경험하지만, 이후 어휘력과 이해력이 발달하는 동안에는 처음보다 완만한 속도로 변화를 경험한다. 읽기 능력이 급격히 발달하는 시기는 처음 출발 단계에 따라 개인차가 있다. '급속 발달'이 이루어지려면 읽기 직전 단계까지 준비가 되어 있어야 한다.

만약 그룹 2와 그룹 3에게 준비되기 전에 읽기를 가르치면 어떤 일이 벌어질까? 내 추측으로는, 검은 실선으로 표시된 그룹 2의 발달선이 더 일찍부터 상승하겠지만, 아이들이 읽기를 어렵고 재미없다고 느낀다면 위 그래프만큼 가파른 상승세를 보이지는 못할 것 같다. 그룹 3의 경우에는 훨씬 더 못할 가능성이 크다. 앞서 소개한 2009년 연구에서 서게이트는, 정규 교육을 일찍 시작하는 국가에서 학생들의 점수 차가 크게 벌어지는 원인은 학습부진 아동의 좌절감 혹은 낮은 자존감 탓일 수도 있다는 가설을 세웠다. 그리고 좌절감과 낮은 자존감은 자신의 발달 단계보다 지나치게 어려운 학습과제를 수행해야 하는 학생들이 겪게 된다.[39] 똑같은 좌절을 겪더라도 주로 생일이 빨라서 동급생보다 발달상 앞서가는 아이들은 크게 영향을 받지 않으므로, 학습능력에서 격차가 그만큼 더 벌어진다.

핀란드는 이런 상황을 피해 갔다. 핀란드는 발달이 늦은 15세 학생들도 상대적으로 높은 성과를 냈기 때문에, PISA 테스트 참가국 가운데 최소 수준의 점수 편차를 보였다.

특별 지원 정책

읽기를 쉽게 배우는 아이들도 있지만, 여러 가지 특수한 사정 때문에 7세에 시작해도 읽기가 부진한 아이들이 있다. 핀란드에서는 학습부진이 발생하면 교사들이 바로 행동에 들어간다. 조기에 도움을 줄 수 있도록 입학 전부터 학습장애가 있는 아이들을 선별한다. "읽기와 쓰기가 부진한 아이들은 교과목 교사와 보충수업을 해요. 일주일에 한 번씩 방과 전이나 후에요. 그리고 필요하면 특수교사를 초빙해서 아이들을 지원하기도 하죠." 마르조-리타라는 교사가 내게 들려준 이야기이다. 이것은 정말 특별한 지원 정책이다. 특수교사는 숙련된 학습 개입 전문가로, 학생들이 주로 겪는 각종 학습장애의 유형과 극복 방법을 추가로 훈련받은 적임 교사이며, 교과목을 담당하지 않기 때문에 필요할 때 학생들에게 도움을 줄 수 있다. "요즘은 모든 학교에 이런 교사 자원이 있으니까, 그런 면에서 우린 아주 운이 좋아요." 그녀가 덧붙였다.

하지만 특수교사의 월급을 지원하는 식으로 재정만 투입해서는 문제를 해결할 수 없다. 교과목 교사는 문제가 생긴 학생을 곧바로 특수교사에게 보내지 않는다. 우선 교과목 교사는 학생에게 개인적으로 최대한 도움을 준다. 그리고 추가로 도움을 요청하기 전에 자신이 학생을 어떻게 지원했는지 의무적으로 기록한다(교사들이 불만을 가지는 부분이다). 학교에서 곤란을 겪는 아이들이 받을 수 있는 지원은 세 단계로 마련되어 있다. 단계별로 일반 지원, 강화 지원, 특별 지원이다. 일반 지원은 교사가 동원 가능한 모든 전략을 사용하는 단계이다. 방과 후 보충수업, 부진한 아이를 도와줄 수 있는 우수한 아이를 옆에 앉히거나 수업시간 안에 과제를 끝마치도록 교사가 추가로 돕는 방법, 그 밖에 교사 연수에서 배운 한층 정교한 전략이 여기에 해당된다. 이렇게 말하는 교사도 있었다. "방법의 문제일 때가 많습니다. 그러니까 교사가 방법을 배워야죠. 아이를 도울 방법을 알아야 합니다. 물론 교사 스스로도 방법을 고민해야 하지만, 실제 사례를 접하는 게 더 수월해요."

온갖 노력을 기울여도 계속 어려움을 겪는 학생은, 일주일에 한

번 특수교사와 만나는 '정기' 지원을 받게 되고, 교과목 교사도 학부모와 상의해서 학생 맞춤형 교육을 따로 계획한다(강화 지원-옮긴이). 이렇게 최대한 지원해도 학생이 수업에서 동급생보다 뒤처지는 경우에 한해서만 별도 교육과정을 한 과목 이상 구성하게 된다(특별 지원-옮긴이). 이와 같은 단계적 지원 정책은, 어떤 학생이 심각한 학습부진으로 일반 공교육의 교과과정을 따라가기에는 역부족이라고 인정하기 전에, 할 수 있는 모든 지원을 다한다는 전제에서 시행하는 것이다. 학부모가 동의하고 학생 지원팀의 승인을 거치면 학습부진 아동은 별도의 소규모 학급에서 특별 집중 관리를 받으며 공부할 수 있다.

이런 지원정책은 비교적 새로운 제도이다. 과거에는 특별 관리가 필요한 학생들을 무조건 별도로 분리해 교육했지만, 지금은 학습부진 학생을 일반 학급에 포함하는 데 보다 중점을 두기 때문에, 학생들이 특수교육을 받기 전에 단계별로 다양한 지원을 받는다. 교사들의 반응은 엇갈렸다. 한 교실에서 다양한 수준의 학생들을 두루 보살펴야 하므로 자연히 교사의 업무 부담이 가중되었다. 내가 만나본 특수교사 미카엘은, 교사들이 학습부진을 해결하기 위해 초기에 어떤 노력을 했는지 기록하도록 의무화했기 때문에, 특별 집중 관리가 필요한 아이들이 적기를 놓친다며 우려를 나타냈다. "3단계 지원까지 시간이 너무 오래 걸려서, 학생이 7학년 때 학습부진을 보여도 8학년 말이나 되어야 지원받을 자격이 생깁니다. 학습부진이 관찰된 해당 학년부터 곧바로 지원을 시작해야 합니다."

다학제 융합 지원

핀란드에서는 학교가 학생들을 가르치는 일 외에도 수많은 역할을 수행한다. 핀란드 사람들은 아이들이 힘들어하는 이유가 때로는 공부가 아니라 사회적·감정적 문제, 혹은 건강 관련 문제라는 사실을 알고 있다. 교사 체험을 했던 한 학교에서 나는 다행히 교내에 상주하는 심리학자, 사회복지사, 학습상담사를 만나보는 호사를 누렸지만, 안타깝게도 교내 치과의사, 양호교사, 언어치료사, 가족상담사를 만나볼 기회는 없었다. 전문 인력은 한 학교를 전담하거나, 시간을 쪼개 소규모 학교 여러 곳을 동시에 담당한다.

'아동복지팀'이라는 다학제적 융합 지원팀은 핀란드 교육의 근간으로, 모든 학교에 법적 의무사항으로 편성된다. 대규모 학교에서는 아동복지팀 회의가 매주 두 시간씩 진행된다. 처음 한 시간은 특정 학급에 대해 담임교사와 함께 토론하는데, 이렇게 하면 일 년 동안 모든 학급에 두 번 꼴로 기회가 돌아간다. 이때 해당 학급의 학생 개개인에 관심을 기울이고, 학습 및 교우관계가 원만한 아이들보다 문제가 있는 아이들에게 특히 많은 시간을 할애한다. 다음 한 시간은 교사가 학생들에 대해 자유롭게 논의하는 방식이다. 미카엘은 이렇게 설명했다. "회의에서 교사들은 학생을 전인적 인격체로 보고 저마다의 요구를 분석합니다. 그리고 학생의 문제를 하나씩 분리해서 구체적인 해결책을 찾기보다는, 문제의 근본 원인이 무엇인지 밝히고 어떻게 대처해 나갈지 고민하죠."

영국 출신인 내게는 이 부분이 크게 와닿았다. 접근 방식이 천차만별이기는 하지만, 영국 학교는 겉으로 드러난 문제점을 해결하기 위해 개입할 뿐, 근본적인 원인을 고민하지 않는다. 가령 어떤 학생이 수학 모의고사에서 낙제점을 받으면 보통 방과 후에 수학 보충수업을 듣도록 한다. 그 학생이 낙제한 이유가 우울증 때문인지, 집단 따돌림 때문인지, 아니면 단순계산 능력이 저하되는 경미한 계산곤란증dyscalculia 때문인지 상관하지 않는다. 학습부진의 근본 원인을 이해하는 것이 학습부진을 해결하는 최선책이며, 핀란드에서는 바로 이런 분야의 전문가들이 학교에 상주하면서 학생들에게 실질적인 도움을 제공한다. 이뿐만이 아니다. 핀란드 공교육의 목표는 시험 대비보다 훨씬 광범위하기 때문에, 학생들을 이해하려는 열망도 크다.

핀란드 학교에서 아동복지팀을 운영하는 목적은 '학습과 성장을 위해 건강하고 안전한 환경을 조성하고, 학생들의 정신건강을 보호하고, 사회적 낙오를 예방하며, 학교공동체의 복지를 증진하는 것'이라고 밝힌다. 아이들의 정신건강과 안녕이 교육적 성취와 밀접할뿐더러 교육적 성취 못지않게 중요하다는 생각은 훌륭하다. 틀림없이 영국 학교 교사들도 같은 생각을 하고 있으며, 교장들 역시 복지 전문가로 구성된 팀을 운영하기 위해서라면 자신의 오른팔이라도(돈 대신 오른팔이 영국에서 통용되기만 한다면) 기꺼이 내주려고 할 것이다. 하지만 비용이 너무 많이 든다는 이유로 영국 학교에는 이런 지원이 없다. 핀란드 교육부장관 아르보 야피넨Arvo Jäppinen이 캐나다 세인트메리대학의 제니퍼 청Jennifer Chung 박사와 대담하면서 비용 문제에 대한 견해를 밝힌 적이 있다. "학생 한 명이 실생활에서 낙오된다고 생각하면 그리 큰 비용이 아닙니다. 성인이 된 후에는 더 많은 사회 비용이 들 겁니다. 덧붙여서 말씀드리자면, 학교를 자퇴하면 실제로 사회에 나와서도 제대로 적응하지 못하기 때문에, 국가가 책임져야 하는 비용이 1인당 최소 100만 유로(약 13억 원)나 된다는 계산이 나왔습니다."[40]

학교 중퇴자에 대한 사회 비용은 영국에서도 꽤 높다. 15~17세 사이의 범죄 청소년을 보호 관찰하는 데 드는 비용이 연평균 10만 파운드(약 1억 5,000만 원)에 이른다.[41] 보호관찰 대상자 가운데 대다수가 결국은 학교를 중퇴하고, 절반이 초등학교 수준의 읽기 능력밖에 갖추지 못한다. 미국의 경우에는, 초등학교 4학년을 마칠 때까지 읽기를 배우지 못한 아동 가운데 3분의 2가 결국 범죄자나 생활보호대상자가 된다는 통계 결과가 나왔다.[42] 문해율literacy rate과 수감률의 높은 상관관계 때문에, 텍사스 교도소 설계자들이 10년 후에 필요한 수용실의 수를 예측할 때, 학생들의 문해율을 이용한다는 도시 괴담까지 생겨났다. 물론 이와 같은 상관관계를 근거로, 문해력 결핍이 범죄의 유일한 원인이라고 판단하는 것은 잘못이지만, 문해력 결핍 및 범죄율에 영향을 미칠 수 있는 일부 요인, 예를 들어 학대나 무관심이나 학습장애로 인한 트라우마는 아이들이 학교에 머무는 동안 줄곧 핀란드 아동복지팀에서 공략하려고 노력하는 부분이다. 그리고 학교에 지원하는 비용을 전부 다 합쳐도 추후 사회 비용보다 적게 든다. 야피넨 장관이 말한 대로, "학교가 훨씬 더 싸게 먹힌다."

핀란드의 평준화 합의

Ei oppi ojaan kaada.
교육은 도랑에 빠지려는 사람을 붙잡아 준다. (핀란드 속담)

~~~~~~

1963년 11월 22일은 미국의 케네디 대통령이 사망한 날이자 핀란드의 새로운 교육제도가 탄생한 날이다. 케네디 대통령 암살 소식이 전해지기 직전까지, 핀란드 정치인들은 모든 아동에게 적용되는 통합 교육제도의 수립을 의무화하는 법안을 통과시키고 축하하는 분위기였다. 이 법안은 10세 때 아이들을 평가해 상이한 유형의 교육을 받도록 두 갈래로 구분했던 기존의 제도를 폐지하는 교육개혁이었다. 이후 수십 년 동안 이루어진 핀란드의 교육적 변화가 2000년 제1차 국제학업성취도평가PISA에서 눈부신 결과로 이어진 과정을 살펴보는 것은 매우 중요하다. 핀란드 교육의 성공 원인에 대한 확실한 실마리를 우리에게 줄 수 있는 것은 교육개혁에 따른 정책들이기 때문이다.

내가 머물렀던 학교에서 역사와 정치를 가르친 마리트는 얼마 전 정년퇴직을 맞았는데(끝내주는 핀란드식 순대국 요리사이기도 하다), 교육개혁 이전에 상급 초등학교 임시 교사로 교직에 몸담았었다고 한다. 마리트가 어릴 때 다닌 초등학교는 그녀가 교편을 처음 잡았던 시절과는 또 달랐다. "내가 어릴 때는 초등학교 4학년이 되면 월반시험을 쳐서 중학교에 진학할 수 있었어요. 월반시험에 떨어진 친구들은 초등학교를 끝까지 다니다가 상급 초등학교로 진학했고요."

헬싱키 외곽 지역의 기초교육 담당관 일포 살로넨은 친절하게도 어느 비 오는 오후에 교육청 건물 5층 사무실에 찾아간 내게 핀란드 교육에 대한 자신의 의견과 경험을 공유해 주었다. 그 역시 마리트처럼 '투 트랙dual track' 교육제도 세대였다. "그 때는 학제상 처음부터 학업 성적이 우수한 학교와 직업훈련을 담당하는 학교가 구분되었기 때문에 마음대로 진로를 바꿀 수 없는 시절이었죠. 저도 그랬습니다. 학업 진로를 따르면 대학에 진학하고 다른 진로를 따르면 직업훈련으로 나가는 겁니다. 더구나 그 선택을 10세 때 해야만 하는 제도였으니, 한번 진로를 정하면 되돌릴 길이 없었어요."

1963년에 통과된 교육개정안은 오랜 논의를 거쳐 탄생했다. 통합교육정책comprehensive system(능력 차가 있는 학생들이 동일한 교육을 받도록 통합적 교육과정을 편성한 교육제도로 우리나라의 평준화와 비슷한 개념—옮긴이)이 처음 논의되기 시작한 것은 이보다 16년 전이었고, 여야 심의위원회가 200회 이상 회의를 거쳐 법안이 통과된 이후에도 새로운 제도가 핀란드 전역에 자리잡기까지 또 16년이 더 걸렸다. 1947년에 시작된 교육개혁이 1979년에야 일단락된 셈이다. 답답하기 그지없는 진행 속도라고 볼 수도 있다. 내가 정치인이나 정책입안자나 학부모라면 짜증이 났겠지만, 이렇게 점진적으로 이행되었기 때문에 새로운 교육제도가 성공적으로 자리를 잡았는지도 모른다.

법안이 통과되기까지 16년 동안 의회는 수많은 의견 충돌과 격렬한 토론을 거쳐 마침내 합의를 이뤄냈지만, 처음에는 대학과 초등학교 교사연합의 거센 비판에 부딪쳤다. 중등학교 통합화는 온갖 부작용을 낳을 거라는 반발이었다. 1959년 통합교육으로 전환하라는 권고 보고서가 추가로 나왔지만, 이때까지도 여러 정당의 이견을 좁히는 데 실패했다. 결국 토론과 논쟁은 계속되었고, 마침내 앞으로 더 높은 수준의 교육을 실시하지 않고는 핀란드의 미래가 불투명하다고 믿는 대다수의 동의(찬성 163, 반대 68)로 법안이 통과되었다. 일포 살로넨 담당관의 표현을 빌리자면 "핀란드 인구 500만 명 가운데 한 사람도 교육에서 낙오되면 안 되고, 모두 중요한 인적 자원이기 때문"이고, 교사 마리트의 표현으로는 "핀란드에서는 모든 아이들에게 기회를 주려고 하기 때문"이다.

당시 여당과 정부가 반대 의견을 묵살하고 법안을 추진한 것이 아니라, 그렇게 오랫동안 토론하고 정당 간 이견을 좁혀 합의를 이뤄낸 것이 핀란드의 통합교육제도가 지금까지 별다른 국민적 불만 없이 지속되는 배경이라는 생각도 든다. 2000년에 세계 1위라는 놀라운 PISA 결과가 드러나기 전부터 현재까지, 핀란드에서는 지지 정당과 상관없이 모든 국민이 교육제도에 상당히 만족하고 있었다. 같은 스칸디나비아 국가 중에서도 노르웨이와 스웨덴에서는 사회민주당 지지자들이 교육제도에 찬성하는 반면, 보수당 지지자들은 반대하는 상황과는 대조적이다.

핀란드 교육이 성공한 또 하나의 원인은 제도의 점진적인 도입 과정이다. 1960년대 후반기 동안 핀란드 정부는 새로운 교육과정을 개발해 신설 학교에서 시범적으로 시행하면서 각기 다른 학습능력과 배경을 가진 학생들에게 똑같은 교육을 제공하는 최선의 방법이 무엇일지 고민했다. 이 과정에 수백 명의 교사가 참여했다. 마침내 새로운 교육과정을 시행하게 되었을 때도, 전국에서 동시다발적으로 실시하지 않았다. 교육개혁이 시급한 북부 라플란드부터 시작해 7년 동안 서서히 남부로 확대해 나갔다. 그리고 현직 교사 직무연수를 통해 교사들이 새로운 교육과정을 새로운 교육 이념에 맞게 학생들을 가르치도록 지원했다. 교사들이 이전까지 진학 교육과 직업 훈련으로 분리되어 교사 연수를 받았고, 엄격히 구분해서 학생들을 가르쳐왔기 때문에 교육개혁은 교사들에게도 상당히 어려운 일이었다. 이전보다 높은 수준의 교육과정을 모든 아이들에게 똑같이 가르치는 것이 왜 중요한지 핀란드 국민이 먼저 합의했기 때문에, 그 원동력으로 교육개혁을 완수할 수 있었을 것이다.

핀란드의 교육제도는 과연 어떻게 변화했을까? 모든 아이가 초등학교 입학 후 4년이 아니라 9년 동안 똑같은 교육과정으로 똑같은 학교에서 교육받을 수 있다. 누구나 새로운 교육과정을 따라갈 수 있다는 기본 전제에서 출발하며, 따라서 15~16세가 되면 대학진학을 위한 김나지움 과정 혹은 기술 분야의 취업이나 진학으로 이어지는 직업과정 중에 선택할 수 있다.

당시에 이것은 기존에 분리된 '상급 초등학교'와 '중학교'를 하나로 통합하는 것을 의미했고, 법 개정 없이는 불가능한 험난한 과정이었다. 더군다나 핀란드 정부는 공립뿐만 아니라 사립학교까지 모두 교육개혁의 대상에 포함했다. 이는 사립학교도 앞으로는 정부 지원으로 운영해야 하고, 능력에 따라 학생을 선발하거나 수업료를 차등 부과할 수 없다는 의미였다. 하지만 일반적으로 알려진 바와 달리 핀란드에는 여전히 사립학교가 있는데, 주로 교회와 같은 비국가적 기구에 의해 운영되며, 다른 나라의 사립학교들과는 달리 경제적, 사회적 또는 학문적 선택권은 주어지지 않는다.

통합교육(평준화)의 득과 실

하지만 핀란드가 한다고 해서 무조건 좋거나 유용한 것은 아니다. 통합교육이 다른 대안과 비교해서 유용한지 아닌지 알아보기 위해서 우리가 고려해 볼 수 있는 몇 가지 측면이 있다. 즉, 통합교육이 학업 성과에 어떻게 영향을 미치는지, 부모의 배경에 따라 학생의 학업성취도가 얼마나 달라지는지(즉, 제도의 형평성equity), 그리고 결과의 분산에 얼마나 영향을 미치는지(평등, 기회균등equality) 등을 살펴봐야 한다. 대체로 사람들은, 다른 모든 조건이 평등하다면(조건의 상대적인 중요성은 논쟁의 소지가 크지만), 높은 성취와 형평성이 가치 있는 교육의 목표라는 데 동의할 것이다. 결과의 평등이 반드시 좋은 것인가에 대해서는 상반된 의견이 나올 수 있다. 왜냐하면 많은 경우에 최고와 최저의 결과 사이에 격차가 좁혀지면, 상향 평준화인지 하향 평준화인지 확인해 봐야 하기 때문이다. 통합교육제도의 효과에 대한 여러 연구가 있지만, 다른 제도 차원의 연구와 마찬가지로, 우리는 이 연구 결과를 '성공'의 증거가 아니라 하나의 단서로 받아들여야 한다. 교육개혁의 성공 여부는 개혁의 내용, 개혁의 방법과 환경에 따라 크게 달라질 수 있다.

우리가 주목해야 하는 부분은, 학생들이 인지된 능력에 기초해서 각기 다른 진로(흔히 '실업계 학교'와 '인문계 학교')로 맨 처음 나눠지는 연령을 조사한 연구이다. 핀란드에서는 통합교육개혁을 실시하면서 처음으로 진로를 선택하는 연령이 10세에서 15~16세로 상향되었다. 통합교육은 모든 학생을 같은 유형의 학교에서 가르치는 제도이므로, 통합교육제도에서 아이들은 두 가지 유형의 학교 중 선택해야 하는 시기를 더 나이가 들 때까지 늦추는 것이다.

만약 최초로 진로를 결정하는 연령에 따라 교육의 전반적 성과, 형평성, 평등이 한꺼번에 개선된다면, 통합적 교육제도의 효과는 논쟁거리가 되지 않을 것이다. 한편 교육의 형평성과 평등을 보장하기 위해 학업성과를 소홀히 하거나, 반대로 형평성을 희생하면서 성과를 낸다면, 사람들은 가치관에 따라 어떤 교육제도를 선택해야 할지 논쟁할 수밖에 없다. 학업성취를 위해 교육의 형평성과 기회균등을 희생해야 할까? 아니면 대다수를 위해 소수의 뛰어난 아이들을 희생해야 할까? 다행히도 이 문제를 다룬 연구에 따르면, 이 세 가지 요인은 서로 상충되는 관계가 아니다.

이 분야에서 가장 중요한 연구는 두 명의 경제학자 에릭 하누셰크 Eric Hanushek와 루트거 외스만Ludger Woessmann이 실시했다. 그들은 조기 진로 선택이 어떤 영향을 미치는지, 즉 결과('불평등')와 전반적 학업 수행에 어떤 차이를 가져오는지 조사했다.[43] 그들은 최초로 진로를 선택하는 연령과 교육 불평등 간의 관계를 연구하면서, 각국의 경제

불평등이나 교사의 자질처럼 교육제도 이외의 변수는 배제하고 여러 국가를 비교하는 현명한 방식을 택했다. 그들은 진로를 선택하기 전 초등학교 단계에서 불평등 지수를 측정한 다음, 초등학교 고학년 때 진로 선택을 하는 국가와 그렇지 않은 국가의 불평등 지수를 비교했다. [그림 2]의 그래프는 그 결과로 나타난 불평등 변화 추이를 보여 준다. 아이들의 진로를 조기에 선택하도록 한 국가(실선) 가운데 중등 교육에서 한 국가(슬로바키아)를 제외하고 모든 국가에서 불평등이 증가한 반면, 진로 선택을 나중으로 미루는 교육제도에서는 두 국가(스웨덴과 라트비아)를 제외하고 모든 국가에서 불평등이 감소하는 결과가 나타났다.

모든 사람이 결과의 불평등이 문제라는 데 동의하지는 않을 것이다. 특히 이런 차이는 우수한 아이들이 배경에 상관없이 조기 선택 제도하에서 높은 학업성취를 보인다는 증거가 되고, 따라서 조기 선택을 옹호하는 근거가 될 수도 있다. 그렇다면 우리가 더 관심을 가져야 할 질문은, 빈곤한 환경의 아이들에게 교육제도가 어떻게 영향을 미치는가, 다시 말해 '조기 선택이 형평성에 어떤 영향을 미치는가?'일 것이다. 조기 진로 선택이 모든 배경에서 가장 우수한 학생들에게 학문적 기회를 줌으로써 형평성에 기여할까? 아니면 가정에서 집중적인 지원을 받지 못하는 학생들의 기회까지 박탈함으로써 형평성을 저해할까?

외스만과 동료들은 2003년 PISA 자료를 분석하고 OECD가 제공하는 학생 배경 평가를 활용해, 상이한 교육제도를 가진 국가들을 비교하면서 학생의 배경이 학업성취도 점수에 어떤 영향을 미치는지 조

그림 2	초중등학교에서 드러난 교육 불평등

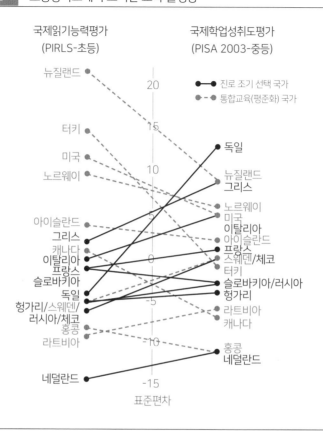

출처: Woessmann(2009)[44]

사했다.[45] 이전 연구들의 결과와 마찬가지로, 학생의 진로 선택 연령이 높을수록 학생의 배경이 학업성과에 미치는 영향이 낮았다.[46] 실증적 증거에 따르면 보다 늦은 나이까지 진로 선택을 미루는 통합교육제도에서 공부한 아이들이 15세가 되었을 때, 학업성취도 시험에서 스스로의 학습능력과 노력에 비례하는 결과를 얻는 한편 부모의 경제력

에는 영향을 덜 받는 것으로 나타났다.

세계적으로 손꼽히는 평준화 교육을 실시하는 핀란드의 경우에도 결과의 분포(평등)나 배경의 영향(형평성) 등 모든 측면에서 결과는 마찬가지였다. 핀란드는 사회계층 간 격차가 크지 않기 때문이라고 단정하기 전에, 핀란드가 비교적 계급차별이 없는 사회가 된 지 불과 얼마 되지 않았음에 주목해야 한다. 1917년 러시아로부터 독립한 직후에 핀란드는 내전에 휩싸였고 계급 간에 분열의 골은 깊어졌다. 핀란드의 개방적인 교육제도는, 내전 이후 유례없는 번영과 더불어 사회계층 간의 차이(그리고 억양 차이까지)를 서서히 좁혀나가는 데 기여한 요인이었다.[47] 물론 통합교육제도만으로 교육의 형평성을 높일 수 있었던 것은 아니다. 영국이나 미국처럼 표면상으로는 통합교육을 시행하지만 형평성과는 거리가 먼 국가들도 있는데, 그 이유는 조금 뒤에 살펴볼 것이다. 어쨌든 공평한 방향으로 제도를 변화시키는 데 통합교육이 분명 도움이 되는 듯하다.

여기까지 살펴본 바로는, 통합교육제도가 합리적인 선택으로 보인다. 하지만 학생들의 전반적인 학업성취는 어떨까? 통합교육이 더 공정한 제도처럼 보이지만, 공정함의 대가로 학생들의 성과를 희생하는 것은 아닐까? 하누셰크와 외스만도 이 부분에 주목했다. 결과는 조기 진로 선택과 불평등의 상관관계만큼 명확하지는 않다. 상이한 유형의 교육제도에 속하는 학생들 사이에서 진로 선택을 나중으로 미루는 제도가 낫다는 통계적으로 유의미한 차이가 확인되었지만, 이 차이는 미미한 수준이었다. 다른 연구에서는, 진로 선택을 나중에 하면 전반적인 학업성취에 적어도 부정적인 영향은 없다는 사실이 확인되었으며,[48] 폴란드와 리투아니아를 포함한 여러 개별 국가의 사례에서도, 진로를 선택하는 연령을 높인 결과 학업 성과에 긍정적인 영향이 나타났다.[49]

1970년대 당시 핀란드의 교육개혁을 비판하는 사람들이 제기한 또 하나의 문제는, 전반적인 학업 수행에 부정적인 영향이 없다고 해도, 우수한 학생들에게는 불이익이 돌아간다는 점이었다. 특히 공부를 잘하는 아이들의 부모가 이 문제에 민감하게 반응했다. 교육의 형평성을 지지하면서도 자기 자식이 가진 잠재력을 마음껏 펼칠 수 없다는 걱정이 드는 것은 학부모로서 당연했다. 다행스럽게도 이 분야를 연구한 결과, 두 가지 모두를 성취할 수 있다고 밝혀졌다. 하누셰크와 외스만은 더 나아가 조기에 진로를 선택하는 교육제도와 나중에 진로를 선택하는 교육제도에서 비슷한 학업능력을 보이는 학생들을 각각 비교한 결과, 어느 쪽에서도 진로 선택을 늦춘 경우에 부정적 영향은 발견되지 않았고 상위 5퍼센트에 해당하는 우수한 학생들의 경우도 마찬가지였다. 외스만과 동료들에 따르면, 나중에 진로를 선택하면 형편이 어려운 학생들의 성과가 향상되는 한편, 형편이 나은 학생들도 학교 제도와 상관없이 비슷한 수준의 성과를 보였다. 더 자세한 내용은 뒤에서 다룬다.

제도적 변화만으로는 부족하다

큰 그림으로 보자면, 학생들이 진로를 나중에 선택하는 것이 평균적인 성과에 최소한의 영향을 미치면서 형평성에 도움을 주는 것 같다. 하지만 전체 그림을 제대로 이해하기 위해서는 좀 더 가까이 다가가서 퍼즐조각처럼 맞물려 있는 온갖 종류의 미묘한 차이점과 세부 사항을 확인해야 한다. 핀란드에 와 있으니 그 부분부터 찾아보자.

핀란드의 통합교육개혁이 시행된 지 몇 년 후, 개혁의 효과에 대한 평가가 있었다. 당시는 PISA 테스트가 등장하기 전이었고, 학교교육을 마칠 무렵 전국적으로 점수를 비교할 수 있는 국가 차원의 학업 성취도 평가 수단도 없었다. 하지만 핀란드는 지금까지도 모든 남성이 20세가 되면 1년간 군복무를 해야 하는 국가이다. 대부분의 역사를 외세의 통치하에서 보낸 나라에서 징병제는 당연하게 받아들여지는 정책이다. 핀란드 청년들이 군에 입대할 때 의무적으로 치러야 하는 몇 가지 인지검사가 있는데, 언어 추론, 수리 추론, 논리 추론이다.

세 영역의 인지검사 중에서, 언어와 수리 영역은 학창 시절 핀란드어 및 수학 수업에서 배운 내용과 대략 일치하기 때문에, 이 영역의 점수가 신병이 받은 교육의 질을 어느 정도 반영할 거라고 기대할 수 있었다. 신병들의 인지검사를 분석한 투오마스 페카리넨Tuomas Pekkarinen, 루페 우시탈로Roope Uusitalo, 사리 커Sari Kerr에 따르면, 통합교육제도로 바뀐 뒤에 학교를 다닌 신병들이 과거 투 트랙 제도에서 학교를 다닌 신병들보다 평균적으로 언어 영역에서만 매우 근소하게 앞섰다.[50] 하지만 국제적 증거와 완전히 일치하는 결과도 나타났다. 부모의 교육수준이 낮은 학생들의 경우에는 교육개혁 전과 후의 평균 점수에서 상당한 차이를 보였다. 다시 말해 환경이 불리한 군인들은 인지검사의 세 영역 모두에서 교육개혁 이전보다 이후에 더 우수했다.

이와 같이 핀란드는 교육개혁 덕분에 매우 공평한 제도를 마련한 것처럼 보인다. 하지만 이것만으로 학생들의 향상된 성과를 설명할 수 있을까? 그렇지 않다. 앞서 언급했듯이 제도를 통한 구조적 개혁 자체는 전체 그림에서 일부분에 불과하다. 페카리넨과 동료들은 개혁이 시행된 이후 첫 4년 동안의 효과를 평가하는 데 그쳤지만, 그 이후에도 핀란드의 교육개혁 성공에 기여한 요인에는 여러 가지가 있다. 대표적으로 세 가지를 언급하자면, 문화적 태도, 교사의 전문성, 보편적인 기대를 꼽을 수 있다. 문화적 태도에 대해서 일포 살로넨 교육 담당관은 내게 이렇게 설명해 주었다.

"교육개혁에서 형식적인 변화와 문화적인 변화는 전혀 다른 양상을 보입니다. 핀란드에서 구조적 변화는 1972년부터 1979년까지 1970년대에 이루어졌고, 북쪽으로부터 서서히 남쪽으로 확산되었지요. 하지만 개혁 이전의 낡은 제도에서 형성된 문화와 지금의 통합교육 문화는, 글쎄요, 변화하는 데 시간이 꽤 걸렸죠. 하지만 아직도 낡은 제도의 흔적이 가끔 눈에 띕니다."

나는 교육개혁 이전에 학교문화가 어땠는지 물었고, 그는 전국적으로 평준화 교육이 추진되었음에도 최근까지 구태의연한 사고방식을 고수하다가 폐교에 이른 어느 학교의 예를 들었다. "해당 학교에서는 학생들에게 '여러분은 모두 대학에 진학할 것이다'라든지, '여러분은 직업교육을 받을 수 없을 것이다. 이 학교 졸업생 가운데 누구도 실업계 학교로 진학해서는 안 된다'라고 강조했습니다. 일종의 비뚤어진 자존심 문제였다고 할 수 있죠."

그러니까 교육개혁 이전에 핀란드 사람들은 우열반과 같은 개념으로 일부 우수한 아이들만 대학에 진학할 자격이 있고, 이 아이들이 직업교육을 받는 아이들보다 선천적으로 우수하다고 인식한 것이다. 모든 아이가 (국가가 교육과정으로 정한) 일정 수준까지 학문적 성취를 이룰 수 있으므로, 16세에 이르러 똑같이 가치 있는 두 가지 진로 중에 선택하게 하자는 교육개혁의 근본 이념에 배치되는 생각이었다. 통합교육을 실시하려는 새로운 개혁은 제도적 변화와 함께 교육 이념의 변화도 가져왔다. 물론 제도적 변화에 비해 새로운 교육 이념이 자리잡기까지는 더 오랜 시간이 걸렸다. 그리고 교사가 학생을 얼마만큼 믿고 기대하느냐가 학생들의 학업성과 자체에 커다란 영향을 미친다. 뒤에 일본 편에서 이에 관련한 놀라운 연구를 살펴보게 될 것이다. 만약 교사가 새로운 교육철학을 받아들이는 대신 일부 뛰어난 학생만 대학에 진학할 능력이 있다는 생각을 고수한다면, 통합적 교육개혁이 효과적으로 이행되기 어렵다. 살로넨 교육 담당관은 다행히 교사들 덕분에, 낡은 사고방식이 사라지고 새로운 포괄적 사고방식이 전반적으로 자리를 잡았다고 평가했다.

통합적 교육개혁을 성공시키는 데 필요한 두 번째 요인도 교사와 관련이 있다. 교사들은 모든 아이들이 학업을 성취할 수 있다는 믿음뿐만 아니라 다양한 수준의 아이들을 가르치는 노하우도 갖춰야 했다. 교육개혁이 시작되고 처음 몇 년 동안, 핀란드의 교사들은 그때까지 전혀 다른 교육제도에서 교사 훈련을 받았기 때문에 적응하는 데 애를 먹었다. 나는 마리트에게 교육개혁 초기에 새로운 유형의 학교에서 학생들을 가르치는 일이 어땠는지 물어보았다.

"내 경우에는 더 어려웠어요. 아이들 중에서도 우수한 학생들이라고 하나요? 그런 선발된 학생들을 가르치는 훈련을 받았으니까요.

새로운 학교에 모인 아이들은 전혀 달랐어요. 그래서 정말 어려웠죠. 왜냐하면 배경이나 수준이 전혀 다른 학생들이 한데 섞여 있는 교실이었기 때문에, 완전히 새로운 교수법을 개발해야 했어요. 그래서 처음에는 어려웠다고 생각합니다."

교육당국이 나서서 새로운 교과과정에 대한 교수법을 교사들에게 연수하는 조직을 학교 안에 운영하기도 했지만, 교사들이 새로운 방식에 익숙해지는 데는 꽤 오랜 시간이 걸렸다. 물론 요즘은 교사의 대다수가 교육학 석사학위를 취득하기 위해 처음부터 이러한 상황에 대비하는 훈련을 받는다.

한편 1970년대에는 없었던 세 번째 성공 요인도 있다. 이 요인을 고려하지 않았기 때문에, 아마 새로운 교육제도가 군인들의 인지검사 중 수리 영역의 평균 점수에 별다른 영향을 주지 못했을 것이다. 또한 이 요인은 왜 복잡한 통계수치를 액면 그대로 받아들여서는 안 되는지 보여주는 좋은 사례가 된다. 핀란드에서 통합교육제도가 처음 시행되었을 때, 사실 학생들이 모두 똑같은 교육과정을 따르지는 않았다. 수학과 언어 영역에서 학생 수준별로 다른 수업이 진행되었다. 마리트는 당시 상황을 이렇게 설명했다. "새로운 제도로 바뀐 뒤 나는 역사와 정치만 가르친 것이 아니었어요. 영어에 서툰 아이들이 있었기 때문에 따로 영어 수업도 했습니다. 처음에는 우리는 언어 수업을 두세 개 반으로, 말하자면 잘하는 아이들과 그렇지 않은 아이들로 나누었죠."

아이들을 능력에 따라 과목별로 다른 수업에 배치하는 것을 수준별 설정setting이라고 하는데, 이 요인 때문에 정확한 연구 결과를 얻기 어렵다. 핀란드의 경우에는 수학과 언어 두 과목에서만 수준별 설정을 했지만, 다른 국가에서는 (처음부터 우열을 나누는 것과는 약간 다른 방식으로) 능력별 편성streaming(전 과목 총점을 기준으로 반을 나누는 방식)을 하기도 한다. 하지만 능력별 편성을 하는 학교들도 공식적으로는 여전히 통합학교라고 불릴 수 있다. 가령 영국의 어떤 통합 중학교에서 처음부터 우수한 학생만 선발하지는 않지만, 11세 때 새로 들어오는 신입생들을 능력에 따라 세 개 그룹으로 나눈다고 치자. 이 학교는 그룹에 따라 다른 교과과정을 가르칠 뿐만 아니라 다른 건물을 사용하고 다른 교복을 입도록 한다. 교육적으로 판단할 때 과연 이것이 우수한 학생만 선발하는 제도와 다르다고 할 수 있을까? 우리가 통합학교제도를 선택하든, 한 학교 안에서 능력에 따라 서로 다른 교과과정을 선택하든(능력별 편성), 과목에 따라 수준별 수업을 선택하든(수준별 설정) 상관없이, 세 가지 방식이 뚜렷하게 구분된다기보다 모두 하나의 구조적 스펙트럼에 포함된다는 사실을 인식해야 한다. 그러면 과목에 따라 수준별 수업을 시행한 학교와 우수한 학생을 조기에 선발한 학교를 비교했을 때 비슷한 결과가 나타나는 것도 놀랄 일은 아니다. 이런 구조적 차이는 학생들의 성적에 거의 영향을 미치지 않지만, 낮은 사회·경제적 배경의 학생들에게는 뚜렷하게 불이익을 준다.[51]

격차를 줄이기 위한 노력

핀란드에서 수학과 언어 과목에서 실시하던 수준별 수업 설정은 오랜 논의를 거친 끝에, 이 관행이 지역, 사회 및 성별 불평등을 고착한다는 내부 연구에 따라 1983년에 마침내 폐지되었다.[52] 이제 시험 점수를 기준으로 학생들을 분반하는 것은 불법이 되었다. 현재는 거의 모든 학교 수업에서 다양한 능력을 가진 아이들을 함께 가르치고 있으며, 학생들의 대다수가 국가가 마련한 동일한 교육과정을 공부하고 있다. 학습능력이 부족한 아이들의 경우에도 성취 목표를 하향 조정하기보다 해당 부문의 지원을 늘린다. 살로넨 교육 담당관은 이것이 핀란드가 PISA에서 성공한 이유 중 하나일 거라고 여긴다.

"PISA 테스트에서 핀란드가 좋은 성적을 거둔 배경에는, 우리가 항상 다양한 학생들로 구성된 교실을 운영해 왔던 전통도 한몫했던 것 같습니다. 우리는 학생들을 선별하거나 성적에 따라 구분하지 않고, '한데 모아놓으면 알아서 잘 지낸다'는 생각을 공유하고 있습니다. 그것이 하나의 성공 요인이 아닌가 싶어요."

그러나 다양한 능력을 지닌 아이들을 똑같이 가르치는 경우에도 합리적인 예외는 있다. 무조건 모든 아이들을 한 교실에 밀어넣지는 않는다. 앞에서 살펴보았듯이, 교사나 특수 교사가 수시로 지원하는 것만으로는 충분치 않은 예외적인 학생들은, 수정된 교육과정에 맞춰 따로 소규모 학급에서 가르친다. 핀란드에 이민자로 와서 아직 언어를 습득하지 못한 아이들은 정규 학교에 다니지만, 정규 수업에 통합되기 전에 언어를 이해하는 데 집중하기 위해 1년 동안 별도 수업을 받는다. 때로 전쟁 난민 출신으로 본국에서 학교를 다닌 적이 없는 10대의 경우에는 1년이 지나도 별도 수업에 머무르기도 한다. 핀란드어를 배우는 것 자체만으로도 충분히 어려운 데다, 그 밖에 따라잡아야 할 공부가 너무 많기 때문에 이들을 위한 수업은 어느 정도 차별화된다.

한편 없어서 오히려 눈에 띄는 부분은, 학과 공부에 뛰어난 아이들을 위한 수업이다. 내가 특별히 이 부분을 콕 집어서 언급하는 이유는, 다른 분야에서 재능이 뛰어난 아이들을 위한 학교는 분명히 마련되어 있기 때문이다. 핀란드에는 음악, 체육, 언어를 전문으로 하는 학교가 있으며, 이 학교들은 학년마다 하나씩 교육과정을 어느 정도 확대 편성할 수 있다. 가령 음악학교라면 추가 음악수업을 편성할 수 있다. 그런 학생 중 한 명이 엠마이다. 엠마는 신예 음악가로 내년에 음대에 입학할 계획을 세우고 있는 고등학생이었다. 내가 엠마를 만났을 때 그녀는 의무교육의 마지막 해인 9학년 음악반에 있었다. 엠마는 똑똑한 학생이기도 했다. (엠마가 자기 입으로 말한 것은 아니다. 그녀도 핀란드 사람다웠다. 엠마가 얼마나 빨리 배우는지 말해준 사람은 선생님들이었다.) 그래서 나는 엠마에게 자신만큼 빨리 수업 내용을 이해하지 못하는 아이들과 한 교실에서 공부하는 기분이 어떠냐고 물었다.

"공부를 잘하는 편이라면 분명히 꽤 짜증이 날 거예요. 영어 시간에 저는 항상 1등으로 문제를 풀거든요. 그럼 더 할 일이 많아져요. '아, 벌써 다 했니? 그럼 나머지도 풀도록 해.' 그런 식이에요. 그리고 선생님이 다른 아이들을 도우라고 부탁하는 경우도 종종 있어요. 이를테면 교실을 돌아다니면서 다른 친구들을 도와주라는 거죠. 뭐 그건 괜찮아요, 별로 상관없었어요. 그런데 지금 와서 생각해 보면, 내 공부만 했으면 훨씬 더 앞서갈 수 있었을 것 같기도 해요."

통합교육제도가 우수한 학생들의 능력을 충분히 발휘시키지 못한다고 비판하는 사람들이 있기 때문에, 핀란드 내에서도 이 부분은 논란이 거센 영역이라고 들었다. 하지만 내가 만난 몇몇 교육자는 상당히 느긋해 보였다. 한 교사는 내게 이렇게 말했다.

"가장 영리한 아이들은 어떻게든 배우게 되어 있어요. 교사가 뭘 하든 말이죠. 그 아이들은 학교의 도움이 꼭 필요한 부류가 아니랍니다." 이 특별한 선생님은 학위가 무려 다섯 개나 있었으니, 멋모르고 하는 소리는 아닐 것이다. 살로넨 교육 담당관도 비슷한 주장을 했다. "재능이 아주 뛰어난 사람들은, 그러니까 현실을 말씀드리는 겁니다. 실제로 재능이 뛰어난 사람과 그렇지 않은 사람이 있죠. 그건 당연한 거고, 공교롭게도 사람마다 재능이 다 다르지 않습니까? 말하자면 공부에 재능이 뛰어난 사람들은 무엇을 하든지 간에 배운다는 겁니다. 그리고 동시에 재능이 없는 사람을 도우면서 다른 것들도 배우게 됩니다. 만약 다양한 수준의 학생들이 같은 수업을 받으면, 머지않아 우수한 학생이 '음, 모르겠니? 이건 이렇고 저렇게 되는 거야'라며 설명해 주는 입장이 되죠. 그러면 우수한 학생들은 머릿속에서 한 차원 높은 수준의 학습을 하게 됩니다. 그런 의미에서 우수한 학생들은 더 많이, 더 다양하게 배우게 되고, 재능이 부족한 학생들도 최소한 기본적인 것들은 배우게 됩니다."

아마도 이런 이유로, 15세 이전에 상급 수업이 없어도 핀란드의 최상위권 학생들의 국제 비교 점수에는 큰 영향을 미치지 않는 것 같다. 2009년 PISA 테스트에서 핀란드는 최상위 수준(5과 6)의 점수를 기록한 학생들의 비율이 과학에서 4위, 읽기에서 7위를 차지했고, 수학에서도 특별히 인상적인 순위는 아니지만 여전히 평균을 훨씬 웃도는 15위를 차지했다. 핀란드 학생들은 15세 이후부터는, 만약 원한다면 학문적으로 우수한 학교에 다닐 수 있고, 거기서부터 명문 대학에 진학할 수 있다. 옥스퍼드대학과 캠브리지대학에는 '통합(평준화)' 학교를 졸업한 북유럽 국가 출신들로 구성된 학생회가 있을 정도이다. 그래도 핀란드 교육에서 개선할 점을 짚어보자면(다른 나라와 마찬가지로 당연히 있다), 가장 영리한 학생들이 능력을 펼칠 수 있도록 고급 과정을 제공하는 방법을 고려해 볼 만하다.

교사의 자격, 교사에 대한 신뢰

Esteet katoavat etevän tieltä.

유능한 사람 앞에서는 장애물도 사라진다. (핀란드 속담)

길고 어두운 혹한을 견딜 수만 있다면, 나는 핀란드에서 아이들을 가르치고 싶다(내가 겨울에 핀란드로 다시 돌아올지도 모른다고 했더니, 엠마가 아주 진지한 목소리로 "선생님은 죽을 수도 있어요"라고 말하긴 했지만 말이다). 채점할 때 사용하는 펜 색깔까지 지정되어 있는 영국 학교 교사 출신이 보기에, 핀란드 교사들은 교단에서 엄청난 자유를 누리는 것 같았다. 영국에서는 교사가 항상 미리 정해진 형식에 맞춰 수업계획서를 작성해 심사받아야 했지만, 핀란드에서는 교사가 일단 자격을 갖추면 수업계획서를 아예 제출할 필요가 없고, 참관 수업을 준비할 필요도 없다. 교사들의 전문적 의견은 모든 면에서 존중된다. 내가 참석했던 교직원 회의에서는 교사들이 학교 구내식당에 어떤 가구를 새로 주문해야 하는지를 마지막 안건으로 토론할 정도였다(내 견학 여행이 마냥 신나기만 한 건 아니었다).

핀란드에서는 장학사가 학교 시찰을 나오는 경우도 없고, 교원 평가도 없다. 교사들이 책임져야 하는 일제고사 같은 시험조차 없다. 15세까지 학생들의 성적은 전적으로 교사가 매긴다. 그런데도 어떻게 핀란드 학생들은 PISA 테스트에서 그렇게 좋은 성적을 거둘 수 있을까? 그뿐만 아니라 어떻게 이런 결과가 전국적으로 고르게 나타날 수 있을까? 핀란드 교육의 성공에는 눈에 보이는 것 이상의 비결이 숨어 있다. 비결의 절반은 동기 부여와 관련이 있고, 나머지 절반은 수업의 질을 관리하는 대안적인 방법과 관련이 있다.

외부 시험, 교사 평가, 학교 시찰이 전혀 없는 교육제도를 한번 상상해 보자. 과연 교사들이 수업에 충분한 노력을 기울일까? 개선이 요구되는 학교에서 필요한 변화를 가져오기 위해 애를 쓸까? 핀란드 학교 교사들을 면담하면서, 나는 대학 시절에 공부한 학습동기에 관한 연구, 그리고 최근에 읽은 대니얼 핑크Daniel Pink의 동기를 주제로 한 책《드라이브Drive》[53]가 떠올랐다. 세계적 미래학자인 핑크는 이 책에서 얼마나 많은 회사들이 구태의연한 욕구의 운영체계에 기초해서 정책을 수립하고 실무를 진행하는지 설명한다. 그는 이것을 '동기 2.0'이라고 부른다(동기 1.0은 오로지 생존을 위한 욕구의 운영체계를 의미한다).

동기 2.0은 인간이 보상을 추구하고 처벌을 피한다는 가정에 바탕을 두고 있기 때문에, 사람들에게 동기를 부여하는 최선의 방법은 당근과 채찍(전적으로 은유적인 표현이다)을 사용해 외재적 동기를 유발하는 것이다. 동기 2.0은 이러한 외부적 유인책(인센티브)이 없다면 인간이 활력을 잃고 뭔가를 열심히 하려 하지 않는다고 설명한다. 하지만 이미 1940년대 초부터 인간에게는 제3의 원동력, 즉 내재적 동기가 있다는 연구가 등장했다. 내재적 동기는 외부적 보상이 없더라도 사람들이 과제 자체에서 내면의 만족을 얻기 위해 어떤 활동을 계속하는 본질적 동기라고 할 수 있다. 핑크는 이것을 '동기 3.0'이라고 부른다.

저명한 심리학자 리처드 라이언Richard Ryan과 에드워드 데시Edward Deci의 연구에 따르면, 개개인에게 내재적 동기를 부여하는 세 가지 심리적 요소는 다음과 같다.

- 숙련성mastery : 개인의 역량과 기술을 향상하여 숙달하려는 욕구
- 관계성relatedness : 주위 사람과 긍정적인 관계를 맺으려는 욕망
- 자율성autonomy : 주도적으로 선택하려는 욕구[54]

핑크는 최신 연구[55]에 근거해서 동기 3.0에 기여하는 네 번째 요소를 추가했다.

- 목적의식purpose : 의미 있는 삶에 대한 목적의식[56]

의도한 것인지는 알 수 없지만, 핀란드의 교육제도는 교사들이 내재적 동기에 따라 스스로 움직이게 만드는 제도라 할 수 있다.

목적의식

이 조건은 이해하기 쉽다. 목적의식이라는 관점에서 보면 교사라는 직업 자체가 사명감을 의미한다. 핀란드뿐만 아니라 일반 교사들

은 다음 세대를 교육하는 것이 중요하다는 생각으로 교직에 뛰어든다. 영국의 한 교육 싱크탱크인 LKMco가 실시한 연구에서, 교사의 대다수가 아이들의 성공을 돕고 싶어서 교사생활을 시작한다는 결과가 나온 것도 같은 맥락이다.[57] 하지만 핀란드는 역사적으로 교직에 대한 소명의식이 매우 강해서, 말 그대로 교육으로 국가를 세운다는 목적의식이 뚜렷했다.

일포 살로넨 교육 담당관은 이렇게 설명했다. "핀란드 문화에서 교육의 역할은 막대합니다. 1860년대에 핀란드 대공국은 러시아 제국의 지배를 받았지만 자치령이었는데, 일부 러시아인이 핀란드를 내버려두는 것은 옳지 않다고 러시아 황제를 압박하기 시작했어요. 그러자 핀란드 대공국은 공립학교 설립 법령을 선포해 의무교육을 시작했습니다. 학교에서 아이들에게 '우리는 스웨덴 왕국도, 러시아 제국도 아닌, 핀란드 대공국의 국민'이라는 것을 가르칠 수 있었지요."

이처럼 교육제도는 핀란드가 독립국가로 나아가는 발판을 마련했다. 핀란드 국민이라는 정체성과 대중문화를 확립할 수 있다면 결국 독립을 요구할 수 있다는 것이 당시 주장의 근거였다. 따라서 교사는 핀란드인의 보루라는 막중한 사명감을 가졌고, 존경을 받았다. 제2차 세계대전이 끝난 후 많은 군인이 교사가 되었을 때도, 이 명성은 변함없이 유지되었다.

그로부터 70년이 흐른 지금도 핀란드에서 교사는 여전히 인기가 많은 직종이지만, 더 이상 예전만큼 존경을 받지는 못한다. 앞으로 진로를 선택해야 하는 연령대에 속하는 엠마에게 물어보니 이런 대답이 돌아왔다. "선생님이 되고 싶다는 애들이 주변에 많은 건 사실인데,

난 잘 모르겠어요. 물론 교사는 분명히 존경받는 직업이지만, 뭐 그렇게 대단히 좋은 건 아니고요." 엠마는 교사가 가령 의사와 같은 수준이라고는 생각하지 않았다. 글로벌 교육재단인 바키 젬스 재단Varkey GEMS Foundation이 발표한 국제 조사가 엠마의 생각을 뒷받침한다. 21개국 1,000명의 대표 표본을 선정해 사회적 위상에 따라 다양한 직업의 순위를 매겨 달라고 요청한 결과, 핀란드의 응답자들은 영국이나 미국의 응답자보다 교사의 순위를 낮게 매겼다.[58]

그럼에도 불구하고 교직은 여전히 매우 인기 있는 직업이다. 임용 정원보다 교직 과정에 지원하는 응시자 수가 훨씬 많기 때문에(수도 헬싱키의 경우 10:1의 경쟁률), 교사를 선발하는 기준이 상당히 까다롭다. 초등교육은 특히 인기가 많다. (하지만 모든 중등교육 과목에 골고루 지원자가 몰리는 것이 아니라서, 핀란드에는 여전히 수학과 자연과학 과목 교사가 부족하다.) 교직 과정에 입학하기 위해서 지원자들은 필기시험과 실기시험을 모두 통과해야 한다. 필기시험에서 지원자들은 교육과 관련된 글을 읽고 나서 그것을 바탕으로 에세이를 써야 한다. 다음으로 실기시험에서 자신의 수업 능력이 어느 정도인지 직접 시강을 하고, 면접을 치른다. 면접에서는 무엇보다 교육에 대한 그들의 도덕적 헌신을 확인하고 그러한 목적의식을 이미 갖춘 인재를 선발한다.

교사의 위상이 예전만 하지 못한데도 왜 이렇게 인기 있는 직업으로 남아 있을까? 엠마가 한 말에서 실마리를 찾을 수 있다. "교사가 되려면 말도 안 되게 힘든 수련 과정을 거쳐야 되잖아요. 그러니까 그런 면에서 보면 확실히 존경받을 만해요. '와, 그 어려운 공부를 모두 마쳤다고? 오로지 아이들을 가르치기 위해서? 그거 꽤 멋진데'라는 생각이 드는 거죠. 선생님이 되려면 정말로 열심히 노력해야 되거든요. 아무나 선생님으로 뽑지는 않으니까요."

또한 핀란드 사람들은 선호하는 장래 배우자의 직업을 묻는 질문에 교사를 높이 평가한다. 그러므로 높은 위상(혹은 OECD 회원국 평균과 비교해서 특별히 높은 임금)은 아니지만, 핀란드 교사들은 도덕적 헌신과 전문성을 모두 갖춰야 하는 직업으로 존경받고 있다. 영국과 미국에서는 교직을 평가할 때 전자보다 후자를 더 중요한 기준으로 삼는다.

숙련성

엠마가 말하는 '말도 안 되는 수련'은 핀란드 정부 지원으로 운영되는 5년제 교육학 석사 과정이다(학사 3년＋석사 2년-옮긴이). 5년 동안 초등학교 교사들은, 교사 훈련 과정을 개설하고 현장 실습도 담당하는 핀란드의 8개 대학 중 하나에서 교육학을 공부하며, 초등학생에게 가르쳐야 하는 모든 과목을 훈련받는다(과목 중에는 아이스 스케이팅도 있다. 나는 체육시간에 이것을 필수로 가르친다는 사실을 알고 기뻤다). 반면에 중등학교 교사들은 전공과목에 따라 학부 과정을 마친 다음 1년짜리 교육학 석사 과정을 거친다. 중등 교사도 5년 동안 공부하는 것은 초등 교사와 같지만, 그중 1년 동안만 특별히 교육학에 초점을 맞추는 점이 다르다.

이들이 석사학위를 받고 교사가 되려면 5년 동안 연구 교육을 포함해 다양한 과정을 수료하고, 각자 선택한 교육학 주제로 석사학위 논문을 작성해야 한다. 내가 만난 교사 리타는 〈영어 교과서에 사용된 성별 언어〉라는 주제로 학위 논문을 제출했다. 핀란드 교사들은 교수법에 대한 최근의 연구를 바탕으로 최신 교육학을 배우고, 교사 훈련에 필수적인 부분인 특수 교사 현장 실습(이를테면 의과대학 부속 병원)까지 이수해야 한다. 엠마는 지난 학기 내내 정규 과목 선생님이 뒷자리에 앉아 기록을 하는 가운데 교생 선생님에게 종교 수업을 들었다.

핀란드가 PISA에서 최상위 성적을 낸 여러 가지 이유 중에, 교사들이 석사 수준으로 훈련을 받는 것을 중요하게 여기기도 하지만, 다른 요인과 마찬가지로, 교사의 수준 자체만으로 차이가 생겼는지 확인할 수 있는 증거는 없다.[59] 석사학위까지 취득해야 교사 자격이 생기는 제도가 핀란드 학생들의 학업성취도를 높이는 데 기여했는지 여부와 상관없이, 의무교육이 시작된 이래로 핀란드 교사들은 일반 국민보다 수준 높은 교육을 받아왔고, 숙달된 전문가라는 인상을 주었다. 석사학위 제도를 도입하기 전부터도 교사 연수생들은 2~3년 동안 교수법을 익혔고, 교직을 전문지식이 필요한 직업으로 인식했다.

마르조-리타 선생에게 임용 후에는 교사 연수가 어떻게 이루어지는지 물었더니, 교사들은 매년 일정한 '현직 교육'을 받아야 하며 교사마다 필요에 따라 스스로 과정을 선택할 수 있고, 따로 시간을 내서 개인적으로 공부도 해야 한다고 설명했다. 영국에서 공교육에 몸담았던 사람으로서 '해야 한다'는 말을 들었을 때, 나는 그 말을 '제대로 교육을 이수했는지 윗선에서 확인하고 단속한다'는 의미로 해석했지만, 마르조-리타가 한 말은 그런 뜻이 아니었다. 좋은 교사가 되기 위해 책을 읽고, 자료를 살펴보고, 동료들과 함께 연구해야 한다는 뜻이었다. 그녀는 말했다. "때때로 공부를 해두지 않으면, 교사 일을 제대로 할 수 없을 것 같아요." 나는 핀란드 사람들이 내재적 동기를 구성하는 처음 두 가지 전제조건을 제대로 갖췄다는 사실을 이 말이 잘 보여준다고 생각한다. 핀란드 사람들은 목적의식이 있는 사람을 선발해서, 교육적 연구를 이해하고 그렇게 이해한 것을 현장에 적용할 수 있도록 훈련했다.

관계성

내가 살펴본 바로는, 핀란드 교사들이 주변 사람과 긍정적인 관계를 맺는 '관계성'이 그 누구보다 뛰어나다는 증거는 없다. 핀란드의 초등학교 교사들은 함께 수업계획을 세우기 위해 최소한 일주일에 한 번 회의를 한다. 새내기 교사를 이끌어주는 베테랑 교사도 있고, 수업 사이에 15분씩 주어지는 휴식 시간 동안 아주 진한 커피를 마시면서 교무실에 앉아서 이야기를 나누기도 한다. 하지만 유달리 특이한 점은 발견하지 못했다. 교장을 제외하면 학교 안에서 권위 있는 직책을 맡은 교사는 없다. 예컨대 같은 과목을 가르치는 교사들은 모두 동등한 전문적 지위에 있다. 교사들에게 성과급이나 서로 경쟁을 일으킬 만한 다른 어떤 조건도 주어지지 않는다. 아마 이런 특징이 요인일 수도 있다.

핀란드 교사들(그리고 학생들)의 관계성을 강화하는 요인 중에는 아마도 소규모 학교가 보편적이라는 점도 있을 것이다. 1990년대 초에는 학생 수가 50명 미만인 학교가 2,000곳이 넘었다. 이런 소규모 학교는 지역사회와 긴밀한 관계에 있었다. 쉽게 말해, 수학 선생님이 주말에 우체국에서 줄을 서 있다가 우리 엄마와 우연히 마주칠 가능성이 크고, 따라서 내가 숙제를 하지 않으면 곤란해질 가능성이 있다는 뜻이다. 하지만 1990년대 초반 불경기를 겪으면서 소규모 학교가 줄줄이 문을 닫는 바람에, 학생들은 이제 버스를 타고 큰 학교로 통학하게 되었다. 지난 20년 동안 지방 학교의 수는 점차 줄어 2012년에는 겨우 660개교만 남았다. 이 상황이 학생들의 성적에 영향을 미치는 것 같지는 않지만,[60] 학생과 교사 간의 관계성에는 영향을 미칠 수 있다. 더구나 지역사회의 구심점 역할을 하는 소규모 학교를 폐쇄하면, 학교 주변 마을의 정체성과 활력을 위협할 우려도 있다.[61]

잠깐 시야를 넓히는 차원에서, 핀란드 교사들이 다른 나라의 교사들보다 더 높은 '관계성'을 가지고 있는지 여부와 상관없이, '관계성'이 중요한 이유와 관계성이 내재적 동기 부여에 미치는 영향에 대해서 몇 가지 흥미로운 연구 결과를 소개하려고 한다. '관계성'이란 '사회적 자본social capital'과 유사한 개념으로, 어떤 사람이 다른 사람과 맺는 관계의 영향력과 그러한 관계에서 생겨나는 가치를 말한다. 학교라는 환경에서 교사들이 맺는 관계는 아이디어를 공유하고 서로 배우는 것이고, 이로부터 생겨나는 강력한 사회적 자본의 특징은 높은 신뢰와 빈번한 상호작용이다.

사회적 자본이 학생들의 학업성취에 미치는 영향을 연구하기 위해, 미국 피츠버그대학의 캐리 리나Carrie Leana 교수는 뉴욕의 초등학교에 근무하는 교사 1,000여 명을 대상으로 설문조사를 실시했다. 조사에 참가한 교사들은 조언이 필요할 때 누구와 상담하는지, 상담을 해준 교사의 전문성을 얼마나 신뢰했는지 등에 대해 답변했다. 그뿐만 아니라 연구팀은 1년에 걸쳐 수학 과목에서 학생들의 진척 상황을 추적했다. 분석한 결과에 따르면, 담당 과목을 놓고 동료들과 자주 대화한다고 대답한 수학 교사들과 동료 교사들 사이에 신뢰감과 친밀감이 있다고 대답한 교사들이 가르친 학생들의 수학 성적이 더 큰 폭으로 향상되었다.[62] 따라서 교사들 사이의 관계성이 두 가지 이유로 중요하다. 교사들은 학생 개개인의 동기를 향상할 뿐만 아니라, 학생들의 학업성취에도 영향을 미친다.

자율성

숙련성, 관계성, 목적의식만 있으면 충분할까? 만약 훌륭한 교사가 되려는 마르조-리타의 노력이, 관료주의나 사소한 부분까지 통제하는 교육당국 때문에 좌절된다면 그렇지 않을 수도 있다. 오해하지 말기 바란다. 핀란드 교사들도 여전히 관료주의의 부담을 떠안고 있다. 가령 앞서 소개한 것처럼, 교사가 학습부진을 겪는 학생을 위해 특수 교사 투입을 요청하려면, 그때까지 해당 교사가 어떤 교육적 개입을 했는지 일일이 문서화해야 한다는 요구 조건이 있었다. 하지만 핀란드 교사들은 가르치는 방법과 가르치는 내용에서는 어느 정도 자율성을 갖는다. 핀란드에서 교사에 대한 신뢰는 대단히 높다. 일단 교사 자격증을 따면, 교원평가 과정이 별도로 없으며, 교사가 어떻게 가르치는지 감독하는 사람도 없다.

일포 살로넨 교육 담당관이 설명했다. "대가를 받으면 반드시 그 일을 완수해야 하고, 누군가로부터 감시받기 싫어하는 정서가 핀란드 문화를 관통하고 있습니다. 그리고 일단 감시를 받으면 실제로 성과가 떨어지는 게 사실이고요. 역사적으로도 이유가 있습니다." 그는 잠시 말을 멈추고 눈썹을 치켜올렸다.

"그 이유가 뭔가요?" 내가 물었다.

"좋은 질문이군요! 당신이 물어볼 줄 알았어요. 간단히 말씀드리면, 1100년대에 핀란드에 스웨덴의 십자군 원정대가 들어와서 그 후 200~300년에 걸쳐 스웨덴이 핀란드를 지배하게 되었답니다. 우리는 1812년까지 스웨덴의 통치를 받다가, 다음에는 러시아의 지배를 받게 되었죠. 스웨덴이나 러시아 사람들은 우리 핀란드 사람들을 2급 시민이라고 여기고 항상 간섭했어요. 수백 년 동안 외세의 지배를 받으면서, 핀란드 문화에는 항상 '이봐, 내 일은 내가 알아서 하니까 저리가. 내 어깨너머로 감시하지 마'라는 정서가 자리잡게 된 것입니다. 이런 정서 때문에 1970년대 통합교육으로 개혁하는 과정에서 교사들은 교수법에 대해 지시를 받는 상황을 특히 예민하게 받아들일 수밖에 없었다. 앞에서 설명한 것처럼 교사들은 제각기 다른 능력을 가진 아이들과 마주하게 되는 완전히 새로운 유형의 교육 현장에 놓이게 되었고, 모든 아이들의 학업 성과를 상당히 높은 수준으로 끌어올리는 역할을 맡았다. 따라서 교사들에게 새로운 교육적 기법뿐만 아니라 새로운 교육철학이 필요했는데, 당시에는 반발하는 교사가 많았다. 정부는 현장 교육 외에도, 교사들이 새로운 교과과정을 새로운 기법으로 가르치고 있는지 확인하기 위해 정기 감사를 실시하고 엄격한 중앙 통제시스템으로 관리했다.

통합학교제도가 확고히 정착되고 교사들이 새로운 교수법에 익숙해지자, 교육 감사는 중단되었고 학교에서 국정교과서를 사용해야 한다는 조건도 사라졌다. 1985년에 새로운 교육과정의 기본 틀이 도입되면서, 국가가 요구하는 핵심 교과과정을 가르치는 방법적 측면에서 지방 자치구(교육구)와 학교에 더 많은 자율성이 주어졌다. 물론 지금도 교과목별로 표준 수업시수를 채워야 하는 조건이 있지만, 오늘날 핀란드 교사들은 자율성을 매우 중요시한다. 많은 교사가 교사의 자율권이 사라진다면 교단을 떠날 거라고 말할 정도이다.[63]

핀란드에서 의무교육이 시작된 이래로 목적의식과 숙련성(석사학위 자체보다 전문성이라는 측면)은 핀란드 교사직의 변함없는 특징이었지만, 자율성이라는 특징은 다소 기복이 있었다. 물론 자율성이 항상 좋기만 한 것은 아니다. 자율권을 행사하는 사람의 자질과 신념과 전문성에 자율성이 크게 좌우되기 때문이다. 핀란드 교사들은 항상 고학력자로 강도 높은 훈련과 풍부한 교직 경험이 있었지만, 그들에게 기대되는 새로운 임무를 맡기에 역부족이었던 시기가 있었다. 그리고 자율성이 줄어들었던 이 시기가 이후 핀란드 교육개혁이 성공하는 데 밑거름이 되었다는 사실을 기억해야 한다. 1980년대 이후, 교사 관리를 통해 수업 수준이 일정하게 유지되는 학교 현장을 확인한 다음, 정부는 더 이상 감사가 필요하지 않다고 결정했다. 핀란드 교사들은 이미 교수법이나 교육 자료를 선택하는 데 자율성이라는 확보하고 있었으므로, 이로써 내재적 동기를 뒷받침하는 관계성, 숙련성, 자율성의 3요소가 완성되었다.

진정한 자율성이란?

1996년에 핀란드 국립교육위원회는 영국 이스트앵글리아대학 University of East Anglia의 연구진을 초정해, 핀란드 전역의 50개 학교를 대상으로 교사에게 부여된 자율성이 교육과정 속에서 어떻게 사용되고 있는지 조사해 달라고 의뢰했다. 조사 보고서에서 놀라운 결과가 드러났다.

"모든 학생이 교사가 정한 속도에 맞춰 교과서에 쓰인 내용을 한 줄씩 배워나간다. 교실에 줄 맞춰 앉아 있는 아이들 모두가 미술이든 수학이든 지리든 과목에 상관없이 똑같은 방식으로 똑같은 내용을 배운다. 우리가 방문한 학교마다 거의 동일한 수업을 관찰할 수 있었는데, 다른 학교 교사가 와서 가르친다고 해도 학생들은 변화를 전혀 눈치채지 못할 정도였다."[64]

비록 표본은 작지만, 이 조사는 핀란드 학생들이 2000년 제1차 PISA 테스트에서 참가국 가운데 1위를 차지했다는 발표가 나기 불과 4년 전의 상황이다. 당시 핀란드 교육에서 교사와 학교 사이의 높은 일관성을 시사한다. 엠마 역시 학교 선생님들 사이에 수업 방식에 별 차이를 느끼지 못했다고 했다. 그녀가 내게 묘사한 전형적인 수업 풍경은 이랬다. "수업이 시작되고 학생들이 자리에 앉으면 선생님이 숙제 검사를 해요. 선생님이 아무나 불러서 답을 말해보라고 하기 때문에, 만약 숙제를 안 해 가면 이름이 불릴까 봐 굉장히 불안하죠! 그러고 나서 선생님이 숙제에 대해 의견이나 질문이 있는지 확인해요. 그 다음에 본격적으로 그날 배울 주제로 넘어가서, 이건 이렇고 저건 저렇다고 배워요. 우리는 필기하고 질문하고 토론도 하면서 수업을 받아요. 그런 다음 선생님이 연습문제 중에서 몇 가지를 풀어보라고 하면, 나머지 수업시간에는 그 문제를 풀고요. 이때 질문을 하면 선생님이 개별적으로 봐줘요. 하지만 과목에 따라 좀 다른데, 수학 수업에서는 이렇게 하고요, 언어 수업에서는 두 명씩 짝을 지어서 말하는 연습이나 역할 놀이 같은 연습을 하기도 해요.”

아이슬란드와 핀란드의 수학 수업을 비디오로 촬영해 비교한 연구를 보면, 핀란드 교사들은 전통적인 교사 위주의 수업을 기본으로 하지만 학생들이 활발하게 토론하고 발표하는 교사-학생 상호작용의 비중이 상당히 높았다.[65] 핀란드 학교에서 촬영된 20개의 영상 속에서 교사들은 모두 엠마가 설명한 것과 유사한 '복습-수업-연습' 방식으로 수업을 했다. 이것은 여러 면에서 핀란드와 비슷하지만 PISA 성적은 훨씬 낮은 아이슬란드에서 교사들이 수업하는 방식과는 대조적이다. 영상에 등장하는 아이슬란드 교사 가운데 절반이 개별화 individualised 수업 방식을 택했고, 개별화 수업에서 학생들은 수업시간 중에 각자 수준에 따라 다양한 학습 활동을 하면서 일대일 지도를 받는다. 여기서 내가 강조하고 싶은 부분은, 전통적인 수업 방식이 핀란드 교육의 높은 성과를 이끌어냈다는 것이 아니라, 다른 나라와 비교했을 때 핀란드 교사들이 놀랄 만큼 일관성을 보여준다는 사실이다.

핀란드에서는 이처럼 모든 교사가 비교적 동일한 수업 방식으로 학생들을 가르치기 때문에, 학생들의 성적도 지역에 상관없이 전국적으로 균일한 분포를 보인다. 그렇다면 핀란드 교사들이 실제로는 수업 자율권을 행사하지 못하는 것이 아닐까? 전국의 교사들이 비슷한 방식으로 수업하는 배경에는 숨겨진 어떤 압력이 작용하지 않을까? 이런 의문이 당연히 들겠지만, 대답은 모두 '아니요'가 틀림없으니 안심하시라. 핀란드 교사들은 자신이 원하는 방식대로 학생들을 가르칠 수 있다. 적어도 지금은 그렇다. 전국적으로 수업 방식이나 기법이 유사한 이유는, 정책적으로 이런 방식이나 기법을 강요하기 때문이 아니라, 교사 훈련과 교사 자원이라는 다른 두 개 영역의 수준이 우수하게 관리되기 때문이다.

우수성을 관리하는 핀란드만의 방법

어떤 사람은, 만약 핀란드와 같은 교육제도에서 핀란드처럼 교사에게 자율권이 주어진다면, 다른 나라의 학생들이 읽기와 수학·과학에서 그만큼 높은 점수를 받을 거라고 주장한다. 내 생각에는 꼭 그럴 것 같지는 않다. 교사의 자질과 학교의 운영방침에 따라서 학교마다 학생들의 성적이 오를 수도 있고 떨어질 수도 있다. 교사의 진정한 가치는, 올바른 의도와 전문성을 갖추고 관리감독 없이도 두 가지 목표, 다시 말해 목적의식과 숙련성이라는 목표를 달성하기 위해 최선을 다할 때 비로소 높아지는 것이다. 만약 교사에게 목적의식이 없다면 수업에 열의가 생기기 힘들다(불행히도 일부 개발도상국에서 직무를 소홀히 하는 교사를 흔히 볼 수 있다). 한편 비숙련된 교사는 새로운 교수법을 접할 때, 구체적인 효과와 실천 방법을 전문적으로 이해하지 못한 채 열의만 가지고 밀어붙이는 경우가 있다.

핀란드는 목적의식과 전문성을 모두 우수하게 관리할 수 있었기 때문에, 교사들에게 지금처럼 폭넓은 수업 자율권을 부여할 만큼 신뢰를 쌓는 데 성공한 것이다. 핀란드에서는 올바른 동기와 열의를 가지고 아이들을 가르치려는 사람들만 교사로 선발할 수 있을 만큼 교직에 지원하는 인적 자원이 풍부하다. 그리고 선발된 인재들은 소수의 명문대학에서 운영하는 수준 높은 교직과정을 거치면서, 우수한 자질을 유지하고 다양한 교육적 기법을 숙달한다.

핀란드에 수준 높은 교사 지망생이 풍부한 배경에는, 역사적 요인뿐만 아니라 앞서 열거한 모든 이유처럼 교사라는 직업이 충분히 매력적이라는 점도 작용한다. 우수한 인재들이 의미 있는 일을 직업으로 삼아 전문가가 되기 위해 노력하고, 사회가 이처럼 중요한 역할을 교사에게 믿고 맡길 정도로 교권에 대한 신뢰가 높다(다른 나라에서 시행하는 교육감사나 관리 제도가 없으므로, 이에 따르는 추가 업무가 없다). 핀란드의 교육제도를 그대로 본뜨려다가 닭이 먼저냐 달걀이 먼저냐 하는 딜레마에 빠지지 않으려면, 핀란드 교사들이 항상 지금처럼 신뢰를 받은 것은 아니라는 사실을 기억해야 한다. 앞서 언급한 대로, 핀란드 교사들도 대학에서 교직과정을 수료하고 임용 후에도 현직 연수를 거치면서 (교육 당국이 판단하기에) 더 이상 관리가 필요 없는 수준에 도달하기 전까지는 교육감사를 받았다.

교사 연수 과정을 국가가 관리하기 때문에 (일부 지역의 다양성과 주도권을 허용하기 위해 의무화하지는 않았지만)[66] 핀란드 교사들이 대체로 비슷한 수업 방식으로 가르친다고 이해할 수도 있다. 만약 학생들에게 어떤 개념을 가르치는 데 최선이라고 검증된 특정한 방법이 있다면, 굳이 다른 방법으로 가르칠 이유는 없을 것이다. 실제로 수업을 할 때는 각기 다른 아이들의 흥미와 필요에 따라 맞춤형 연습문제나 활동과제를 응용하지만, 아이들의 두뇌 작용을 이해하는 기본 전제는 핀란드 전역에서 공통적이다. 이것은 마치 의사가 맹장염을 치료하는 방식이 지역이나 나라마다 크게 다를 거라고 기대하지 않는 것과 마찬가지이다. 맹장염 치료법이 표준화된 것은, 의사들의 자율성이 부족해서가 아니라, 의사들이 연구에 근거해서 최선의 의술을 선택하기 때문이다.

핀란드 학생들이 우수한 성적을 유지할 수 있는 또 다른 비결은, 수준 높은 교과서를 전국에서 공통으로 사용하는 것이다. 핀란드 교사들의 대다수가 이를테면 수학과 과학 과목을 가르칠 때 교과서를 기본으로 사용한다.[67] 1980년대 중반까지는 국정교과서가 사용되었지만, 지금은 더 이상 교과서를 발행할 때 국가교육위원회의 승인을 받을 필요가 없다. 교사연수 과정과 마찬가지로, 교과서에 실리는 내용과 활동과제도 아동이 새로운 개념을 이해하거나 기술을 익힐 때 가장 적합한 방법이 무엇인지 연구한 결과를 토대로 한다. 교과서에는 단지 학문적인 연구뿐만 아니라, 학교 현장에서 다양한 전략을 시도한 경험 많은 교사들의 의견도 반영된다. 교육당국이 교사들에게 교과서의 사용을 강제하지는 않지만, 이처럼 교과서가 제대로 만들어지기 때문에, 교사가 교재를 새로 만드는 것은 시간 낭비일 것이다.

얼마 전 퇴직한 교사 마리트의 아들도 학교에서 수학과 과학을 가르친다(교직이 그 집안 내력이라는 인상을 받았다). 그는 내게 말했다.

"모든 교과서에는 모든 학교에서 흔히 사용하는 교사용 지도서가 딸려 나옵니다. 지도서에는 보통 수업계획안이나, 연습문제와 추가 과제, 그룹 활동 주제, 인쇄물, 단원별 권장 수업시수 등 다양한 추가 자료가 실려 있고요. 그뿐만 아니라 교과서 출판사들이 일반 교사들이 이용할 수 있는 인터넷 자료도 제공합니다. 과목별로 여러 출판사에서 교과서를 발행하기 때문에, 새로운 교과서를 구입할 때가 되면 교사들이 그중에서 고를 수 있어요. 그래서 교과서 출판사들끼리 경쟁이 붙기 때문에, 대체로 교사와 학생 모두를 위해 상당히 높은 수준의 학습 자료가 나옵니다."

여기서 중요한 차이점은, 여타 많은 나라와 비교했을 때 핀란드에는 18세까지 표준화된 시험이 없기 때문에, 교과서 회사들의 대부분이 학생들의 학습 참여도와 이해도를 높이기 위해 경쟁한다는 사실이다. 대조적으로 영국의 경우에는 최근까지도 특정 시험에서 높은 점수를 받을 수 있는 시험대비용 교과서를 경쟁적으로 개발해 왔다.

나는 리타에게도 교과서에 관해 물었고, 그녀는 왜 핀란드 교사들이 교과서를 그렇게 많이 사용하는지 내게 설명해 주었다.

"핀란드 학교에서는 교과서가 주요 도구예요. 경험이 풍부하고 능숙한 교사들이 출판사와 협력해 현행 교과과정을 바탕으로 재미있고 즐겁고 동기 부여가 되는 교과서를 제작하니까요. 요즘에는 교사들이 수업계획을 짜는 것 말고도 할 일이 너무 많아서, 모든 선생님이 교과서에 크게 의존하는 것 같아요. 전국적으로 보편적인 현상이다 보니 온 나라가 걱정하고 있죠. 물론 몇몇 예외도 있어요. 교사가 스스로 교재를 개발해야 한다는 주장도 있고, 어쩌면 교과서를 아예 사용하지 않는 학교도 있겠지만, 그건 정말 드문 일이에요. 누가 그럴 만한 시간이 있겠어요?"

상황이 이런데도 교사들이 가르치는 방식에서 자율성을 가진다고 할 수 있을까? 그렇다. 가르치는 내용과 방식에서 여전히 우수성 관리가 되고 있을까? 그렇다. 그렇다면 이 상황은 모순이 아닐까? 아니다. 이상하지만 모순이 아니다. 그리고 나는 험악한 날씨에도 불구하고 여전히 핀란드에서 가르치고 싶다.

앞날을 기대하다

2006년 PISA 테스트에서 핀란드가 1위를 차지했다. 2009년 PISA 테스트에서는 상대적으로 읽기와 수학·과학 영역에서 성적이 하락했고, 2012년 PISA 테스트에서는 더 하락했다. 지속적으로 성적이 떨어진 원인은 무엇일까? 사실상 아무도 모르지만, 몇 가지 가설이 나왔다.

핀란드는 교육 분야를 넘어서는 더 큰 도전에 직면해 있는데, 이것이 PISA 점수와 관련이 있을 수도 있다. 핀란드의 교육자이자 작가이며, 사실상 핀란드 공교육의 대변인이라고 할 수 있는 파시 살베리Pasi Sahlberg 교수는, 지난 20년 동안 핀란드에서 소득 불평등이 다른 OECD 회원국보다 급속히 심화되었으며, 그 원인은 대체로 각종 사회 문제와 빈곤이 증가하고 학업성취가 악화된 탓이라고 분석했다.[68] 또한 OECD가 주관하는 TALIS(국제 교수-학습 조사연구Teaching and Learning International Survey)에 따르면, 현재 핀란드 교사들이 전문성 개발에 대한 참여도가 낮고, 자신의 교수법에 대한 피드백을 거의 받지 못하고 있다고 지적한다. 자율성을 보장하기 위해 관리감독을 없앤 것이, 빈대 잡으려다 초가삼간을 태우는 상황이 된 걸까?

21세기는 인구통계학적 변화도 가져왔다. 다른 나라들처럼 핀란드에서도 이민자 수가 급증하고 있다. 1990년에 비해 2010년에는 이민자 인구가 열 배 가까이 늘었으며, 이들 중 대부분이 21세기에 접어든 이후에 유입된 인구였다.[69] 2009년까지 핀란드의 이민자 학생들은 다른 나라의 이민자들보다 더 좋은 성적을 보였지만, 2012년이 되자 상황은 달라졌다. 2012년 PISA 테스트를 보면, 핀란드로 이주한 학생들의 수학 점수가 핀란드 태생인 학생들보다 2년가량 뒤처졌는데, 이것이 전체 평균을 낮추는 결과를 가져왔다.[70] 이것을 이민이 가져온 불가피한 결과라고 볼 수는 없지만, 1970년대 교육개혁으로 변화가 일어난 것처럼, 이러한 인구 구성의 다양화에 대처하기 위해 교수법과 교육철학에 변화가 필요한 시점일 수도 있다.

하지만 이처럼 당면한 어려움에도 불구하고, 핀란드는 여전히 세계에서 가장 높은 학업성취도를 보이는 나라 중 하나이며, 2012년 PISA 테스트 결과 여전히 아시아 국가를 제외하고 가장 높은 평균 점수를 받는 나라이다. 핀란드는 수준 높은 어린이집과 유치원 교육을 거쳐 7세가 되면 정식 학교교육을 시작하는 교육 방식을 택했다. 이것은 거의 모든 아이들이 초등학교에 입학하는 시점부터 교과과정을 이해하고 단계적으로 발전해 나갈 수 있다는 뜻이다. 또한 진로 선택의 시기를 16세까지 미루기로 한 핀란드의 교육적 선택은 놀랄 만큼 공평한 결과로 나타났다. 그리고 학교 현장에서 교사들이 자율성, 숙련성, 관계성, 목적의식 등 내재적 동기 부여의 모든 조건을 갖추기 때문에, 핀란드는 최고의 인재 가운데 우수한 교사를 엄선할 수 있는 부러운 환경에 놓여 있기도 하고, 결과적으로 교사들에게 그만큼 자율성이 높게 보장된다. 신기하게도, 문화적 차이가 엄청난데도 핀란드의 교육 방식과 다소 비슷한 접근법을 아시아의 경쟁국 중 한 곳에서 발견할 수 있다. 나와 함께 일본으로 건너가 보자.

Cleverlands

Part 2
일본

순응하기, 집단주의, 폐 끼치지 않기

出る釘は打たれる

모난 돌이 정 맞는다. (동양 속담)

일본 공항에서 나는 거의 쫓겨날 뻔했다. 입국신고서에 내가 머물 현지 주소를 적어야 하는데, 그 주소를 내 휴대폰에 메모해 두었고, 애석하게도 비행기를 탈 때 전원을 제대로 끄지 않았었는지 휴대폰 배터리가 방전된 상태였기 때문이다. 솔직히 말하면 전에도 숙소를 확실히 정하지 않고 외국에 간 적이 있었지만, 한 번도 문제된 적은 없었다. 다른 나라 입국심사대에서는 그냥 도시명이나 호텔 주소를 적으면 된다고 했다. 그런데 일본은 아니었다.

아주 공손한 공항 직원이 불운한 외국인을 돕기 위해 파견되었다. 나는 직원에게 줄리엣이라는 이름의 영어 교사네 집에 머물기로 했다고 설명하고, 줄리엣은 바로 밖에서 나를 기다리고 있다고 했다. 그러자 공항 직원은 루시 크레한이 적법한 정보 없이 도착했다고 공항 전체에 안내방송을 시작하더니, 보호자는 입국 안내데스크로 와서 주소를 알려달라고 방송했다. 5분 만에 공항 직원은 출입국 심사대 반대편으로 건너가 주소를 받아왔고, 나는 입국신고서를 제대로 작성한 다음 기가 죽은 채 일본 땅에 발을 들였다. 일본에서는 매사를 엄격하게 규정대로 처리한다.

규칙에 따르고 불평하지 마

줄리엣은 25년 동안 일본 남부의 작은 마을에서 살면서 고등학교와 대학에서 영어를 가르쳤고, 일본인 남편 유타카와 함께 예쁘고 똑똑한 세 자녀 한나, 릴리, 마야를 길렀다. 지금은 각각 20세, 18세, 15세인 세 자매는 초등학교부터 중학교, 고등학교까지 모두 이 지역 학교에 다녔고, 규칙을 따라야 하는 그들 자신의 경험에 대해 토론하는 것을 주저하지 않았다.

릴리가 말했다. "제 생각엔 중학교 때부터 선생님들이 쓸데없는 규칙을 강요하는 것 같아요. 별로 뚜렷한 이유도 없이 선생님들이 무슨 규칙을 생각해 내면 학생들은 그냥 따라야 해요. 학교에서 문제를 일으키지 않으려면요. 선생님들은 우리한테 이유도 제대로 설명해 주지 않아요. 그냥 '안 된다면 안 돼'라는 식이에요."

말하다가 릴리는 소파에서 일어나서 바닥에 책상다리를 하고 앉더니 이렇게 말했다. "학교 조회에서 우린 이렇게 앉으면 안 돼요. 이렇게 앉으래요." 릴리는 무릎을 세워 두 팔로 다리를 감싸 안았다. "이렇게 앉으면 엉덩이가 얼얼해지거든요. 조회 시간에 선생님들은 말이 엄청 많아서요. 그럼 허리까지 아프기 시작하죠. 그래도 움직이면 안 돼요."

한나와 마야도 맞장구를 쳤다. 중학교 때 학교에서 행동을 엄격히 통제한다고 입을 모았고, 한나는 자신의 대학 친구들도 일본 전국 각지에서 모였지만 모두 비슷한 경험이 있다고 했다. 초등학교에서 중학교로 넘어가는 13세 때 크게 달라진다는 것이다. 대부분 지역의 초등학생은 교복을 입지 않지만 중학생부터는 교복을 반드시 입어야 하고 정해진 양말과 머리모양도 있다. 세 자매는 중학교에 가는 것을 '군 입대'에 비유했다. 체육 시간에 박자에 맞춰 행진하는 법을 배우고 줄을 못 맞추면 혼이 난다고 말한다. 심지어 릴리는, 자유도 없이 엄격한 선생님들 밑에서 공부만 해야 하기 때문에, 중학교에 다니는 3년 동안 인생이 '지옥 같았다'고까지 이야기했다. 중학교를 졸업한 지꽤 됐고 지금은 대학생인 첫째 한나가 중학교 때 선생님들의 태도가바뀌는 이유를 이렇게 설명했다.

"제 생각에 중학교가 엄격한 이유는 고등학교에 대비하기 위해서인 것 같아요. 자세를 잡아주려고 하는 거죠. 그리고 중학교 졸업 후에 고등학교에 진학하지 않고 바로 사회로 나가는 친구들도 있기 때문에 학교에서 사회인이 되는 훈련을 시키는 것 같기도 하고요."

한나의 의견은 일본의 교육사를 학문적으로 분석한 결과와도 일치한다. 하버드대학의 에드윈 라이샤워Edwin Oldfather Reischauer 교수는 일본에서 태어나 일본 문화와 일본인에 관한 왕성한 저작 활동을 하면서, 전쟁 이전 일본의 교육관을 이렇게 설명했다. "일본에서 교육은 정부가 일본인을 현대국가에 필수적인 다양한 기술을 갖춘 순종적이고 신뢰할 만한 시민으로 훈련하기 위한 수단으로 인식되었다."[71] 세

자매의 경험담을 듣고, 학교 교사들과 이야기를 나누고, 이틀 후에 학부모간담회에서 만난 학부모들과도 대화하면서, 나는 라이샤워 교수의 설명이 아직도 상당히 유효하다는 생각이 들었다.

　나는 추운 회의실의 반질반질한 원목 테이블 앞에 앉아 녹차를 홀짝이며 학부모간담회에서 만난 다섯 명의 일본 엄마들이 교육제도에 대해 토론하는 것을 듣고 있었다. 한 엄마가 거의 정확하게 한나가 한 말을 되풀이했다. "일본은 사회에 나가면 뭐든 규칙대로 해야 하는 나라니까, 아이들이 미리 학교에서부터 규칙에 따르는 법을 배워야 해요." 이것은 내가 그들에게 일본 교육제도의 장단점을 물었을 때 나온 이야기 중 하나였다. 엄마들은 일본 학교에 자율성이 부족한 점을 장점과 단점으로 동시에 꼽았다.

　일본 같은 환경에서 살아가려면, 젊은이들이 규칙을 마음 깊이 새기고 사회가 기대하는 대로 행동해야 더 이상 지시를 받지 않기 때문에, 학생 때부터 엄격한 규칙에 적응하는 것이 좋다고 학부모들은 말했다. 반대로 말하면, '엄격한 규율에 적응하지 못하는 학생도 있다'는 뜻이 된다. 흥미롭게도, 학부모들은 자녀들이 엄격한 문화 때문에 학교에서 겪는 고통을 단점이라고 생각하지 않았고, 자신들이 학창 시절 그랬던 것처럼 모두가 겪어야 하는 통과의례로 받아들였다. 이것은 일본 문화에서 중시되는 '가망gaman'(오기로 참는다는 의미−옮긴이)이라는 정서에서 기인하는데, 가망은 원래 선불교 용어로서 '견디기 힘든 일을 인내와 자존심으로 참아낸다'는 의미이다. 일본인은 아이들이 학교교육을 받으면서 이런 근성을 발전시켜야 한다고 생각하며, 특히 고교 입시와 대학 입시를 앞둔 상황에서는 학생들이 극도로 열심히 공부해야 한다고 생각한다.

한 엄마가 말했다. "입시에서 이 정도 압박감은 보통이죠. 참아내야 해요. 지나치다고 할 정도는 아니거든요. 다들 해내고 있고, 우리 아이도 해내야죠." 또 다른 엄마가 거들었다. "아이들이 공부하느라고 너무 고생하니까 가끔은 안쓰럽기도 해요. 하지만 우리 세대도 다 겪은 일이거든요. 일본에선 다들 그러니까요."

일본에서 '가망'을 발휘해야 하는 또 다른 경우는, 학교에서 극심한 온도 변화를 견디는 것이다. 일본 최북단을 제외하면, 일본 학교에는 난방이나 냉방 시설이 없다(대부분의 학교에 수영장이 있는 것으로 미루어 학교에 재정이 부족한 것은 분명 아니다). 내가 머물렀던 도시의 경우, 겨울 기온이 밤에는 2도, 낮에는 10도 정도였고, 여름에는 30도를 넘어가며 습도도 높았다. 여학생은 겨울 내내 얇은 스웨터 위에 교복 상의를 걸치고, 교복 치마를 입고 양말을 신어야 한다. 반면에 교사들은 (마야가 분통을 터뜨렸는데) 날씨가 추우면 코트와 장갑 차림으로 출근할 수 있다. 학생들은 10대 특유의 기발함과 은근한 반항의 표시로, 추위가 심한 날은 핫팩을 구입해서 양말이나 교복 안에 붙이고 등교한다. 내게는 마야가 준 핫팩이 몇 개 있었는데, 3월에 일본 학교들을 돌아보는 동안 이것을 아주 요긴하게 사용했다.

더 넓은 범위의 교육

내가 일본에 갔을 때 줄리엣의 둘째 딸 릴리가 대학입시를 끝마친 직후였고, 릴리는 고맙게도 나와 함께 학교를 돌아다니며 일본어 통역사 역할을 해주기로 했다. 릴리는 최고의 통역사였다. 언어 능력이 뛰어난 것은 물론이고, 일본 학교를 방문하기 위해 거쳐야 하는 수많은 절차와 의례를 알려주고, 내가 이해하지 못한 교사와 학생의 행동이나 학교에서 벌어지는 광경도 자세히 설명해 주었다. 어느 지방 중학교의 교장을 처음 만났을 때도, 명함은 두 손으로 받고 이야기를 나누는 동안 그것을 탁자 위에 올려놓아야 한다고 릴리가 내게 미리 알려준 덕분에 결례를 피할 수 있었다. 사실 그 교장 선생님은 내가 결례를 범했다고 해도 상관하지 않거나 적어도 티 내지 않을 사람이었다. 백발에다 웃을 때는 눈가에 잔주름이 잡혔고, 놀라우리만치 인품이 좋아서 릴리와 나는 금방 그에게 호감을 가졌다.

하시모토 교장은 내가 일본에 와서 그때까지 겪은 일을 이해했고, 일본에서 교육의 목적은 '아이들을 키우는 것'이라는 설명을 이해할 수 있도록 수업에 참관할 기회를 주었다. 일본 학교는 아이들에게 읽기, 수학, 과학보다 훨씬 더 많은 것을 가르친다. "일본의 교실은 공부만 하는 곳이 아니라 생활하는 곳이기도 합니다. 그래서 교과목 교사들은 아이들에게 수업 내용만 가르치는 게 아니라, 도덕 교육을 포함해서 모든 걸 가르치지요. 교육은 학생의 인격을 계발하는 것이라고 교육법에 쓰여 있는데, 나는 이 말에 정말 동의합니다."

교장실에 앉아서 이야기를 들으면서 이 부분을 릴리가 통역해 줄 때까지만 해도, '학생의 인격을 계발하는 것'이 서양에서처럼 학생 개개인의 성격을 발현시키고 개성을 장려하는 것이라고 짐작했었다. 알고 보니 일본에서는 전혀 다른 이야기였다. 하시모토 교장이 그날 내게 해준 이야기를 다른 사람과 대화하거나 관련된 자료를 읽으면서

4장 순응하기, 집단주의, 폐 끼치지 않기

곱씹어 보면, 그가 말한 인격을 계발한다는 뜻이 영어로는 개개인의 개성을 발전시킨다기보다 인격을 함양한다는 의미에 더 가깝다는 생각이 든다. 이어서 그는 학기 초에 교사회의를 열어 두 시간 동안 학생들을 어떤 인격체로 길러야 할지 토론하는 시간을 갖는다고 설명해 주었다. 하시모토 교장은 학생들이 예의 바르게 자라기를 바라고, 학부모들은 아이들이 규칙을 준수하고 열심히 공부하기를 바란다고 했다. 내가 아이들에게 학교에서 어떤 사람이 되라고 가르치는 것 같으냐고 물었을 때, 처음에는 "로봇이요"라고 대답했다(그러면서 장난스럽게 웃었다). 그런 다음 좀 더 진지한 대답이 돌아왔다. "선생님들은 우리가 중요한 일을 할 때 진지하게 임하라고 가르쳐요. 스스로에게 엄격하고 남에게는 친절한 사람이 되라고요."

가치 교육의 효과는 측정하기 어렵다. 데이터를 기반으로 하는 교육제도에서는 가치 교육의 효과를 중시하기 어렵고, 따라서 학생의 성격이나 행동을 성장시키는 데 학교가 많은 시간을 할애하기도 힘들다는 뜻이 될 것이다. 어떤 사람은 학교가 오로지 지식 교육을 통해 아이들을 똑똑하게 만드는 역할을 하면 되므로, 그것이 옳은 방향이라고 주장한다. 내가 보기에 이런 주장은 두 가지 중요한 이유를 간과하고 있다.

첫 번째는 실용적인 이유이다. 학생들의 학구열과 회복력(적응유연성resilience)을 차근차근 발전시키고 노력과 끈기를 가시적으로 높이 평가하면, 학업 성적처럼 측정하기 쉬운 부분을 성장시킬 수 있기 때문이다. 물론 가치 교육이 성공하기 위한 한층 효과적인 방법들은 연구를 통해 적극적으로 도입되어야 한다.

학교가 '아이들을 똑똑하게 만드는 것' 이상의 역할을 해야 하는 두 번째 이유는 보다 근본적이다. 일본에 머무는 동안 나는 히로시마 평화기념자료관을 방문했다. 짐작하겠지만, 그것은 매우 인상적이고도 가슴 아픈 경험이었고, 교육의 목표를 되돌아보는 계기가 되었다. 핵 기술은 고도로 발달했으며, 수학과 과학 시험에서 뛰어난 성적을 받았을 법한 우수한 인재들에 의해 개발되었다. 하지만 전쟁이나 핵 폭발로 삶의 터전이 파괴된다면, 아이들이 구구단을 통째로 암기한다고 해서 무슨 이득이 있을까? 과거의 실수를 반복하지 않으려면, 우리는 아이들과 함께 이런 문제를 논의할 필요가 있다.

일본에서 도덕 교육의 정의는 생각보다 더 광범위하다. '국제 사회의 평화에 자발적으로 이바지할 수 있는 시민을 양성한다'는 목표 외에도, 개인이 일과 공부에 임하는 태도('항상 열심히 노력한다')나 개인적인 몸가짐('외모를 단정하게 유지한다')에 관한 목표도 포함한다. 하지만 내가 일본에서 조사한 결과를 종합해 보면, 도덕 교육의 핵심은 아이들이 집단의 구성원으로 살아가도록 가르치는 것이다. 집단의 일부분이 되는 것은 일본 교육제도의 근간이며, 학생들이 성인이 되면서 스스로를 평가하는 기준에도 영향을 미치는 사회화의 한 형태이다. 사실상 이와 같은 일본의 사회화 과정은 공교육이 시작되기 훨씬 전, 태어나면서부터 시작된다.

일본 엄마들은 아기와 한시도 떨어지지 않으면서, 아기에게 아마에amae(어리광, 응석—옮긴이), 즉 의존성을 길러준다. 일본 아이들은 보통 4~5세가 될 때까지 부모와 한 침대에서 잠을 자고, 어떤 아이들은 10대가 되어서야 따로 침대를 쓴다(일본에서 '러브호텔'이 발달한 이

93

4장 순응하기, 집단주의, 폐 끼치지 않기

유도 부부가 둘만의 시간을 보내기 힘들어서가 아닐까 싶다). 줄리엣은 딸 마야가 6세에 초등학교에 입학했을 때 학부모 모임에 갔더니, 교장이 '스킨십'의 중요성을 강조하면서 아이와 계속해서 함께 자고 함께 목욕하라고 당부했다고 말했다. 이런 식으로, 일본 아이들은 어릴 때부터 인간관계의 중요성을 인식하게 되고, 결국 집단의 일부로 사는 데 익숙해져서 각자의 개성을 불가피하게 제약받더라도 비교적 기꺼이 받아들이게 된다.[72]

마야는 학교에 간 첫날부터 '한han'에 편성되었다. '한'은 4~5명씩 한 조를 이뤄 다음 달에 조가 바뀔 때까지 모든 학교생활을 함께 하는 모둠의 단위를 말한다. 같은 모둠에 속한 아이들은 교실에서 모여 앉아 수업을 받고, 점심을 함께 먹고, 학교 청소도 함께 한다(뮤지컬 애니에 나오는 고아원 풍경처럼 느껴지기도 했지만, 보고 있으면 굉장히 귀여웠다). 아이들은 단체로 칭찬을 받거나 단체로 벌을 받았다. 하지만 이와 같이 집단 사회화를 목표로 해서, 초등학교 때 행동관리와 중학교 때 행동관리는 전혀 달랐다. 두 명의 외국인이 차이를 설명해 줄 때까지 한동안 나는 왜 이런 차이가 나는지 이해할 수 없었다.

나는 어느 날 근처 스타벅스에서 소피아와 그녀의 파트너를 만났다. 거기서는 외국인을 만나기 쉬웠다. 두 사람은 일본에서 원어민 보조교사로 일하다가 만났고, 그 후 공립학교에 다니는 어린 일본 아이를 입양했다. 나는 그들에게 처음 일본에 와서 교육제도 가운데 가장 놀랐던 점이 무엇인지 물었다. "초등학교 아이들의 행동에 충격을 받았어요. 굉장히 버릇없어 보였거든요." 소피아가 대답했다. "아이들이 수업시간에 일어나서 돌아다니고, 위험한 일만 아니면 하고 싶은 대로 다 하더라고요." 미국 미네소타 출신인 보조교사 애덤도 전에 내가 일본 초등학교에서 가르친 경험이 어땠는지 물었을 때 비슷한 대답을 한 적이 있었다.

"올해 내가 맡은 초등학교 교실에는 말썽꾸러기들이 꽤 있었어요. 그 아이들은 내가 수업하는 도중에 교실 밖으로 뛰쳐나가 복도에서 게임을 했어요. 결국 내가 걔들을 쫓아가서 잡아 왔습니다. 그리고 아이들에게 일본말로 단호하게 앉으라고 말했어요. 그랬더니 내게 이러는 겁니다. "우리한테 소리 지르지 마세요!" 일본인 선생님은 그냥 서 있더군요. 나는 속으로 '당신 수업인데 어떻게 좀 해봐요!' 하는 심정이었죠. 이런 식으로 보조교사들은 나라마다 모두 규율이 다르다는 현실을 알게 됩니다. 여기서는 학생이 말썽을 피워도 복도에 내보내 벌세울 수가 없어요. 미국 학교에서는 학생이 수업을 방해하면 선생이 학생을 쫓아낼 수 있지만, 일본에서는 참아야 해요."

릴리와 내가 어느 초등학교의 꼭대기 층에 올라갔을 때, 나도 똑같이 놀랐었다. 그때 나는 처음으로 8세 아이들이 떼를 지어 뛰어다니고, 교사가 따라다니는 모습을 직접 목격했다. 서양 사람의 눈에는 일본 초등학생들의 행동이 왜 그렇게 나쁘게 보였을까? 두 가지 원인이 있다고 생각한다. 첫 번째는 학급 크기가 보통 꽤 크기 때문이다. 일본 초등학교는 한 학급에 40명이 넘으면 분반을 할 수 있지만, 반대로 말하자면 어떤 반은 학생이 39명까지 있다는 의미가 된다. 줄리엣의 큰딸 한나는 초등학교 때 학생 수가 20명인 교실에서 비교적 여유로운 학창시절을 보냈지만, 둘째 릴리와 막내 마야는 학생 수가 많은 초등학교에 다녔다. 마야는 이렇게 말했다. "한 반에 학생 수가 많아서 선생님들이 항상 스트레스를 받았어요, 통제가 안 되니까요." 그렇지만 이것만으로 누가 봐도 혼란스러운 교실 풍경이 충분히 설명되지 않는다. 학급 규모는 복합적 요인 중 한 가지일 뿐이다.

소피아는 일본에서 몇 달을 지낸 후에야 이 전략을 인식하게 되었다고 밝혔다. "일본에서는 아이들이 어떻게 행동해야 하는지 스스로 깨우친다고 생각해요. 교사들은 아이들이 자연스럽게 집단의 일원이 되려고 하고, 또래 집단이 함께 수업에 참여하도록 도와줄 거라고 생각하기 때문에, 엇나가는 아이들을 별로 혼내지 않아요." 다시 말하자면, 교사들은 아이들에게 단체 생활의 중요성을 이해하고 예의 바르게 행동하려는 욕구를 심어주는 것이 당장의 평화와 고요함보다 우선이라고 생각한다. 가령 어떤 아이가 자리에서 벗어나 수업에 참여하지 않으면, 교사는 아마 "노란색 조는 아직 준비가 되지 않았네요"라고 말할 것이다. 이것은 물론 나머지 노란색 조원들이 제멋대로 하는 개인을 나무라며 함께 수업을 끝낼 수 있도록 와서 참여하라고 설득하는 효과가 있다. 이런 식으로 아이들은 자기가 집단에 필요한 존재임을 의식하고, 집단의 일원으로서 성취한 결과에 자부심을 느끼도록 배운다. 이와 같은 감정과 신념은 일본 사회에서 매우 중요하고, 중고등학교 이후 성인이 되어서도 개인의 삶에 영향을 미친다.

학급의 정체성과 통일성

단체 생활의 중요성은 중학교 내내 강조되며, 앞서 살펴본 것처럼 아이들이 단체의 일원으로 행동해야 한다는 기대치가 훨씬 높아진다.

'한' 단위는 여전히 유지되지만 학급이라는 정체성이 더욱 중요해지기 때문에, 소속감을 느끼는 집단의 크기가 확장되는 것이다. 이러한 학급 정체성은 같은 반 아이들끼리만 어울리고 한 교실에서 모든 교과목 수업을 받으면서 더욱 굳건해진다. 학급마다 이동하면서 수업하는 것은 학생들이 아니라 교사들이다. 아이들은 반별로 교실을 꾸미고 급훈을 정해서 내걸고 교실 벽에 그림을 붙이기도 한다. '일본 학교의 학급은 공부만 하는 곳이 아니라 생활도 하는 곳'이라고 하던 하시모토 교장의 말이 떠올랐다.

학급 정체성은 반별로 경쟁하는 분위기 속에서 더욱 강화된다. 공부를 잘하는 아이들과 못하는 아이들이 한 반에 골고루 섞여 있기 때문에, 학업 면에서는 공정한 경쟁이다. 일본에서는 15세 때 고등학교에 진학한 다음에야 우열반을 나누거나 진로를 선택하게 된다. 그리고 공부뿐만 아니라 예체능 분야에서도 학급별로 서로 경쟁하기 때문에, 체육대회나 문화제도 중요한 연례 행사로 여겨진다. 1학년은 체육대회가 열리기 몇 주 전부터 매일 두 시간씩 연습을 하고, 대회 일주일 전부터는 매일 하루 종일 예행 연습을 한다. 문화제의 경우에도 비슷한 기간 동안 준비를 하고, 학생들끼리 따로 시간이 내서 연습하기도 한다. 마야가 말했다. "우리 반도 문화제에 올릴 공연을 준비할 때 엄청난 시간을 들였어요. 공연을 망치면 모두를 실망시키는 거니까요."

모든 활동이 같은 반이라는 소속감과 공동 책임을 진다는 의식을 높인다. 이 정서는 일본 특유의 품행관리 방식으로 더욱 강화된다. 초등학교에서 '한' 단위로 칭찬받고 벌도 받았다면, 중학교에서는 학급

단위로 행동하는 것이 중요하다. 일본어로는 '렌타이 세키닌', 즉 연대 책임이라고 한다. 교사들은 보통 반에서 말썽을 부리는 학생을 따로 불러내지 않는다. 가령 한 명이 잘못하면 학급 전체가 책임지고 그 친구를 바로잡아야 하며, 아니면 단체로 벌을 받게 된다.

연대책임을 지는 방식은 반에서 남녀 한 명씩 '반장'을 뽑는 것이다. 학급 반장은 반 아이들 모두가 질서와 시간을 잘 지키도록 챙겨야 한다. 아이들이 한 학년 동안 돌아가면서 반장을 맡기 때문에, 아이들은 보통 다음에 자기가 반장이 될 때를 대비해서 학급반장의 말을 잘 따르는 경향이 있다. 마야도 여러 차례 반장을 맡았는데, 한번은 국립공원으로 수학여행을 갔을 때, 같은 반 아이들 몇 명이 신발을 구겨 신었다고 선생님들 앞에 불려 나가 혼이 났다고 했다.

마야의 이야기를 듣고 나는 화가 났다. 아이들이 연대책임감을 갖는 것은 좋다고 생각하지만, 내가 부모라면 다른 아이의 잘못 때문에 내 아이가 벌을 받는 것을 과연 받아들일 수 있을지 자신이 없다. 줄리엣은 일본 교육제도의 이런 면을 받아들이기 굉장히 힘들었다고 토로한다. 그녀도 영국 출신이라 다른 일본 학부모들처럼 일본의 교육 방식을 당연하게 받아들이지 않았다. 일본식 집단 정체성과 연대책임을 자연스럽게 받아들이기 힘든 이유는, 아이들이 부당한 처벌을 받아서라기보다 어떠한 개성도 발휘하지 못하게 악영향을 미치기 때문이다.

애덤은 쉬는 시간에 빈 교실에 앉아서 나와 이야기를 나누다가 일본의 사회화를 이해하기 쉽게 깔끔하게 정리해 주었다. "사회성을 기른다는 면에서는 좋지만, 일본 학생들이 틀에 박힌 사고에서 벗어나

현상을 비판적으로 바라보게 하는 건 어려워요. 차라리 치과에 데려가기가 더 쉬울 것 같아요. 학생들은 틀리는 걸 싫어합니다. 고정관념에서 벗어나면 안 된다고 배웠기 때문에 창의성을 발휘하려 하지 않죠. 혼자 튀면 안 되니까요."

릴리도 일본식 교육의 장단점을 평가했다. "반에서 단체의식을 갖는 건 장단점이 있는 것 같아요. 행진할 때 발을 못 맞추면 선생님한테 혼난다든지 하면서 힘든 일을 함께 겪기 때문에 아무래도 서로 더 친해지긴 하죠. 하지만 반대로 생각하면, 내 의견을 발표하거나 혼자 다르게 생각할 수 없으니까 억압당하는 느낌이 들어요."

이 말을 들을 때 나는 단체 생활을 잘하는 것과 '틀에 박힌' 사고에서 벗어나는 것이 어떤 연관이 있는지 잘 이해할 수 없어서, 줄리엣과 한나에게 물어보았다. 그들은 이 연결고리를 설명하는 두 가지 전형적인 일본인의 정서를 알려주었다. 하나는 '모난 돌이 정 맞는다'는 흔한 속담이다. 이 속담은 남다른 행동을 하거나 말썽을 일으키는 사람은 전체 집단에 악영향을 주고 조화를 깨기 때문에 사회적 압력을 받는다는 의미이다. 또 하나는 메이와쿠meiwaku 문화인데, 남에게 폐끼치는 것을 극도로 조심하는 문화를 말한다. 한나는 일본 사람들에게는 남을 성가시게 하지 않고 최대한 눈에 띄지 않게 조용히 지내려고 하는 보편적 정서가 있다고 했다. "일본은 작은 섬나라이고 사람들은 서로 밀집해서 살기 때문에, 집단 융화를 중시하는 것 같아요." 줄리엣의 말이었다.

서양인(그리고 자기 의견을 자유롭게 표현하는 사람)으로서 나는 그 당시에, 아이들의 개성을 억누르지 말고 오히려 잘 살려야 한다고 생각했다. 하지만 지금 와서 생각해 보면, 동양과 서양의 서로 다른 문화로만 치부할 문제는 아닌 듯하다. 일본 사람들은 아이들에게 사회에서 무난하게 살 수 있는 성격을 길러주려고 한다. 어쩌면 개개인의 특성을 숭배하는 문화 속에서 성장한 서양인들은, 아이들의 의견이 부당하고 행동이 부적절하다고 혼내면 성격 발달에 지장이 있을까 봐 아이들의 반사회적 행동을 지나치게 방치하고 있는지도 모른다. 내가 영국에서 가르치던 10학년 학생들이 일본 학생들처럼 남에게 폐가 되는 언행, 즉 메이와쿠를 삼간다면 더없이 기쁠 것 같다. 영국 학생들은 교사에게, 그리고 서로에게 폐를 끼치고 시험 시간에는 한층 더 민폐가 심해진다. 교사 입장에서 학생들을 통솔하기 수월해지기 때문에 이렇게 말하는 것이 아니다. 누구라도 우리 아이들이 사회에 진출했을 때, 예의를 지키고 타인을 배려하기를 바라지 않겠나? 거리낌 없이 자기 의견을 밝힐 때와 상대방의 의견을 경청해야 할 때, 상황을 비판할 때와 수용할 때를 제대로 분별하는 사람이 되기를 바라지 않겠는가?

물론 일본의 경우에는, 혹시 집단주의 교육이 지나쳐 아이들이 자기주장을 펼칠 기회를 아예 얻지 못할까 봐 우려되기도 한다. 오사카 교육대학 교육심리학과 교수인 히데노리 아키바Hidenori Akiba 박사는, 일본의 동조conformity와 동화assimilation 문화가 "아주 사소한 차이조차 거부하는 기질을 낳았다"라고 설명했다.[73] 그래서 안타깝게도 '모난 돌이 정 맞는' 방식은 학교의 '연대책임' 방식과 맞물려서 종종 또래 압력과 집단 괴롭힘 현상으로 나타난다. 물론 학교 내 괴롭힘은 세계적인 현상이며, 학생이나 학교 측에서 적극적으로 보고하지 않기 때문에 측정하기 매우 어렵다는 사실도 잘 알려져 있다. 하지만 일본에서 괴롭힘 현상은 일본 고유의 학급 문화에서 파생된 특징이 있다. 일본에서 보고된 학교 괴롭힘 사례 가운데 80퍼센트는, 반에서 '질이 나쁜' 아이 한두 명이 아니라 반 전체가 한 명을 '이지메'하는 집단 괴롭힘인 것으로 드러났다.[74] 그리고 다른 나라에서 집단 괴롭힘이 주로 학교 운동장에서 발생하는 것과 달리, 일본에서 집단 괴롭힘은 교실에서 주로 발생한다.[75] 게다가 학교에서 괴롭힘을 목격하면 말리겠다고 응답한 학생의 비율은 10~14세 사이에 감소한다.[76] 나이가 들수록 따돌림 당하는 사람을 옹호하는 비율이 점점 낮아진다.

4장 순응하기, 집단주의, 폐 끼치지 않기

누구나 잘할 수 있다, '공부 시키는 엄마'

大同小異

대동소이, 큰 차이 없이 거의 같다. (동양 속담)

교육 박물관 답사

마야한테는 불운한 일이었지만, 우리는 교토로 주말여행을 갔다가 '교육 박물관' 근처를 지나게 되었다. 불운이라고 말하는 이유는, 15세 소녀에게 쉬는 날 옛날 학교를 돌아보고 교육의 역사를 설명하는 표지판을 통역하는 일만큼 지겨운 일이 또 있을까 싶어서이다. 박물관을 지나치면서 곁눈질로 슬쩍 마야를 쳐다봤을 뿐인데, 고맙게도 마야는 내가 부탁하기도 전에 말했다. "교육 박물관 구경하실래요? 전 좋아요!" 그렇게 우리는 박물관으로 들어갔다.

박물관 건물은, 최근 10년 동안 출생률 감소 때문에 폐교한 5,000개 남짓한 학교 건물 중 하나였다. 교실마다 구식 책걸상에 교과서와 집기가 놓여 있었고, 벽에는 빛바랜 사진이 가득했다. 사진 속 아이들은 일본 전통 복장을 하고 운동장에 줄을 서서 찡그린 얼굴로 카메라를 응시하고 있었다. 메이지 시대에 찍은 사진들도 있었다. 이때는 일본 역사의 큰 변혁기였고 근대적 교육제도가 이 시기에 태동했다.

1868년 메이지 유신이 단행되기 이전까지 일본은 봉건사회였고 교육 체계가 미비했기 때문에, 아이들은 다양한 유형의 학교에서 여러 가지를 마구잡이식으로 배웠다. 무사 계급인 사무라이는 자신이 속한 봉건 막부(역시 '한'이라는 이름)에서 설립한 공립학교에 다녔다. 그들은 학교에서 공자 사상, 산술, 서예 등을 배웠다. 막부에서 농사를 짓는 평민 자녀들 중에는 극소수만이 사원에 딸린 학교에서 기초적인 읽기, 쓰기, 산수 등을 배울 수 있었다. 그 밖에 의술과 한자를 사무라이와 일부 평민에게 가르치는 사립교육기관도 있었다.

1868년에 젊은 사무라이들이 갈수록 악화되는 내치 문제와 서양 제국주의의 침략 위험에 맞서기 위해 도쿠가와 막부를 타도하고 나섰다(당시 일본은 새로 등장한 미국과 불평등 조약을 맺은 직후였다). 그들은 일본이 서구 열강에 맞서기 위해서는, 신분제도에 기반을 둔 봉건 막부 체제를 무너뜨려야 한다고 생각했다. 그래서 사무라이 계급의 특권을 폐지하고 교육 체계 정비에도 나섰다. 새로 들어선 정부는 1872년 교육령을 발표해, 모든 아이가 초등학교와 중학교에 다녀야 한다고 규정하고, 미래의 지도자들을 양성할 유수의 대학을 설립했다. 그리고 '마을마다 집집마다 단 한 사람도 빠짐없이 학교교육을 받는' 미래를 구상했다.[77]

메이지 개혁 초기에는 초등학교와 중학교가 의무교육이 아니었다. 형식에 상관없이 당시에는 교육을 받은 남자아이가 40~45퍼센트, 여자아이가 겨우 15퍼센트에 불과했고, 학교도 부족했기 때문에 현실적으로 의무교육이 실현되기 어려운 상황이었다. 약 14년 뒤에 4년간의 초등학교교육이 의무교육으로 규정됐을 때도, 평민들은 학교교육이 불필요하다고 생각했기 때문에 여전히 제대로 시행되지 못했다.[78]

하지만 1868년부터 1912년까지 메이지 시대를 거치는 동안, 초등학교 재학생이 점차 증가했다. 처음에는 비공식적으로나마 상류층 아이들이 다니는 초등학교와 평민 아이들이 다니는 초등학교가 구분되었지만, 이러한 구분은 초등학교교육의 수준이 전반적으로 향상되면서 서서히 사라졌다. 그렇지만 중학교는 여전히 의무교육이 아니었고, 국립 중학교와 병행해서 일하는 아이들이 시간제로 출석할 수 있는 학교나 혹은 직업훈련을 전문으로 하는 학교 등 다양한 유형의 학교가 정부의 인가를 받아 운영되었다. 1900년대 들어 일본에 군국주의의 기운이 싹트면서 기초 군사 학교도 늘어났다.

일본이 지금처럼 15세가 될 때까지 통합교육을 실시하는 제도는, 일본 역사상 또 한 번의 격동을 겪은 제2차 세계대전 패전 후에야 도입되었다. 그 전부터 의무교육 기간을 6년에서 8년으로 연장하라는 요구가 꾸준히 있었지만, 당파 싸움에 밀려 법률이 통과되지 못했다. 중학교까지 의무교육이 확대된 데는, 제2차 세계대전 패전 후 미군 점령기에 교육제도가 근본적으로 개혁된 배경이 있었다.

당시 미군정의 목표는 일본에 민주적이고 평화적인 정부를 수립하는 것이었고, 자연히 교육제도 개혁이 이를 뒷받침하는 근본적인 수단으로 여겨졌다. 더글러스 맥아더 장군이 이끄는 교육개혁위원회는, 12세 때 다양한 유형의 중학교에서 학생을 선발하던 제도를 폐지하고, 그 대신 초등학교 6년과 중학교 3년 등 총 9년 동안 단일 교과 과정으로 의무교육을 실시하는 제도를 새로 도입했다. 일본인이 중학교를 '주니어 하이'라고 영어 그대로 부르는 것은 미국의 제도를 그대로 가져왔기 때문이다. 한편 중학교를 졸업하고 나면, 원하는 사람은 누구나 입학시험을 통과하기만 하면 3년 과정의 고등학교, 더 나아가 4년제 대학까지 진학할 수 있도록 학제가 개편되었다.

　이것이 오늘날까지 남아 있는 일본의 학교 제도이다. 15세까지는 능력에 상관없이 초등학교와 중학교를 모두 함께 다니고, 모든 학생이 상급학교 진학에 필요한 시험에 응시할 수 있다. 고등학교는 수준별로 명망이 천차만별이기 때문에, 일본 중학생들은 명문 고등학교에 입학하기 위해 치열한 경쟁을 벌인다. 명문 고교에 진학하면 명문대에 진학할 확률이 높아지고, 명문대를 졸업하면 좋은 직장에 취업할 확률도 높아지기 때문이다. 따라서 중학교 3학년 학생들은 고등학교 입시를 준비하는 데 전념하고, 학생들이 입시를 치른 바로 다음 날 신문에 시험지가 공개되면 전 국민이 문제를 풀어보고 분석한다.

누구나 성공할 수 있다

　누구나 시험을 칠 자격이 있고 당연히 모든 중학생이 입시를 치른다고 생각하기 때문에, 일본의 교육제도는 능력주의meritocracy라는 인식이 널리 퍼져 있다. 일본의 공교육제도에서 중학교를 졸업할 때까지 모든 아이가 똑같은 교육을 받을 수 있도록 최대한 보장하는 이유는, 부당한 이득을 취하는 경우가 없도록 하고, 시험 결과와 그에 따른 고등학교 진학 여부를 아이들이 얼마나 열심히 공부했는지를 기준으로 결정하기 위해서이다. 교육의 공정성을 확보하는 한 가지 방법으로, 일본 학교에서는 우수한 교사가 한 학교에 몰리지 않도록 교원평가에 근거해서 교사들을 정기적으로 전근시킨다. (어느 학교 교장선생님이 이런 말을 했을 때 나는 깜짝 놀랐고, 릴리는 나 때문에 놀라서 눈이 휘둥그레졌다.)

일본에서는 교사들을 학교가 직접 채용하는 것이 아니라 지자체별로 교육위원회가 임용하기 때문에, 교사들은 처음에는 2년마다 다른 학교로 발령을 받고, 그다음부터 일단 자리를 잡으면 4~6년마다 전근을 다닌다. 교사들은 교원평가에 대해 피드백을 받지만, 평가 결과(A에서 E등급까지)를 통보받지는 않기 때문에, 아무도 왜 그들이 특정 학교로 옮겨가는지 알 수 없다. 미국에서 온 영어 보조교사 아담은, 이런 운영 방식이 학교의 '평준화' 외에 또 다른 이점이 있다며 이렇게 말했다.

"교사들이 순환 근무를 하게 되면, 맡은 일을 중시하고 전문성을 높이기 위해 직무연수에 더 적극적으로 임할 수밖에 없습니다. 미국의 교육제도에서, 어떤 교사는 한 학교에서 긴 시간을 보내고 나면 자신의 고루한 방식에서 벗어나지 못하죠. 이런 교사는 타성에 젖어서 아이들을 가르치고, 더 이상 교사라는 자신의 직업을 진지하게 생각하지 않아요. 반면에 일본처럼 교사가 학교를 옮겨 다닌다면, 완전히 새로운 환경에서 새로운 학생과 동료를 만나게 되겠지요. 거기다가 새로 부임한 학교에서 아이들은 이미 전에 다른 선생님과 지내봤기 때문에, 교사는 아이들의 기대에도 부응해야 할 테고 행동에 문제가 있는 아이들을 다루는 방법도 배워나가야 할 겁니다." 물론 순환 근무에도 단점이 있다. 교사 자신이나 가족이 함께 생활하기 불편한 지역으로 전근을 가게 되면, 온 가족이 이사하거나 긴 통근시간을 견디는 대신에 학교 근처에 숙소를 얻어 주말에만 가족을 만나게 될 수도 있다.

아이들이 15세까지 동일한 교육 환경에서 공부할 수 있도록 보장하는 또 하나의 장치는, 능력에 따라 수준별 수업으로 분리하거나 별도 학급을 편성하지 않는 것이다. 이것은 핀란드와 똑같다. 한 반에 명문대 진학을 목표로 하는 학생과, 수학을 못해서 야구 연습 시간 짬짬이 숙제를 베끼는 학생이 섞여 있을 것이다. 내가 방문한 어느 중학교 교장은 이유를 이렇게 설명했다. "일본에서는 모든 사람에게 평등한 교육을 제공해야 한다는 정서가 매우 강해요. 오랜 전통입니다." 하지만 이 전통은 아이들의 타고난 능력 차를 무시하고 모두에게 평등한 교육의 기회를 제공한다는 의미가 아니다. 일본의 교육자들은 애초에 아이들이 타고나는 능력은 별 차이가 없다고 믿는 편이다.[79] 내 생각에는 교육정책이나 제도를 마련하는 것에 앞서, 이런 신념이 차이를 가져오는 것 같다.

일본의 교육제도는 적어도 처음에는 모든 아이들이 지적으로 평등하며, 궁극적으로 학업 능력에 차이가 나는 것은 환경과 개인의 근면성 문제라고 가정한다. 일본 사람들이 어떤 아이가 다른 아이보다 똑똑하다는 생각을 전혀 안 한다는 뜻이 아니다. 줄리엣은 딸들의 친구를 가끔 자동차에 태우곤 했는데, 아이들이 반 친구 중에 누구는 '머리가 좋고' 또 누구는 '머리가 나쁘다'고 말하는 것을 들은 적이 있다고 한다. 하지만 일본 사람들은 이런 차이도 공부를 열심히 하거나 안 한 결과라고 믿는다. 릴리는 내게 시험에서 낙제하더라도 머리가 나빠서는 아니라고 말해주었다. 학교 시험은 시험 범위를 공부하기만 하면 만점은 아니라도 쉽게 통과할 수 있는 수준이라는 것이다.

이런 믿음은 일본 교사들이 수업을 운영하는 방식에서 학생들에게 고스란히 전달된다. 앞서 살펴본 대로, 초등학교 학생들은 모둠(한) 단위로 많은 활동을 하기 때문에 개개인의 능력 차를 부각하지 않고 모둠 전체의 노력으로 평가받는다. 칭찬도 개인이 아니라 모둠 전체가 받는다. 애덤이 자신의 경험담을 들려주었다. "미국인이나 서양인의 사고방식으로 볼 때 놀랐던 점은, 내가 수업시간에 잘하는 학생을 따로 칭찬했을 때 다른 교사들이 보인 반응이었어요. 다들 나를 말리더군요. '그러지 마세요. 그러면 다른 아이들은 전부 화가 날 테니까요. 칭찬을 못 받은 아이들은 자기가 형편없다고, 못 한다고 생각해요.' 그래서 나도 점점 개별적인 칭찬은 하지 않게 됐어요." 교사들이 학생들의 능력 차이가 두드러지지 않도록 애를 쓰는 만큼, 모든 학생이 똑같은 잠재력을 지니고 있다는 신념은 지속된다.

앞에서 나는 특정한 통합교육 정책이나 평준화 수업을 마련하는 것보다 오히려 이런 신념이 학생들의 학업 성과에 영향을 준다고 했는데, 그 이유는 바로 교사의 기대가 차이를 가져오기 때문이다. 고전적 연구에 따르면, 교사가 학생에게 큰 잠재력이 있다고 믿으면 이것은 '자성적 예언self-fulfilling prophecy'이 되고, 학생들은 교사가 기대하는 만큼 성공할 가능성이 더 높다. 이것을 '피그말리온 효과Pygmalion effect'라고 하는데, 신화 속 키프로스의 왕 피그말리온은 자신이 돌로 새긴 아름다운 여인상과 사랑에 빠지자, 아프로디테 여신이 그를 측은히 여겨 조각상을 진짜 여자로 만들어 주었다는 이야기에서 유래했다. 이 용어를 교육학에 처음 도입한 인물은 심리학자 로버트 로젠탈Robert Rosenthal이었다. 1968년 로젠탈 박사는 초등학교 교장인 레노어 제이컵슨Lenore Jacobson과 함께 진행한 실험의 결과를 설명하기 위해 이 용어를 사용했다.[80]

로젠탈 교수와 제이컵슨 교장은 학기 초에 아이들에게 IQ 검사를 실시했다. 그리고 교사들에게는 이것이 아이들의 잠재력과 '향상 가능성', 다시 말해 그해에 어떤 학생이 좋은 성적을 거둘지 예측할 수 있는 척도라고 말했는데, 실제로는 전혀 사실이 아니었다. 교사들은 반에서 몇몇 학생이 이 테스트에서 상위 20퍼센트에 해당한다고 알려 주었지만, 사실 이 학생들은 출석부에서 무작위로 뽑은 명단이었다. 학기 말에 아이들은 어떤 변화가 있는지 측정하기 위해 다시 IQ 검사를 했고, 교사들이 조작된 검사 결과를 토대로 좋은 결과를 얻으리라고 기대한 학생들의 IQ 점수가 실제로 다른 아이들에 비해 향상되었다. 이 결과를 설명할 수 있는 유일한 요인은 교사들의 기대였다.[81] 반대로 부정적인 기대를 하면 부정적인 결과가 나타났다. 또한 교사의 기대치가 낮을 때, 아이들의 점수는 기대한 대로 하락했다.[82]

그러므로 일본 교사들이 모든 아이가 똑같은 잠재력을 지니고 있고, 학업에서 똑같이 성공할 수 있다고 믿는 것은 (어떤 아이들은 선천적으로 능력이 부족하다고 생각하는 것이 아니라) 아이들이 학업에서 성공할 확률을 실제로 더 높인다. 사회학자 게일 벤저민Gail Benjamin은 이렇게 설명한다. "일본의 교육자들은 특정한 부류의 아이들, 혹은 특정한 가정환경에서 자란 아이들만 교육의 효과를 누린다고 생각하지 않는다. 모든 아이가 똑같이 기본 교육을 받을 수 있고, 받아야 하며, 모든 아이를 동일한 교육방법으로 가르치는 것이 효과적이라고 생각한다."[83] 일본은 PISA 테스트에 참가한 모든 국가 중에서, 수학 점수가 OECD 평균 이상인 동시에 사회·경제적 지위가 수학 점수에 미친 영향이 OECD 평균 이하로 나타난 10개국에 속한다. 이 결과는 아마도 일본의 교육철학과 관련이 있을 것이다.

하지만 이런 일본에서도, 학생의 가정환경은 기대 성적과 밀접한 관련이 있다. 낮은 실업률, 낮은 소득 불평등, 높은 중산층 비율(1995년 일본인의 90퍼센트 이상이 스스로를 중산층이라고 생각함) 등 여러 측면에서, 일본 사회는 오랫동안 경제적 호황을 누리며 가정에서도 교육에 지원을 아끼지 않는 환경이 조성되었지만, 그래도 여전히 사회계층에 따라 부모의 교육관에는 차이가 있다.

미국 브라운대학의 요코 야마모토Yoko Yamamoto 교수는 다양한 사회계층의 일본인 어머니 16명을 대상으로 자녀교육에 대한 심층 면담을 실시했다. 면담을 실시한 결과, 중산층과 노동자 계층의 어머니 모두 자녀가 공부를 잘하기를 바랐지만, 유독 중산층은 자신들이 책임지고 어린 자녀를 공부시켜야 한다고 생각하는 것으로 나타났다. 노동자 계층의 엄마들도 때때로 자녀의 학업성취에 대해 걱정했지만, 이들은 자녀의 학업을 도와줄 자신감이나 노하우가 없었다.[84] 아마도 비슷한 이유로, 가난한 가정환경의 아이들은 학교를 벗어나면 상대적으로 공부하는 시간이 줄어들 가능성이 있다.[85] 그리고 다른 나라들에 비해, 일본 엄마들이 자녀교육에서 중요한 역할을 할 것으로 예상된다.

엄마가 공부하래요

일본 학생들은 공부를 열심히 하는 이유는, 공부를 잘해야 성공할 수 있다는 믿음 때문만은 아니다. 국가적으로 일본은 교육을 가장 중요하게 생각한다. 앞서 살펴본 대로, 과거부터 늘 그랬던 것은 아니라서 의무교육이 처음 도입되었을 때만 해도 많은 일본인이 학교교육의 중요성을 인식하지 못했다. 당시에는 정부가 나서서 국민을 상대로 교육의 중요성을 알리고 교육제도를 수립했다. 이후 문부성(일본 교육부) 장관이 교사의 임금을 공무원 수준으로 인상함으로써 계속해서 교직의 중요성을 부각했다. 그리고 이제 일본에서 교육을 얼마나 중시하는지 확인하려면, 각급 학교에서 입학식과 졸업식을 얼마나 성대하게 치르는지 보면 된다.

나는 마야의 중학교 졸업식에 참석하는 특별한 경험을 했다. 학교 강당을 꽉 채운 학부모들은 주로 말끔한 짙은 색 정장 차림이었고, 화려한 기모노를 차려입은 학부모도 눈에 띄었다. 앞자리 단상 옆에 따로 마련된 귀빈석에는 점잖아 보이는 사람들이 스무 명 남짓 앉아 있었다. 옆에 앉은 줄리엣에게 물어봤더니 그 사람들은 지역 유지들이고 모든 입학식과 졸업식에 빠짐없이 참석한다고 설명해 주었다. 그러다 주변이 조용해지는가 싶더니, 뒤쪽에서 졸업생이 두 줄로 나란히 걸어 들어왔다. 벌써 두 뺨 위로 눈물을 흘리는 아이들도 보였다.

졸업식은 길었고, 나는 엉덩이가 아파 자리에서 들썩거렸다. 교장이 축사를 하고 졸업생이 한 명씩 단상에 올라 졸업장을 받았다. 귀빈도 모두 차례대로 졸업생을 축하해 주었다. 그런 다음 모든 졸업생이 남녀별로 줄을 맞춰 단상에 서서 교가를 합창했다. 몇몇 아이가 중간 중간 훌쩍이거나 흐느끼기도 했지만, 졸업생들은 목청껏 교가를 불렀고, 노랫소리는 강당 천장을 뚫을 기세였다. 3년 동안 동고동락한 친구들과 선생님과 헤어진다는 깊은 서운함이 전해지는 듯했다. 주변을 둘러보니 몇몇 엄마도 흰 손수건을 꺼내 눈물을 훔치고 있었다.

일본에서는 학부모, 특히 엄마가 자녀 교육에 깊이 관여해야 한다는 분위기가 있고, 엄마들은 이 역할을 진지하게 받아들인다. 영국 엄마라면, 아이가 시험 공부를 하느라 밤늦게까지 책상 앞에 앉아 있으면, 방문에 머리를 들이밀고 얼른 자라고 잔소리를 할 것이다. 일본 엄마는 아이와 함께 밤을 새면서 간식을 챙겨다 준다. 어떤 일본 엄마들은 자녀가 시험공부를 하는 동안 스스로 근신한다고 한다. 공부하느라 고생하는 자녀와 한마음이 되기 위해서, 이를테면 좋아하는 음식을 먹지 않는 것이다. 자연히 아이들은 부모가 거는 기대의 무게를 느끼게 되고, 기대에 부응하기 위해 더더욱 학교 공부를 열심히 하게 된다. 입시에 실패하면 당사자만이 아니라 가족의 평판이 떨어진다.

학교나 사회에서도 부모가 자녀교육에 깊이 개입하기를 기대한다. 엄마의 교육적 관심이 자녀의 시험 성적에 긍정적인 영향을 미치는 것은 분명하지만, 이 상황은 여성의 경력 단절에도 상당한 영향을 미친다. 예컨대 일본 노동성이 25~44세의 여성 3,500명을 대상으로 실시한 설문조사에 따르면, 47퍼센트의 여성이 임신을 하면 직장에서 '문제가 된다'거나 '퇴사해야 한다'는 말을 들었다고 응답했다.[86] 일본 문화에는, 엄마가 되면 아이의 숙제를 봐주거나 학교 소풍 때 도시락을 싸 주는 것처럼 엄마가 해야 할 일에 방해되는 일은 아무것도 하면 안 된다는 인식이 깔려 있다. 학교에서도 자녀의 숙제를 채점하는 일처럼 부모가 가정에서 해야 할 일 목록을 보낸다. 학교는 학부모에게 가정 통신문을 보내 자녀가 몇 시에 잠자리에 드는 게 좋은지, 그리고 연휴 동안 몇 시간쯤 친구들과 노는 게 좋은지도 안내해 준다.

사회학자 게일 벤저민은 자녀를 1년 동안 일본 공립학교에 보낸 적이 있어, 학교에서 보내는 가정 통신문을 모두 받아보았다. 그녀에 따르면, '학교에서 지속적으로 이런 가치를 확인해 주고 약간 훈계하는 어조로 안내문을 보내면, 장기적으로 볼 때 학부모는 가정에서 아이들에게 올바른 언행과 태도를 가르쳐야 한다는 부담감이 생기기 때문에 학교 측의 의도가 효과적으로 전달된다. 다른 관점에서 보면, 가정 통신문은 '교육하는 엄마kyōiku mama'의 역할은 선택이 아니라 필수라는 학교의 인식을 엄마들에게 전달하는 방식이다.[87]

5장 누구나 잘할 수 있다, '공부 시키는 엄마'

수업계획, 연구수업, 유토리 교육

泥棒も10年

도둑질도 잘하려면 10년 걸린다. (동양 속담)

이제 수십 년째 지금의 모습을 유지하고 있는 일본의 중학교 교실로 들어가 보자. 줄지어 놓인 책상은 교사가 돌아다니면서 학생들의 공부를 봐줄 수 있도록 일정한 간격을 두고 배치되어 있다. 돌아다니는 동안 큼직한 책가방에 걸려 넘어지지 않도록 조심해야 한다. 교복은 짙은 감색에 해군복처럼 흰색 테두리가 있고, 여학생은 치마, 남학생은 바지를 입고 있다. 학생들은 모두 고무창을 댄 운동화를 신었고, 어떤 아이들은 세균을 퍼뜨리지 않으려고 의료용 마스크로 코와 입을 가렸다.

우리가 들어섰을 때 교실은 조용했다. 뒤에 앉은 남학생이 옆자리 친구에게 눈치를 주자 그 학생이 놀란 표정으로 우리를 쳐다봤지만, 두 사람은 곧 하던 대로 필기를 계속했다. 교사는 앞에 서서 평행사변형의 성질을 설명하는 중이었다. 그는 교실 전면을 가득 채운 짙은 녹색 칠판에 수업 내용을 적었다. 칠판 맨 왼쪽부터 차근차근 단계별로 적어나갔는데, 수업이 끝날 무렵 교실에 들어오는 학생이라도 칠판에 적힌 내용만 보고 전체 수업 내용을 이해할 수 있을 정도였다. 아이들은 칠판을 보며 연습장에 필기를 했다. 한 여학생이 앞자리에 앉은 친구의 머리카락을 손가락으로 튕기더니 지우개를 빌렸다.

교사가 설명을 마치고 나서 학생들에게 평행사변형의 세 가지 성질을 말해보라고 했다. 처음에는 학생들이 혼잣말로 하고 다음에는 반 전체가 크게 외쳤다. 15분 동안 이렇게 배운 내용을 암기하게 한 다음, 교사는 남학생 두 명과 여학생 두 명이 한 모둠으로 모여 앉으라고 말했다. 아이들은 얌전히 네 명씩 모여 앉았다. 교사가 모둠별로 약간 어려운 문제를 제시했고, 아이들은 그때부터 문제를 어떻게 풀지 서로 의논하느라 웅성거렸다. 교사는 아이들 사이를 돌아다니면서 진행 상황을 살폈고, 한 학생에게 농담을 건네기도 했다(애석하게도 일본어를 몰라서 알아듣지 못했다). 모둠별로 문제풀이를 마치면, 모둠마다 한 명이 교실 앞에 나가서 칠판에 풀이 과정을 적었다. 어떤 모둠에서는 누가 이 역할을 맡을지 정하려고 아이들이 '가위바위보'를 하는 모습도 보였다.

교사는 각 모둠에서 학생을 지목해 문제풀이 과정을 설명해 보라고 했는데, 그러려면 물론 학생들이 평행사변형의 성질을 이해하고 있어야 했다. 다음으로 교사는 학급 전체에, 이를테면 "다른 방법으로 이 문제를 풀어볼 사람?" 같은 몇 가지 질문을 던졌다. 이때 손을 드는 학생도 있지만, 보통은 아무도 나서지 않기 때문에 교사가 학생을 지목했다. 수업이 끝나갈 무렵, 교사는 연습문제 일부를 숙제로 내주고 학생들을 일어나게 했다. 학생들이 인사하자 교사도 고개 숙여 인사하고 교실을 떠났다.

앞서 언급한 떠들썩한 초등학교와는 전혀 다른 분위기를 감지했을 것이다. 초등학생에서 중학생이 되면서 아이들의 행동이나 목소리만 차분해진 것도 물론 아니다. 초등학교 수업은 누가 봐도 훨씬 활동적이다. 초등학교 수업을 참관했을 때, 나는 8세 아이들과 함께 영어 노래에 맞춰 춤을 췄고, 종이로 만든 전화기를 들고 영어로 전화번호 물어보는 방법을 배웠다. 초등학교 때는 모둠 활동이 많고, 교사들도 아이들에게 개념을 설명하기 위해 빌딩 블록, 소쿠리, 풍선 등 다양한 소품을 사용한다.

중학교 수업은 이보다 훨씬 전통적인 방식을 따른다. 교사가 앞에서 설명하고 학생들의 참여는 줄어든다. 어떤 때는 수업 중에 남학생 두 명이 교실 뒷자리에서 자는 모습도 보았다. 초등학교와 중학교에서 교사 생활을 한 소피아는, 중학교에서 모둠 활동을 자주 못 하는 이유 가운데 하나는 아이들이 자라면서 사교성이 줄어들기 때문이라고 내게 말했다. "초등학생 때는 모두들 수업 활동에 참여하려고 열심이지만, 중학생이 되면 다들 부끄럼을 타요. 여학생은 남학생하고 말도 안 섞으려 하죠. 그래서 반장한테 모든 일을 몰아주기도 해요." 또한 교사들도 아이들이 중학교 3학년이 되면 고교 입시가 얼마나 중요한지 의식하기 때문에 입시 위주의 수업을 하게 된다.

이처럼 초등학교와 중학교의 차이가 명백한 가운데서도, 심리학자 제임스 스티글러James Stigler와 제임스 히버트James Hiebert는 1990년대에 영상을 기반으로 한 국제비교연구(일본, 미국, 독일)를 바탕으로, 일본 초등학교와 중학교의 교육 방식에서 몇 가지 유사점을 확인할 수 있었다.[88] 그들은 일본 교사들이 수학적 개념을 가르치기 위해 특별히 많은 노력을 기울여 실생활에 적용되는 문제를 수업에 도입한다는 점을 발견했다. 이와는 대조적으로, 미국 교사들은 수학적 개념을 있는 그대로 소개하고 학생들에게 정확한 문제해결 과정을 가르치는 모습을 보였다. 일본에서는 학생들이 매우 세심한 수업계획에 따라 차근차근 문제를 해결하는 방법을 배우고, 그 과정에서 단계별로 개념을 잘 이해했는지 확인하는 질문을 받는다고 보고된다.

이전 저서에서 스티글러와 그가 존경하는 동료 해럴드 스티븐슨 Harold Stevenson[89]은 어느 일본 초등학교의 수학 수업을 예시로 들었다. 수업은 교사가 찻주전자, 꽃병, 맥주병 등 다양한 용기를 교실에 가지고 와서, 학생들에게 물이 어디에 가장 많이 담길지 질문하면서 시작되었다. 아이들은 저마다 다른 대답을 했고, 교사는 그렇다면 확인하는 방법은 무엇일지 또다시 질문했다. 교사는 아이들이 컵을 이용해서 용기에 물이 몇 컵 들어가는지 헤아리는 방법을 떠올릴 수 있도록 질문을 이어나갔다. 아이들은 당장 컵을 손에 들고 여러 가지 용기에 물을 붓기 시작했고, 교사는 칠판에 막대그래프를 그린 다음, 아이들이 불러주는 대로 용기마다 몇 컵의 물이 들어가는지 수치를 기록했다. 수업을 마칠 무렵 교사는 학생들에게 물이 어느 용기에 가장 많이 들어가는지 어떻게 알 수 있었냐고 거듭 물었다. 아이들은 문제를 해결하기 위해 자기들이 어떻게 했으며, 막대그래프에서 어떤 결과가 나타났는지 설명했다. 아이들은 이 활동을 통해 막대그래프의 원리와 사용법을 이해하게 된 것이다.

스티글러와 히버트가 분석한 8학년(중2) 수업에서도 이와 동일한 구조화된 문제해결 접근법이 확인되었다. 앞서 소개한 평행사변형 수업시간을 떠올려보자. 교사는 조별 과제에서 학생들에게 풀이 방법을 설명해 주지 않은 수학 문제를 내주었다. 하지만 이때도 학생들이 감당할 수 없는 문제를 낸 것이 아니었다. 교사는 학생들에게 정확한 '풀이 방법'을 알려주지 않았지만, 수업을 시작할 때부터 어려운 문제를 해결하기 위해 필요한 관련 내용을 설명해 주었다. 막대그래프 수업과 평행사변형 수업 모두 체계적으로 구조화되었고, 교육 용어로는 '발판(비계scaffolded)'이 제공되었다. 건물에 비계를 설치하면 단계적으로 발판을 디디고 꼭대기까지 올라갈 수 있지만, 엘리베이터처럼 아무런 노력 없이 곧바로 위로 올라갈 수는 없다. 따라서 교사는 조력자로서 학생들에게 어려운 문제를 해결하는 데 도움이 되는 일련의 신호와 정보를 주지만, 모든 답을 알려주지는 않는다.

이때 학생들에게 문제해결에 필요한 정보와 길잡이를 충분히 제공할지, 아니면 스스로 문제해결에 도전할 수 있도록 여유를 줄지 세심하게 균형을 유지해야 한다. 학생들이 문제해결에 필요한 사전 지식을 갖추지 못했다면 좌절하게 될 것이고, 구조화된 문제해결 과정 전체가 시간 낭비가 된다. 따라서 교사가 우선 사전 지식을 가르쳐야 한다(아니면, 초등학교 수업에서처럼 아이들에게 그래프를 디자인하도록 하는 대신, 교사가 막대그래프 구조를 소개해야 한다). 사실 일본의 초등학생과 중학생은 공통적으로 암기해야 할 내용이 많다. 초등학교 1학년 때 100까지 숫자를 외워야 하고, 2학년 때는 구구단표, 8학년(중2)이 되면 평행사변형의 세 가지 성질을 암기해야 한다(직접적인 관련은 없지만, 재미있게도 원주율 파이(π)를 11만 1,700번째 자리까지 암기한 일본인이 있었다). 암기 역시 수학에만 국한되지 않는다. 일본 아이들은 초등학교를 졸업할 무렵 1,006자 간지(일본식 한자)를 배우고, 중학교를 졸업할 때쯤에는 추가로 1,130자를 더 배우게 된다. 학생들의 장기 기억 속에 이러한 지식이 일단 저장되면 뇌 구조상 이해력과 수학적 문제해결 능력 등 다른 공부에도 엄청난 도움이 된다. 〈Box 3〉에 자세한 설명이 이어진다.

Box 3 │ 암기가 시험 이외에도 유용한 이유

인간에게는 작업 기억working memory이 있다. 작업 기억은 정보 처리 과정이 이루어지는 인지 구조이며, 다시 말해 우리의 의식적인 생각을 처리하는 작업 공간이다. 당신의 머릿속에는 집 주소, 첫 애완동물의 이름, '로켓 맨Rocket Man'(영국 가수 엘튼 존 노래-옮긴이) 가사 등 장기 기억 속에 저장되어 아무 때나 떠올릴 수 있는 정보가 수없이 많을 것이다. 비밀번호를 잊어버렸을 때 보안질문에 대한 해답을 첫 애완동물 이름으로 설정했다면, 당신은 마치 주방 찬장에 넣어둔 재료를 꺼내서 조리대에서 요리를 하는 것처럼, 필요할 때 그 기억을 장기 기억에서 회수해서 작업 기억에서 처리할 수 있다.

주변 환경에서 작업 기억으로 들어오는 정보도 있다. 당신은 새로 나온 칫솔 광고를 눈여겨보거나, 지리 숙제를 하기 위해 여러 가지 암석의 종류를 구글에서 검색하기도 한다. 또한 요리하다 재료가 떨어지면 가까운 상점으로 뛰어가 구해 올 수도 있다. 그런데 작업 기억은 용량이 제한되어 있기 때문에, 마치 조리대에 올려놓을 수 있는 재료가 한정되어 있듯이, 너무 많은 정보를 한꺼번에 작업 기억에서 처리하기 힘들다. 가령 방금 전화번호 안내를 받아 그 번호로 전화를 걸려고 할 때, 들은 번호를 까먹기 전에 번호를 눌러야 하는데 도중에 옆에서 누군가 질문을 하면 꽤 짜증이 날 것이다. 전화번호는 기억에서 사라졌을 가능성이 높고(기억 소멸), 다시 번호를 물어봐야 한다. 작업 기억은 또한 오래 지속되지 않아서, 그 전화번호를 계속해서 머릿속에서 되뇌지 않으면 대략 30초 안에 잊어버릴 가능성이 크다. 주방 비유를 이어가자면, 당신이 새로운 재료를 조리대 위에 30초 이상 방치하면 기르는 개가 그것을 먹는다고 상상해 보기 바란다(그렇지만 찬장에서 꺼낸 재료들은 사용하지 않을 때 도로 제자리에 집어넣으면 되기 때문에 이런 일이 일어나지 않는다).

다시 구구단과 숫자를 암기한 일본 학생들에게 돌아가 보자. 정보는 이제 장기 기억 속에 저장되어 있고, 아이들은 필요할 때마다 쉽게 정보를 회수해서 작업 기억으로 이용할 수 있다. 교사가 다음과 같은 수학 문제를 내주었다고 치자.

만약 케이크를 12조각으로 잘랐을 때, 케이크의 3분의 1만 남기려면 몇 조각을 먹어야 할까?

이제 일본 아이들은 이 문제를 어떻게 해결할지 고민하다가, 동치분수에 대해 이미 배웠기 때문에 12분의 몇을 해야 3분의 1과 같아지는지 계산한 다음, 거기서 12를 떼내면 된다고 깨닫게 된다. 아이들은 12와 3의 최소공배수를 계산해야 한다는 것을 알고 있고, 장기기억에서 $3 \times 4 = 12$라는 구구단을 쉽게 꺼내올 수 있기 때문에, 최소공배수가 12이고 따라서 분자에 4를 곱하면 된다는 것을 안다. 결국 12분의 4와 3분의 1은 같으므로, 다음 단계로 $12 - 4 = 8$을 계산해서 케이크 8조각을 먹어야 나머지가 4, 즉 3분의 1이 된다는 결론을 찾는다. 반면 3×4=12를 곧바로 떠올리지 못하는 아이들은 최소공배수를 찾는 데 어려움을 겪을 것이다. 그리고 잠시 멈추고 계산기를 꺼내서 두 숫자의 배수를 알아내는 데 시간을 보낼 것이고, 그러는 동안 원래 하려고 마음먹었던 다음 단계 풀이는 작업 기억에서 사라지고 만다.[90] 이렇게 되면 문제 풀이에 시간이 더 오래 걸릴 뿐만 아니라, 그 과정에서 아이들이 어려움과 좌절감을 느낄 수도 있다.

조리법에 따라 케이크를 만드는 과정에서, 단계마다 상점에 나가 재료를 더 구해 와야 한다면, 케이크를 완성하는 데 오랜 시간이 걸릴 수밖에 없다. 더구나 버터를 사러 상점에 갔다 온 사이에, 당신이 정성스럽게 준비해 놓은 계란거품을 개가 다 먹어버렸다면 어려움은 배가될 것이다. 그럼 처음부터 조리법이 없었다면 어떨까? 누군가 당신에게 알아서 케이크를 만들어달라고 부탁했다고 상상해 보자. 시간은 좀 더 걸리겠지만 당신이 케이크를 만드는 데 필요한 재료를 모두 갖추고 있다면, 매번 부족한 재료를 구하러 나가거나 엉뚱한 재료를 구하는 것보다는 훨씬 시행착오가 줄어들 것이다. 그렇기 때문에 당신이 만들고자 하는 요리에 사용되는 재료를 모두 선반에 잘 비축해 두는 것이 유익하다.

반면에 교사가 학생들에게 사실을 암기하라고만 하고 배운 지식을 새로운 상황에 적용할 기회를 주지 않는다면, 아이들은 배운 대로 해법을 적용할 수 없는 응용 문제에 전혀 대처할 수 없게 될 것이다. 그리고 만약 일본 교사들이 어느 한쪽에 치우치는 실수를 한다면, 십중팔구는 암기를 강조하는 쪽일 것이다. 일본 학교에 문제해결식 수업이 보편화된 지 벌써 15년이 흘렀다고 하지만, 일본 어느 식당에서 내가 만난 초등학교 교사는 이렇게 말했다. "일본 교육제도에서 학교 수업은 전통적으로 교사가 일방적으로 강의하는 방식입니다. 요즘에는 능동학습active learning 방식을 도입해야 하지만, 제대로 할 수 있는 사람이 많지 않아요. 교사들도 능동학습 교수법을 배우기 시작했지만, 오사카에서는 특히 변화가 더디고요." 분명 진보적인 교사들은 능동학습을 열망하고 있었다.[91]

이런 상황 속에서도 일본 학생들은 PISA 테스트의 문제해결 영역('즉각적으로 명백한 해결 방법이 떠오르지 않는 문제 상황을 이해하고 문제를 해결하는 인지능력'으로 정의된다)에서 우수한 성적을 거두었는데, 읽기와 수학·과학 영역에서의 높은 점수를 감안하더라도 싱가포르와 한국을 제외하면 최고 수준의 문제해결 능력을 보여주었다. 아마 전부는 아니더라도 일부 학교에서 실시하는 문제해결식 수업이 학생들의 문제해결 능력을 향상하는 데 기여했을 것이다.

어떤 수업 방식이 어떤 결과를 초래한다고 확실하게 말할 수는 없지만, 문제해결식 접근법이 유익하다는 몇 가지 증거가 있다. 스티글러와 히버트의 연구 토대가 된 1995년 제1회 TIMSS(수학·과학 성취도 국제비교연구)에는 수업시간에 '추론 과제reasoning task'를 얼마나 자주 다뤘는지 학생들이 응답하는 설문이 포함되었다(교사가 어떤 개념의 배후 논리를 설명하는가, 관계를 설명하고 분석할 때 표, 차트 또는 그래프를 사용하는가, 즉각적으로 명백한 해결 방법이 떠오르지 않는 응용 문제를 제시하는가, 관계를 설명할 때 공식을 작성하는가 등이다). 일본 학생들은 미국 학생들보다 이러한 추론 과제 수업을 더 많이 받았다고 응답했고, TIMSS 점수상으로도 추론 과제를 자주 접한 학생일수록 일본의 경우 14점, 미국의 경우 19점을 더 받았다.[92]

이것은 추론 과제가 두 나라의 TIMSS 점수에 어느 정도 영향을 미쳤음을 시사한다(일본과 미국의 점수 차는 약 100점이었고, 미국 교사 중 4분의 1은 이미 추론 과제를 빈번하게 사용했다). 중요한 점은 일본 학교에서는 추론 과제를 통해 학생들이 문제해결에 필요한 사전 지식을 갖출 수 있도록 매우 체계적인 방식으로, 그리고 뚜렷한 목표를 염두에 두고 수업을 구성한다는 것이다. 이렇게 구조화된 문제해결 방식을 잘 활용하면, 학생들의 수학 점수를 높이는 데 도움이 되고, 더 나아가 보다 일반적인 문제해결 능력도 기를 수 있다.

일본이 주는 교훈

일본 교사들은 모든 상황에서 어느 한 가지 수업 방식이 최고라고 생각하는 대신, 상황에 따라 다양한 교수법을 선별해서 활용하고 있으며, 수업 목표를 염두에 두고 수업 중에 하는 모든 활동을 신중하게 선택한다. 하시모토 교장에게 일본 학교에서 (어색한 10대들이 모둠별 과제를 부담스러워하는데도 불구하고) 모둠별 과제를 어떻게, 그리고 왜 포함하느냐고 물었을 때, 그는 이렇게 대답했다. "모둠별 과제를 하는 목적은 여러 가지가 있지요. 교사들은 모둠별 과제를 통해 학생들의 어떤 특성 또는 능력을 향상할 수 있을지 수업 전에 미리 결정합니다. 교사들이 모둠별 과제를 그냥 내주는 게 아니에요. 항상 목적이 있습니다." 교사들이 매 수업에서 채택하는 방식은, 수업 내용을 가르치는

데 최선의 방법이 무엇인지 고민한 결과이다.

수업 방식과 상관없이 일본 교사들이 학생들에게 개념을 이해시키는 데 탁월한 이유가 몇 가지 있다. 첫 번째 강점으로 일본 전역에서 실시하는 초등학교 '연구수업lesson study'를 들 수 있다. 내가 처음 연구수업을 접한 것은, 수업 참관을 위해 어느 교실에 들어가서 교실 뒤편에 빼곡하게 들어찬 10명의 교사와 비디오카메라를 발견했을 때였다. 참관하는 교사들과 카메라만 빼면 평상시와 다름없는 수업 풍경이었다. 내가 만약 그렇게 많은 선생님들 앞에서 연구수업을 했다면 손바닥에 땀이 났을 거다. 영국에서 연구수업은 보통 교사의 직무 능력을 평가받는 자리라서 결국 1에서 4등급까지 점수가 매겨지기 때문이다. 하지만 이날 연구수업을 하는 교사는 차분해 보였다. 나중에 알게 된 사실이지만 일본에는 학생들의 수업 반응을 주로 관찰해서, 교사가 효과적으로 수업을 계획하고 수행하는지 평가하고 동료 교사들의 피드백을 받도록 하는 또 다른 유형의 연구수업이 있다고 한다. 하지만 내가 참석한 연구수업은 그것보다는 나았다. 이 수업을 위해서 교사 4~5명이 교실 뒤쪽에 앉아서 처음부터 수업계획을 같이 짰기 때문에, 연구수업을 하는 교사가 수업계획을 평가받는 것도 아니었다.

이와 같은 연구수업 방식에는 교사들이 진땀을 빼지 않아도 된다는 장점 외에도 여러 가지 장점이 있다. 베테랑 교사들의 의견이 모든 수업계획에 반영되기 때문에 젊은 교사들이 노하우를 배울 수 있고, 내가 초임 교사 때 그랬던 것처럼 의도치 않게 수업을 망치는 재앙도 예방할 수 있다. 또한 세심하게 설계되고 평가되고 수정된 수업계획서를 중앙 부서에서 보관하기 때문에, 초보 교사들이 아무것도 모르는 상태에서 수업계획을 세울 필요가 없고 수업의 특성에 맞게 편집만 하면 된다. 그리고 정기적으로 교사 회의를 열어 최선의 수업 방법에 대해서 의견을 교환하면서, 경력이 오래된 교사들도 같은 내용을 가르치면서 타성에 빠지지 않고, 모든 교사가 교직에 진지하게 임하도록 한다.

스티븐슨과 스티글러는 연구를 진행하면서, 일본의 연구수업 과정에 호기심이 생겼고, 어느 교사에게 질문을 던졌다. "무슨 이야기를 나누십니까?" 질문을 받은 교사는 채점을 하다 멈추고 잠시 생각에 잠겼다. "상당히 오랫동안 우리는 수업시간에 학생들에게 제시할 문제에 대해 토론합니다. 어떤 식으로 질문을 해야 아이들이 그날 배울 주제에 대해 생각하고 토론하는 데 적합할지 고민도 하고요. 좋은 질문 하나만으로도 수업시간이 잘 흘러갈 수 있는 반면에, 나쁜 질문은 단답형 대답을 겨우 이끌어내죠."[93] 내가 만나본 한 교사는 수업계획을 어찌나 꼼꼼하게 짰던지 감탄이 절로 나왔다. 그녀는 어떤 수학 단원을 처음 가르치는 수업에서는 숫자 23을 예로 들어야 한다고 설명했다. 23을 예로 들면, 24를 예로 드는 경우와 다르게 아이들이 아직 안 배운 새로운 수학적 개념이나 오해할 만한 내용이 수업 중에 나올 여지가 없기 때문이라고 했다. 스티글러와 히버트가 분석한 수업 영상에서 매우 체계적인 수업이 관찰된 것이 단지 교실에 비디오카메라를 설치했기 때문만은 아니라고 믿는 이유도, 내가 이 정도로 상세하게 수업계획을 세우는 교사들을 만나봤기 때문이다.

일본 교사들이 갖고 있는 두 번째 강점은, 상하이와 싱가포르의 교사들과 마찬가지로, 수업시간이다. 미국 교사들에게 동료들과 함께 일본 교사들이 하는 것처럼 세부적으로 수업계획을 세우라고 요청하면, 그들은 당신의 면전에서 웃음을 터뜨릴 것이다. OECD가 주관하는 TALIS(국제 교수-학습 조사 연구Teaching and Learning International Survey)에 따르면 미국 교사들의 수업시간은 주당 26.8시간으로, 조사에 참여한 모든 국가 중에서 가장 긴 수업시간에 해당한다.[94] 일본 교사들의 주당 수업시간은 17.7시간이고, 이것은 하루에 약 3시간 30분에 해당하는데, 대규모 학급 덕분에 가능하다. PISA 책임자인 안드레아스 슐라이허Andreas Schleicher에 따르면, 대부분의 나라에서 학급 규모와 수업시간은 상충관계에 있기 때문에, 대규모 학급에 수업시간이 적거나 아니면 소규모 학급에 수업시간이 많은 경우가 흔하다. 영국의 초등학교는 교사 1인당 학생 비율이 OECD 평균인 15명보다 훨씬 높은 21명에 달하기 때문에, 학급 규모도 크고 수업 횟수도 많다.[95]

또한 일본 교사들은 교육과정이 정한 대로, 아이들이 다음 단계로 나아가기 전에 각 단원의 내용을 철저하게 이해할 수 있도록 더 많은 시간을 할애한다. 일본은 국가가 교육과정을 계획하고 운영하기 때문에 모든 학생이 과목별, 학년별로 배우는 내용이 정해져 있다. 그리고 15세까지는 적어도 일부 과목에서 영국이나 미국보다 더 어려운 내용을 다루고 있다는 점에서 일본의 교육과정은 까다롭다고 할 수 있다.[96] 하지만 실제로 해마다 다루는 개념은 상대적으로 적다. 수학이나 과학 교과서의 경우, 미국 교과서에는 30~40개의 주제가 포함된 반면, 일본 교과서에는 10개의 주제가 포함되어 있다.

그런데도 어떻게 더 많은 교육과정을 소화할 수 있을까? 일본 교육과정에 포함된 내용이 더 쉽다는 의미일까? 그렇지 않다. 일본 교사들은 각 단원의 개념을 심도 있게 다룰 시간이 충분하고, 학생들이 하나의 주제를 완전히 이해할 때까지 다음 주제로 넘어가지 않는다. 학부모가 자녀의 숙제를 감독하고 자녀가 공부에 어려움을 겪을 때 도와준다는 기대가 크기 때문에 다른 나라보다 교육적 성취가 높다. 그리고 만약 급하게 배우고 넘어갔다면 불가능하겠지만, 각 주제를 심도 있게 다루기 때문에 같은 개념을 나중에 다시 가르칠 필요 없이 곧바로 이어서 더 어려운 주제를 다룰 수 있다.

일본 교육당국은 교과서에서 다뤄야 할 최대한의 내용과 최소한의 내용까지 규정한다. 예컨대 어느 교과서 출판사가 대낮에 풀을 뜯어먹는 소의 사진을 교과서에 싣자, 사진에서 '우분(소똥)'이라는 표시를 삭제하라는 요청을 받았다. 해당 교과서를 사용할 아이들에게 그 단계에서 질소순환 개념을 전부 알아야 한다는 인상을 주면 안 된다는 이유에서였다.[97] 나는 감명을 받았다. 영국에서 교사로 일할 때 내가 좌절했던 이유 중 하나는, 시험에 대비해서 수업 중에 많은 내용을 가르쳐야 했고, 그 과정에서 종종 중요하지만 교육과정과 크게 상관없는 학생들의 질문을 묵살해야 했기 때문이다. 일본의 초등학교 교사들은 과목마다 교과과정에서 다루는 범위는 좁지만 심도 있게 가르치기 때문에, 이럴 필요가 없다.

좁은 범위를 심도 있게 가르치는 방식은, 교사들이 교육과정을 거치는 동안 대부분의 학생을 이끌어나갈 수 있는 충분한 시간을 준다. 이것은 일부 학생이 앞서거나 뒤처질 거라고 예상하고 수용하기보다, 학급 모두가 이해하고 함께 발전해 나갈 수 있다는 생각을 바탕으로 한다. 하시모토 교장과 대화할 때 이 점을 확인할 수 있었는데, 그때 나는 수업에 뒤처지는 학생들은 어떻게 하냐고 물었다.

"솔직히 말씀드려 수학을 예로 들자면, 학생들이 중학교 2학년 때 수학에서 뒤처지면 다시 따라잡기가 꽤 어렵습니다." 하시모토 교장은 이런 경우가 흔치 않고 이례적이라는 듯이 말했다. "하지만 만약 그런 학생이 있다면, 교사들이 수업 밀도를 높이려고 노력하겠지요. 할 수 있는 한 최고의 수업을 하려고 노력할 겁니다." 그래서 교사는 수업 중에 모둠을 나눠서 일부 학생에게는 쉬운 과제를 내줄 수밖에 없다고 단념하기보다는, 학생들이 그 수업에서 처음 배우는 내용을 가르치는 것 외에도 추가로 뒤처진 학생들을 돌보기 위해 최선을 다한다. 학생들을 실력에 따라 구분해서 가르치는 것은 수업의 초점이 아니다. 영어를 유창하게 하는 줄리엣의 딸들도 영어 시간에 나머지 아이들과 똑같이 수업을 받을 정도였다. 하시모토 교장이 직접 언급하지는 않았지만 내가 체험으로 알게 된 사실은, 교사들이 수업 후에도 학업에 뒤처진 학생들에게 지원을 아끼지 않는다는 것이다. 일본 학생들은 수업 사이사이에 10~15분 정도 쉬는 시간을 가지는데, 수업이 끝난 후에도 교사는 교탁 앞에서 학생 개개인의 질문을 받고 설명을 해주었다.

그러나 일본의 교육제도를 설명하면서 주쿠juku(입시전문 사설학원)를 빠뜨린다면 완전하다고 볼 수 없다. 주쿠는 학생들의 실력에 맞는 교육 서비스를 제공하는 역할을 한다. 만약 어떤 학생이 특정 과목을 어려워하고 부모도 자녀를 도와줄 수 없는 상황이라면, 학생들 대부분이 방과 후에 사설 학원에서 수업을 듣는다. 거의 모든 학생이 대학

입시를 준비하기 때문에, 남들보다 더 많이 공부하고 더 앞서 나가고 싶은 학생들도 역시 사설 학원에 다닌다. 아이들은 부모가 보내서 마지못해 학원에 가는 것이 아니다. 학원에 다니는 것도 일종의 사회 활동이며, 학원은 새로운 친구를 사귀는 장소이기도 한다.[98] 사설학원연합 회장이자 학원 이사장인 쿠니오 키지마Kunio Kijima는, 공교육이 최상위권 학생들에게는 너무 쉽고, 최하위권 학생들에게는 너무 어렵다는 자신의 생각을 밝혔다.[99] "우리의 목표는 모든 아이가 성공하도록 돕는 것입니다." 그가 말했다. 사설 교육(또는 기꺼이 비용을 지불하려 하는 학부모)이라는 선택지가 없는 국가에서는, 핀란드의 경우처럼 대안적 공교육이나 교사의 추가 지원이 필요할 것이다.

'유토리 교육'

1990년대 초까지만 해도, 일본 학생들은 토요일에도 학교에 갔고, 지금보다 많은 아이들이 학원에 다녔다. 하지만 일본 사회의 인식이 바뀌면서, 일본인들도 아이들이 공부에 지나치게 시달리고, 스스로 공부하는 능력이 떨어진다고 우려하게 되었다. 따라서 일본 정부는 학생들에게 스스로 성장할 여지를 주어야 한다는 의미로 '유토리 교육(여유 있는 교육)'을 시행하기로 결정했고, 이에 따라 1990년대 말부터 2000년대 초까지 교육과정을 3분의 1로 축소하고, 토요일 수업 횟수를 줄여나가는 한편(결국 토요일 수업은 완전히 폐지되었다), 학생들이 자신의 관심사를 추구하도록 구성된 '종합학습integrated study' 제도를 도입했다.

한나는 '유토리 교육'이 시행되기 직전에 학교에 들어갔고, 릴리와 마야는 이 교육을 곧바로 체험했다. 아이들은 반 전체가 멧돼지 발자국을 찾으러 학교 근처 숲으로 체험학습을 나갔던 이야기, 그리고 거기서 각종 식물과 나무껍질에 대해 배웠던 이야기를 했다. 지역 사당에 가서 그 지역 역사를 배웠다는 이야기도 했다. (그뿐만 아니라 선생님이 장난치는 남자애들 머리에 꿀밤을 때렸다는 이야기도 했다. 제아무리 준법정신이 투철한 일본이라도, 정부의 공식적인 명령이 일선 학교까지 미치기는 쉽지 않음을 새삼 느꼈다.)

권위적인 일본 문부성으로서는 상당히 이례적으로 '종합학습시간'의 운영은 각 학교의 재량에 맡겨졌다. 종합학습의 목적은 학생들이 자발적으로 공부하고 자신의 관심사를 추구하면서 개성을 발휘할 수 있는 분위기를 만들어주는 것이라고 규정되었지만, 수업 시수를 어느 정도 배정해야 할지, 또 어떤 주제를 다루어야 할지는 따로 정해지지 않았다. 이것은 교사들이 체계적인 문제해결식 수업을 도입하는 것보다 한 단계 더 나아간 변화였다. 이번에는 해결해야 할 문제와 탐구해야 할 질문들이 대개의 경우 아이들에게 달려 있었기 때문이다. 초등학생들은 종합학습시간을 굉장히 좋아했다. 아이들은 하고 싶은 공부를 선택하고, 답이 정해져 있지 않은(그 전까지 일본 학교에서 거의 찾아보기 힘든) 문제를 자유롭게 접하고, 무엇보다 공부한 내용을 시험 치지 않는다는 사실에 열광했다.[100]

교사들과 고학년 학생들의 반응은 상대적으로 차분했다. 교사들은 '유토리 교육'의 철학적 근거에 동의하면서도, 학생들의 시험 성적에 어떤 영향을 미칠지 염려했다. 일부 교사는 새로운 변화를 열렬히

환영했고, 다른 교사는 공식적인 요구조건을 겨우 충족하는 정도로만 새로운 변화를 받아들였다(고백하건대, 나도 예전에 어떤 정책을 따라야 했을 때 그런 적이 있다). 2000년대 초에 학창시절을 보낸 내 일본인 친구는 이렇게 말했다. "공식적으로는 토요일에 학교에 갈 필요가 없지만, 학교에서 토요일에 수업이랑 이것저것 하면 빠질 수가 없어. 각자 선택은 자유라고 말하지만 아닌 게 뻔하니까." 릴리의 경우에는 학창시절 내내 '유토리 교육'을 받은 세대인데도, 교등학교 때 선생님들이 "교과서 내용을 학생들 머릿속에 집어넣어 주려 했다"라고 표현했다. 요컨대 이전 시기와 비교할 때 일본에서 이 시기에 '여유 있는' 교육이 시행된 것은 사실이다. 물론 일본의 '유토리 교육'을 그대로 영국에 옮겨놓으면, 영국 아이들은 전혀 여유를 느끼지 못할 것이다.

그렇다면 일본에서 유토리 교육은 어떤 결과를 가져왔을까? 카리야Kariya 교수는 1974년에서 1997년 사이에 학생들의 방과 후 공부 시간이 평균적으로 감소했음을 확인했다.[101] 무엇보다 이 결과는 학습동기에 관한 문제였다. 다시 말해, '내 성적이 낙제하지 않을 만큼이면 만족한다'라는 항목에 '그렇다'고 대답한 아이들의 비율이 덩달아 증가했다. 카리야 교수는 이렇게 학습동기가 저하된 원인이 단지 유토리 교육 때문이라고 생각하지 않는다. 그는 1990년대 일본의 경기 침체에 따른 고용률 감소 때문에 학생들의 신념이 흔들렸다고 분석한다. 학교 공부를 열심히 하면 좋은 직장에 취업할 수 있다는 기존의 확고한 '인생의 진리'가 무너진 것이다. 또한 카리야 교수가 발견한 두 번째 현상은, 경기 침체로 인해 노동자 계층의 청년들이 가장 큰 타격을 입었고, 빈곤 계층의 청년들 사이에서 학습동기가 가장 큰 폭으로 감소했다는 사실이다. 하지만 그는 유토리 교육으로 전환한 이후에 상황이 더욱 악화되었음을 알게 되었다.

카리야 교수에 따르면, 유토리 교육 방식은 노동자 계층 학생들에게 공부가 별로 중요하지 않고, 오히려 취업 시장에서 불리하다는 그릇된 안도감을 심어주었다. 중산층 학생들은 부모 덕택에(비록 당시에는 아무도 부모의 고마움을 몰랐겠지만) 그런 착각에 빠지는 경우가 거의 없었다. 또한 종합학습시간은 이미 어느 정도 학업 능력을 갖춘 학생들에게 더 유용했다. 당시 유토리 교육 프로그램을 평가하기 위해 학교를 방문한 크리스토퍼 비요크Christopher Bjork 교수는 이렇게 평가했다. "내가 방문한 모든 중학교에서, 지적 능력이 뛰어나고 자기주도적인 학생은 대개 철저한 종합학습시간을 계획적으로 활용해 실력이 향상되었고, 자기 시간을 현명하게 사용했으며, 인상적인 보고서를 작성했다. 결과적으로, 이런 학생들은 노력한 만큼 칭찬을 받았다. 반면에 학업 능력이 부족한 학생들은 당황하는 경향이 있었다. 이들은 통찰력을 발휘해 정보를 통합하거나 체계적으로 공부하는 기술이 부족하기 때문에, 종종 종합학습시간에 반 친구들과 장난을 치거나 낙서를 끼적이거나 잠자는 모습이 눈에 띄었다.[102]

2004년, 전년도에 실시된 PISA 테스트에서 일본의 읽기 점수가 하락했다는 결과가 발표됐을 때, 일본에는 큰 소란이 일어났다. 유토리 교육개혁이 실패했다는 지적이 나왔고, 이 시기 일본 중학생들은 '바보'라는 오명을 얻었다. 릴리는 이 '바보' 세대 중 한 명이지만, 정작 본인은 이때를 유쾌하게 회상한다. 비판이 거세자, 정부는 점차 수학과 일본어 수업시간을 다시 늘리기 시작했고, 결국 2011년에는 유토리 교육개혁으로 변화된 많은 제도가 개혁 이전으로 되돌아갔다. 교과서는 다시 두꺼워졌고, 다른 교과목 수업시간을 확보하기 위해 '종합수업'에 배정되는 시간도 줄었다.[103]

PISA 테스트 결과가 몰고 온 광란 속에서 좀처럼 주목받지 못한 사실은, 일본이 유토리 교육을 도입하기 이전부터 한동안 국제학업성취도시험에서 성적이 하락세에 있었고, 2003년 PISA 테스트 결과에서 오히려 하락 폭이 비교적 적었다는 것이다. 더 근본적인 문제는 일본이 유토리 교육개혁의 목표를 망각한 데 있다. 유토리 교육의 원래 목표는 PISA 테스트에서 높은 점수를 받는 것이 아니라, 학생들의 입시 부담을 줄이고 창의력과 문제해결 능력을 길러주는 것이었다. 2000년과 2012년에 실시한 조사를 보면, 이 기간 동안 일본의 학교 만족도가 세계 어느 나라보다 크게 높아졌다. 그리고 문제해결 영역에서 일본 학생들은 PISA 테스트에서 종합 1위를 차지한 상하이를 포함한 대부분의 국가들보다 높은 성적을 거뒀다. 내가 보기에 유토리 교육의 목표는 달성된 것 같다.

일본은 지금까지 교육제도의 변화와 상관없이 꾸준히 PISA 테스트에서 상위권을 차지해 왔고, 그 이유는 아마도 교육을 중시하는 가치관, 체계적인 수업계획, 그리고 모든 아이들이 수준 높은 교육과정을 성취할 수 있고 성취해야 한다는 문화적 신념 덕분일 것이다. 그런데도 일본 정부는 몇몇 부작용 때문에 공황 상태에 빠진 나머지, 전국민에게 고통을 주는 '입시 지옥'을 완화할 뿐만 아니라 학생들의 문제해결 능력을 세계 최고에 올려놓은 효과적인 개혁을 포기하고, 방향을 반대로 돌렸다. 이 상황은 일본뿐만 아니라 모든 나라가 고민해

볼 만한 가치 중심의 딜레마를 부각한다. 우리 아이들에게 폭넓은 사회적·교육적 가치를 심어주기 위해서, 수학이나 읽기 성적을 어느 정도까지 타협할 용의가 있는가? 우리의 다음 목적지인 싱가포르에서도 교육당국과 학부모들이 이 문제를 고민했다.

Cleverlands

Part 3

싱가포르

우생학, 초등학교 졸업시험

(대졸 남성이) 자신보다 교육수준이 낮은 여성과 결혼하면 문제가 생긴다.
똑똑한 자녀를 얻지 못할 수도 있다.

- 리콴유(李光耀, 싱가포르 초대 총리)

싱가포르에 도착했을 때, 크고 고급스러운 창이공항 입국심사대에서 마주친 아담한 무슬림 여성이 내게 물었다.

"싱가포르에 방문한 목적은요?"

"세계 최고의 교육제도에 대해 조사하는 중이에요."

그녀는 눈썹을 치켜올리고 입술을 오므렸다.

"싱가포르 교육제도가 정말 세계 최고라고 생각하세요? 천만에요, 우리나라는 너무 어릴 때부터 아이들을 몰아붙여요."

내 뒤로 사람들이 줄지어 서 있었기 때문에 무슨 뜻인지 물어볼 겨를이 없었지만, 나는 얼마 안가서 그 말의 의미를 알게 되었다. 싱가포르 아이들은 7세가 되면 초등학교에 입학한다. 1학년 때는 모든 초등학교에서 아이들의 능력에 상관없이 골고루 반이 편성되지만, 몇몇 명문 초등학교가 따로 있으며(래플즈 여자 초등학교Raffles Girls' Primary School가 최고 인기이다), 이들 명문 초등학교에 입학하는 것은 신성한 특권과도 같다. 어린 자녀를 둔 엄마들은 아이가 유치원에 다닐 때부터 명문 초등학교 입학을 목표로 진지하게 자녀교육을 고민한다.

어느 초등학교든 신입생을 뽑을 때, 맨 먼저 그 아이의 형제자매가 그 학교에 재학 중인지 확인한다. 그다음으로 아이의 부모나 형제자매가 동문인지 확인한다. 이런 선발 기준은 지역사회의 화합에 도움이 된다. 하지만 동시에, 만약 부모 중 한 사람이 명문 초등학교에서 교육을 받았다면, 그들의 자녀 역시 명문 초등학교에서 공부하는 특권을 누리게 될 것이다. 나머지 자리는 자녀가 초등학교에 입학하기 전, 최소 1년 이상 다양한 방식으로 학교를 돕는 자원봉사에 참가한 부모의 아이들, 그리고 최소 40시간 이상 교통 감독관, 학교 급식 보조, 도서관 사서 등으로 근무한 이력이 있는 부모의 아이들에게 우선적으로 배정된다. 어떤 학교는 자원봉사자를 선정하기 위해 학부모 면접을 실시하기도 한다.

'아이들이 어느 초등학교에 다니는지가 뭐 그리 중요해?' '40시간이나 국수를 퍼 담아야 할 정도로 가치가 있을까?' 아마 이런 생각이 들 것이다. 그런데 사실 그 정도로 중요하다. 왜냐하면 싱가포르에서는 12세 때 초등학교 졸업시험 PSLEPrimary School Leaving Exam에서 얻는 점수가, 아이들의 남은 인생에 지대한 영향을 미치기 때문이다. 졸업시험 점수는 이후에 어떤 학교에 진학하고, 어떤 시험을 볼 수 있고,

137

따라서 결국 성인이 되었을 때 어떤 종류의 일을 하게 될지 결정한다. 애초에 아이들을 최고의 초등학교에 입학시키는 것은 부모가 하는 일이지만, 그렇다고 아이들이 졸업시험까지 6년이나 남았으니 저학년 때 느긋하게 학교 생활을 한다고 넘겨짚으면 큰 오산이다. 싱가포르 아이들은 12세가 되기 전에 학업 능력에 따라 상이한 계층으로 분류된다.

싱가포르의 짧은 역사 속에서, 능력별 학급 편성을 시작하는 초등학생의 연령은 변화를 거듭했다. 내 생각에는 옳은 방향으로 가고 있다. 시행 초기에는 교과목에 따른 능력별 편성을 하지 않고, 수업을 못 따라가는 아이들에게 학교를 그만두라고 허용하거나 권고했다(초등학교 2학년이 되는 7~8세 때 시험 결과에 따라).[104] 내가 만나본 싱가포르 교사 한 명은, 학생 때 해마다 학년 말이 되면 선생님을 도와 전교생의 학생부를 새로 분류했는데, 그때마다 따로 빼두는 학생부가 있었다고 회상했다. 이유를 물었을 때 선생님은 그것이 자퇴한 아이들의 학생부이고, 그 아이들은 다시 학교로 돌아오지 않는다고 대답했다고 한다.

그러다가 1979년, 결국 3학년 말에 수준별 수업 제도가 좋은 의도에서 도입되었다. 다시 말해 수업을 따라가지 못하는 아이들에게 상대적으로 쉬운 교과과정을 가르쳐서 학교를 중간에 그만두는 문제를 해결하려고 한 것이다. 하지만 불행하게도, 이 제도는 학생들이 겨우 9세 때 인문계 또는 실업계로 진로가 결정된다는 것을 의미했다. 2008년까지는 학생들이 전 과목을 단일 교과과정으로 배웠고, EM3(EM1 우수, EM2 보통, EM3 기초 등 3등급으로 분류됨-옮긴이)에 속하는 학생들은 중등교육과정으로 진학할 수 없었다. 중학교에 진학하지 못하는 아이들은, 대학이 뭔지 미처 알기도 전에 대학 입학시험에 응시할 자격을 박탈당한다. 이런 아이들이 겪는 역경을 주제로 해서, 싱가포르 영화감독 잭 네오Jack Neo는 영화 〈난 바보가 아냐I Not Stupid〉(2002)를 제작했다. 이 영화는 EM3반에 편성된 성적이 '열등한' 세 소년의 삶을 풍자했다. 영화 속에서 세 아이는 학교에서 '바보' 반이라고 괴롭힘을 당하고, 그 가운데 한 아이는 시험에서 부정행위를 하다 들켜서 자살을 시도하기도 한다.

영화는 큰 성공을 거뒀고, 당시 싱가포르에서 두 번째로 높은 수익을 올린 영화로 기록되었다. 영화가 흥행하면서 능력별 반편성 제도에 대한 비판이 거세졌고 의회에서 논쟁이 불붙었다. 결국 정부는 능력별 학급편성(우열반-옮긴이)을 폐지하고 대신 수준별 설정을 도입했다. 수준별 설정은 아이들마다 각기 다른 교과목에서 강점을 보일 수 있다는 인식에서 비롯되었고, 이로써 현재 싱가포르 아이들은 초등학교 5~6학년 때 교과목별로 어느 수준(우수, 표준 또는 기초 수준)에서 공부하게 될지 결정하는 시험을 치른다.

그리고 이렇게 교과목에 따라 능력별로 분류된 학생들은, 초등학교 6학년 때 각자의 수준에 맞춘 초등학교 졸업시험 즉 PSLE를 치르게 되고, 이 점수가 최종 성적에 반영된다. PSLE는 싱가포르에서 대단히 '중요한' 시험이다. 학부모들은 자녀의 PSLE 기간이 다가오면 직장에 'PSLE 휴가'를 내고 시험 준비를 돕는다. 정부도 육군에서 특정 보직 지원자를 선별할 때 PSLE 점수를 기준으로 삼는다고 한다('내부자'에게 들은 정보로, 공식화된 정책은 아니다). 아이들은 원하는 중학교에 최대 6군데까지 지원할 수 있지만, 입학 여부는 거의 전적으로 PSLE 점수에 달려 있다. 모든 학교가 입학생을 까다롭게 선발한다.[105] 또한 'PSLE T-점수'(6학년 학생 전체의 점수를 포함해서 산출하는 상대적 표준점수)도 중학교에 들어가서 어떤 능력별 학급에 배정될지 결정하는 요소로 사용된다. 학생들이 진학할 수 있는 중등교육과정은 [그림 3]에 나열된 다섯 가지인데, 이 다섯 가지 유형은 학생의 PSLE T-점수와 각 과정 입학 정원에 따라 결정된다.[106]

전체 학생 가운데 약 8퍼센트에 해당하는 상위권 학생들은 가장 우수한 수준인 종합과정에 진학한다. 종합과정에 진학하는 학생들은 GCEGeneral Certificate Education O-레벨 시험을 치르지 않고, 그 대신에 교육과정의 유연성이 훨씬 큰 A-레벨 시험에 곧장 응시할 수 있다.

그리고 약 60퍼센트가 중등속성과정으로 진학하는데, 이 학생들은 4년 후 O-레벨 시험을 치러야 한다. 만약 O-레벨 점수가 상위 20퍼센트에 속하면, 일단 초급대학junior college에 진학한 다음 A-레벨 시험을 준비해 종합대학에 진학하거나, 아니면 전문학교polytechnics에 진학할 수 있다.

약 20퍼센트는 중등일반과정으로 진학한다. 4년 후 N-레벨(O-레벨보다 낮은 난이도) 시험을 치르고, 1년 더 공부하면 O-레벨 시험에 응시할 수 있다. 이 학생들은 전문학교나, 기술교육원 즉 ITEInstitute of Technical Education로 진학할 가능성이 높다.

약 11퍼센트의 하위권 학생들은 중등기술과정으로 진학해서, 인문계와 실업계 교과목을 공부하면서 N-레벨 시험을 준비한다. 그러나 이 학생들은 중등학교 졸업 후 대부분 기술교육원으로 진학하게

그림 3　싱가포르 학제 구조

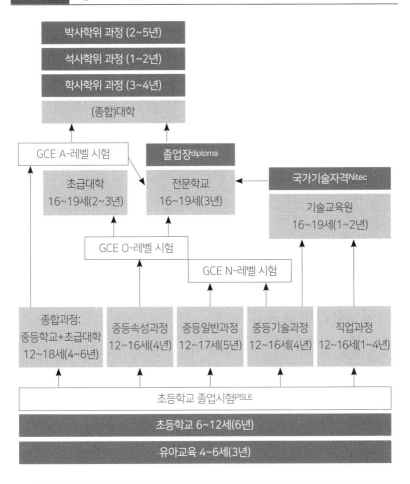

출처: Centre on International Education Benchmarking

된다(부당하게도 기술교육원의 약칭인 ITE를 활용하여 '막다른 길It's The End'이라고 불린다).

　나머지 약 2.5퍼센트는 PSLE를 통과하지 못한다. 이 학생들은

1년 동안 재수해서 PSLE를 다시 치르거나, 아니면 기술 관련 자격증 과정만 제공하는 직업과정으로 진학할 수 있다.

결과적으로 싱가포르에서, 한 아이의 진로는 초등학교 졸업시험과 이후 계속되는 시험 결과에 따라 결정된다. 시험 성적이 또래집단은 물론이고, 고등교육 여부, 취업 전망, 심지어 결혼 가능성까지 남은 인생을 모두 좌우한다. 간혹 중등학교에 입학한 첫해부터 정규시험에서 좋은 성적을 받는다면 '상위권'에 올라갈 수도 있지만, 싱가포르에서 이런 경우는 뉴스에 보도될 정도로 지극히 이례적이다.[107] 싱가포르의 학제는 다소 극단적으로 보인다. 그렇게 어릴 때부터 학생들의 인생 진로를 나누는 이유가 무엇일까?

우생학과 인구 조절

능력별 학제를 도입한 직후인 1980년대 싱가포르로 가보자. '우수한 유전자'로 대학을 졸업한 후 공무원으로 일하는 미셸(여, 31세)은 오늘 하루 유급휴가를 내서 몰디브행 유람선을 타고 무료 레저 여행을 떠난다. 싱가포르 국립대에서 박사학위를 딴 엔지니어 피터(남, 34세)도 같은 배를 타기 직전, 초조한 듯 거울에 비친 헝클어진 머리를 매만지고 있다. 두 사람 다 이 유람선에서 꿈에 그리던 천생연분의 짝을 만나기를 고대하고 있다. 정부도 같은 기대를 하고 있다. 이 유람선은 1984년 싱가포르 정부에서 설립한 사회개발부Social Development Unit가 대졸자들끼리 결혼해서 똑똑한 자녀를 낳으라고 주선한 자리였다.[108]

당시에 이 정책은 싱가포르의 인구 감소를 막기 위해서라기보다, 이른바 '아이를 갖지 말아야 하는 사람들'에 대한 대응책이었다. 1983년 국경일 행사에서, 당시 총리이자 싱가포르의 국부로 여겨지는 리콴유는 대학졸업자 중에 미혼 여성이 너무 많다고 공개적으로 한탄했다. 대학을 졸업한 남성은 상대적으로 학력이 낮은 여성과 결혼하는 분위기였고, 리콴유 총리는 이 상황에 큰 우려를 나타냈다. "만약 고학력 여성이 출산을 하지 않으면, 결국 싱가포르 사회에는 어리석은 사람들이 늘어날 것이다. 그럼 어떻게 되겠는가? 다음 세대에서 어리석은 인구를 부양할 능력이 있는 똑똑한 인구가 줄어든다. 이것은 심각한 문제이다."

리콴유 총리는 지능이 선천적으로 타고난다고 믿었고, 더 유능한 노동력을 확보함으로써 싱가포르가 앞날에 경제적 번영을 이룰 수 있다고 주장하면서, O-레벨을 통과하지 못한 여성이 불임수술을 하면 정부보조금을 지원하고, 대졸 여성이 출산하면 세금을 환급해 주는 등 우생학에 근거한 차별 정책을 실시했다. 싱가포르는 그때나 지금이나 재능 있는 인재(재능이 어디서 비롯된다고 생각하든 상관없이)를 그어떤 나라보다 중요하게 여긴다. 싱가포르는 인구가 530만 명에 불과한 도시 국가이자, 천연자원이 부족한 섬나라이다. 리콴유가 이끄는 인민행동당과 말레이시아 중앙정부의 사이가 틀어지면서 1965년, 싱가포르가 말레이시아 연방에서 쫓겨나게 되었을 때, 리콴유는 국영방송 TV에 출연해 기자회견을 하며 눈물을 흘렸다. 당시 수출은 물론이고 식수 공급마저 말레이시아에 의존하고 있었던 싱가포르로서는 절망적인 상황이었다. 싱가포르가 경제적으로 성공하려면, 오로지 교육을 통해 인적 자원을 육성하고, 산업의 근간이자 훗날 금융의 중심이 될 수 있도록 학력과 기술력을 갖춘 노동력을 생산하는 방법밖에 없었다.

싱가포르 국민은 놀랄 만큼 성공적으로 이 일을 해냈다. 그 증거로 싱가포르는 현재 세계에게 세 번째로 높은 1인당 GDP를 기록하고 있고, 여러 지표상 최고의 교육제도를 보유하고 있다. 싱가포르가 독립한 이후, 교육제도는 경제가 발전함에 따라 요구되는 변화에 맞춰 세심하게 설계되고 조율되었다. 어느 나라나 그렇듯이, 경제가 발전하기 위해서는 분야별로 담당하는 역할에 따라 다양한 수준과 유형의 지식과 기술이 필요하다. 뎅기열을 막기 위해 전략적으로 '모기 방역 정책'을 기획하는 인력도 필요하고, 실제로 모기약을 덤불에 살포하는 인력도 필요하다(알고 보니 방독면과 스프레이건을 든 사람들이 도로변에서 하는 작업이 바로 이것이었다. 그들은 마치 '특수부대원' 같았다).

이제 당신이 리콴유 총리라고 상상해 보라. 경제를 지탱하기 위해 다양한 역할을 하는 시민을 양성하는 교육제도가 필요한 상황에서, 당신은 재능이 유전이며 변하지 않는다는 신념을 가지고 있다. 다시 말해, 사람은 똑똑하게 태어났거나 그렇지 않거나 둘 중 하나이며, 타고난 재능을 바꾸는 것은 불가능하다고 믿는다. 당신은 과연 어떤 교육제도를 만들까? 나라면 가능한 한 빨리 인재를 식별하는 제도를 설계하겠다. 그래서 '타고난 재능이 없는' 아이들에게 감당할 수 없는 주제를 가르치느라 자원을 낭비하지 않을 것이다. 그리고 아이들을 타고난 능력에 따라 구분해서 학급을 편성하고, 아이들의 능력과 노동시장의 필요에 따라 차별화된 내용을 가르쳐서, 모두가 각자의 위치에서 제 역할을 해낼 수 있도록 할 것이다. 앞서 확인했듯이, 싱가포르가 채택한 교육제도가 바로 이것이었다.

그럼 뭐가 문제냐고? 글쎄, 몇 가지가 있지만 가장 근본적인 문제부터 짚어보자. 리콴유 총리가 주장한 교육 모델은 우생학이라는 구시대적 발상으로 지능을 이해한다. 1965년 리콴유가 새로 독립한 싱가포르의 총리였던 시절, 지능에 관한 연구는 아직 초보적인 단계였고, 교육심리학 분야에서 잇따라 나온 여러 연구 결과도 실제로는 오해의 소지가 많았다.[109] 더욱이 이렇게 시대에 뒤떨어진 생각을 기반으로 교육제도를 설계한 나라는 싱가포르만이 아니었다.

간략히 살펴보는 지능의 역사

현대적 지능검사를 최초로 개발한 사람은 프랑스의 알프레드 비네Alfred Binet였다. 1900년대 초 그의 연구는 시대를 훨씬 앞서갔지만, 주로 혼자 연구했던 비네는 연구 결과를 대중에게 전달하는 데 그리 능숙하지 못했다. 발달심리학자 로버트 시글러Robert Siegler의 표현을 빌리자면, "제품은 훌륭했지만, 마케팅은 별로였다." 이렇게 본인이 적극적으로 나서지도 않고 주변에서 의도적으로 왜곡하기도 하면서, 결과적으로 비네의 지능검사는 지능의 본질과 관련해서 크나큰 오해를 불러일으켰다. 지금까지도 그 오해는 완전히 사라지지 않았다.

비네는 박사과정을 밟고 있던 젊은 의사 테오도르 시몽Théodore Simon과 함께 프랑스 정부의 의뢰를 받아 지능검사를 개발했고, 지능검사의 목적은 대안 교육이 필요한 아이들을 식별하는 것이었다. 지금도 인지발달 검사에서 다양하게 사용되는 지능검사 문항을 개발하면서, 두 사람은 보충 교육이 필요한 아이들의 지능검사 점수가 또래집단에 비해서 낮을 거라고 가정했다. 다른 말로는 '발달이 지체'되었을 것(원래 의미로)이라고 판단했다.[110] 그들은 발달지체 아동을 확인하기 위해 이 지능검사를 사용하되, 다음과 같은 주의사항을 유념하라고 신신당부했다.

- **주의사항 1:** 지능검사 점수는 어린이의 지능을 영구적으로 측정한 결과가 아니며, 더욱이 미래의 잠재력을 암시하는 지표도 아니다. 오직 검사를 실시한 시점에 한해서, 어떤 아이의 지능이 또래집단에 비해 얼마나 발달했는지 일시적으로 보여줄 뿐이다.
- **주의사항 2:** 지능검사 결과를 비교할 때는 비슷한 배경을 가진 아이들끼리 해야 한다. 배경이 다르면 아이들의 경험도 상이하기 때문에 지능검사 결과에 영향을 미칠 수 있고, 따라서 검사 결과는 아이들의 인지발달이 아니라 경험의 정도를 반영하게 된다.
- **주의사항 3:** 지능검사가 일회성으로 끝나서는 안 된다. 지능이 발달하는 속도는 개인마다 다르고, 특정 나이 때 또래에 비해 지능검사 점수가 낮았던 아이가 나중에 점수가 높았던 아이를 따라잡을 수 있고, 반대의 경우도 가능하기 때문이다.

요컨대, 비네와 시몽은 지능이 고정불변이 아니라 지속적으로 발달한다고 믿었다. "인간은 연습과 훈련을 통해, 그리고 무엇보다 주의력, 기억력, 판단력을 기름으로써 '지능'을 계속 발달시킬 수 있다."[111]

두 사람이 내린 결론은, 지능이 어느 정도 타고난다고 믿는 학자들을 포함해서 지능을 연구하는 사람이라면 거의 모두가 동의하는 주장이다. 예를 들어, 유전학자 캐스린 애스버리Kathryn Asbury와 로버트 플로민Robert Plomin도 "환경이 IQ에 영향을 주며, IQ만으로는 성과를 예측하지 못한다"라고 밝히고 있다.[112]

하지만 비네가 초기 연구에서 강조한 지능에 대한 통찰력은 세상에서 잊히고, 설상가상으로 그가 절대 동의하지 않았을 법한 사상을 선동하는 데 지능검사가 악용되기 시작했다. 미국 뉴저지 출신으로 지적장애아를 교육하는 바인랜드Vineland 양호학교 교장이었던 헨리 고다드Henry Goddard는 유럽을 여행하다가 비네-시몽 지능검사를 접하게 되었다. 고다드는 처음에 이 검사가 지나치게 단순하다고 묵살했다가, 귀국한 뒤에 직접 재학생 몇몇에게 검사를 실시해 보고 나서, 검사 결과가 자신이 경험한 아이들의 '지적장애' 정도를 얼마나 정확하게 반영하는지 확인하고는 놀라움과 기쁨을 동시에 느꼈다.

고다드는 지능이 '선천적으로 신경계가 좌우하는 일원화된 정신적 과정이며, 후천적 영향을 거의 받지 않는다'고 생각했다. 비네의 생각과는 정반대였다. 비네는 지능검사 결과가 또래와 비교해서 어느 정도 수준의 발달을 보이는지 알려주는 지표라고 판단했지만(그가 설계한 대로), 고다드는 지능검사 결과가 시간이 지난 후에도 바뀌지 않을뿐더러 유전적으로 타고난 두뇌의 능력을 확인해 준다고 주장했다.

지능이 변하지 않는다는 믿음은 고다드만의 생각이 아니었다. 비네가 통탄할 일이지만, 지능검사는 당시에 아동을 수준별로 나누고 낙인찍는 편리한 수단으로 널리 사용되기 시작했다. 비네의 지능검사

147

가 알려지기 전부터 미국 사회에서는 우생학을 신봉했기 때문에, 지능검사는 더욱 급속도로 전파되었다. 그 결과 1964년(싱가포르가 독립하기 1년 전)에는 미국에서 6만여 명이 강제로 불임수술을 받아야 했다. 지능검사 결과 정신 장애가 있다고 진단받은 사람들 가운데 거의 절반에 가까운 인원이었다.

지능의 실체는 무엇일까? 절대 변하지 않는 것일까 아니면 꾸준히 발달하는 것일까? 유전에 좌우될까 아니면 환경에 좌우될까? 교육제도에는 어떤 영향을 미칠까? 그보다 싱가포르 교육제도를 이야기하다 말고 나는 왜 계속 지능검사를 이야기하고 있을까? 대단히 중요한 문제이기 때문이다.

우선, 지능의 정의는 매우 다양하다. 전통적인 지능검사는 언어 및 비언어적 인지능력을 측정하는 IQ로 알려져 있다. 심리학자 하워드 가드너Howard Gardner처럼 지능을 보다 폭넓게 정의해서 신체적, 실용적, 개인적 능력을 포함하는 학자도 있다. 자세한 내용은 캐나다 교육제도를 논의할 때 살펴볼 것이다. 하지만 지금은 대다수 학자가 연구 대상으로 삼는 좁은 의미의 지능, 다시 말해 지능검사에서 측정하는 '일반 인지능력'을 살펴보자.

먼저 지능의 구체적인 정의를 살펴보면 다음과 같다.

- 지능은 고정불변이 아니라 발전한다. 키가 자라듯 시간이 지남에 따라 아동의 '일반 인지능력'도 어느 정도 환경의 영향을 받으면서 발달한다. 우리는 7세 때보다 지금 더 똑똑하다.
- 지능은 부분적으로 유전의 영향을 받는다. 키나 체력처럼 모집

단 내에서 지능의 차이를 설명하는 요인은 유전자와 환경이다. 인지능력의 경우에는 대략 반반씩 영향을 미친다.[113]

여기까지는 이해하기 쉽다. 어쩌면 당신도 나처럼 환경이 지능발달에 큰 영향을 준다고 생각할 것이다. 하지만 함정이 있다. 설령 IQ가 전적으로 유전에 의해 결정된다고 하더라도, 지능은 계속해서 발달한다. 지능은 고정된 특성이 아니다. 직관적으로 볼 때, 만약 지능이 100퍼센트 유전자에 좌우된다면 그 '용량'도 항상 일정해야 하며, IQ 검사를 할 때마다 매번 똑같은 결과가 나와야 한다. 그런데 실제로는 그렇지가 않다. 이런 혼란이 빚어지는 이유는 지능과 IQ의 개념을 혼동하기 때문이다. 지능을 'IQ 검사로 측정되는 것'으로 좁게 정의하더라도, 둘 사이에는 미묘하지만 중요한 차이가 있다.

지능이 고정불변한 것이라고 대중이 오해하도록 결정적 역할을 한 사람은 또 다른 미국인 루이스 터먼Lewis Terman이다. 지능이 변한다는 연구 결과가 나온 이후에도 오랫동안 이 오해는 사라지지 않았다. 스탠퍼드대학 심리학과 교수였던 터먼은 'IQ가 곧 지능의 척도'라는 유명한 개념을 대중에게 널리 알렸다. IQ는 지능검사 결과로 나타난 점수와는 다른 것이다. 아동의 IQ 점수를 산출하려면, 먼저 연령별 표준집단의 평균치와 비교하여 정신 연령을 계산해야 한다. 가령 7세 저스틴이 지능검사에서 43/100점을 받았다면, 이 점수는 7세 아이들의 평균보다 높고 9세 아이들의 평균에 가깝다. 다시 말해 저스틴은 7세이지만 저스틴의 정신 연령은 9세이다. IQ 점수를 계산하려면 정신 연령을 실제 나이(생활 연령)로 나누면 되는데, 터먼은 소수점을 없애기 위해 이 수치에 100을 곱했다.

$$IQ = 정신\ 연령/생활\ 연령 \times 100$$
$$저스틴의\ IQ = 9세/7세 \times 100 = 129$$

이 계산 방식이 중요한 이유는, '표준편차'를 계산에 포함하기 때문이다. IQ는 '일반 인지능력'을 측정하는 것이 아니라 '표준 집단의 나머지와 비교한 일반 인지능력'이 되고, 아동의 경우에는 '또래 집단과 비교한 일반 인지능력'이 되는 것이다. 수많은 사람이 명백한 반박 증거가 나왔음에도 불구하고 지금까지 지능이 고정불변이라고 믿는 이유도 IQ를 지능과 동의어로 취급하기 때문이다.

저스틴의 여동생인 초등학교 1학년(6세) 줄리를 예로 들어 생각해보자. 만약 우리가 지금 줄리에게 지능검사를 하고, 앞으로 9세, 12세, 15세가 될 때마다 같은 유형의 검사를 반복하면, 지능검사 점수가 23, 45, 65, 83으로 매번 증가하는 것을 확인할 수 있을 것이다. 그리고 이 네 가지 점수를 정신 연령으로 환산하면 그 수치 또한 증가할 것이다. 만약 줄리가 '평균'에 속하는 아이라면, 각각의 검사 시점에서 6, 9, 12, 15세의 정신 연령을 나타낼 것이다. 지능검사 점수와 정신 연령은 모두 줄리의 지능, 즉 일반 인지능력이 시간이 흐를수록 발달한다는 것을 보여준다(물론 실제로 아이들의 지능이 예측한 대로 발달하지는 않는다). 하지만 이 점수들을 연령별 표준치와 비교하여 정신 연령을 구하고, 줄리의 정신 연령을 실제 나이로 나누면(그리고 100을 곱하면), 갑자기 점수가 100, 100, 100, 100으로 모두 같아진다. 6~15세 사이에 줄리의 지능이 그대로인 것처럼 보이는 것이다.

줄리의 발달 평균

생활 연령(실제 나이)	6	9	12	15	(증가)
지능검사 점수	23	45	65	83	(증가)
정신 연령	6	9	12	15	(증가)
IQ		100	100	100	100	(변화 없음)

줄리의 인지능력은 9~12세 사이에 크게 발달할 것이다. 그동안 줄리는 이전 단계보다 새로운 정보를 습득하고 문제를 해결하는 능력이 커질 것이다. 하지만 줄리의 발달 속도가 평균이라면 다른 아이들도 비슷하게 발달하기 때문에 줄리의 상대적인 지능, 즉 IQ는 변하지 않는다.

더구나 지금 심리학자들은, 지능이 나이를 먹으면서 일정한 속도로 꾸준히 발달하는 것이 아니라('정신 연령'이라는 단어가 암시하듯), '성장 급등' 시기에 갑자기 키가 쑥 자라는 것과 마찬가지로 '간헐적 폭발' 방식으로 발달한다고 믿는다. 간헐적 폭발이 이루어지는 시기는 개인차가 크기 때문에 특히나 어린 나이에는 '잠재력'을 정확히 평가하기 어렵다. 어떤 아이들은 일찍 또래보다 앞서 가다가 갈수록 느려지고, 또 어떤 아이들은 처음에 서툴지만 갈수록 더 빠르게 발전하기 때문이다. 그리고 아이가 어릴수록 IQ는 유전보다 가정환경의 영향을 더 크게 받는다.

마지막으로 지능에 대해 짚고 넘어가야 할 요점은, IQ와 성취가 서로 별개라는 사실이다. 유전학자 로버트 플로민과 캐스린 애스베리는 이것을 경주용 자동차에 비유한다. IQ를 성취와 같다고 생각하는 것은 마치 운전자의 기술이나 경험에 상관없이 모든 자동차 경주에서 가장 큰 엔진을 장착한 자동차가 우승한다고 주장하는 것과 같다. IQ와 성취의 상관관계는 0.5에 불과하며, 특히나 '학업성취에서 IQ가 차지하는 비중은 매우 낮다.' [114]

다시 싱가포르로

이제 다시 싱가포르로 돌아가 보자. 싱가포르 교육제도는 능력주의를 바탕으로 한다. 능력주의 교육은 아이들의 재능을 일찌감치 식별하고 각자의 능력에 맞는 기회를 제공하는 것을 목표로 삼으며, 싱가포르 교육 당국은 10~12세 나이에 재능을 정확히 확인할 수 있다고 주장한다.[115] 이때는 앞서 살펴보았듯이 초등학교 졸업시험PSLE을 기준으로 우열에 따라 중등학교 입학생 선발이 이루어지는 시점이다. 이 제도가 도입된 당시에는 지금은 거짓으로 밝혀진 지능검사에 대한 오해가 각광을 받았다.

하지만 능력주의에 대한 인식이 달라지면서 싱가포르 교육제도는 서서히 변하고 있다. 최근에는 하원의원 두 명이 정부가 교육제도를 재고해야 한다고 주장하면서, 너무 이른 나이에 학업 성적에 따라 아이들의 진로를 결정하는 현행 학제의 문제점을 놓고 의회에서 논쟁이 벌어졌다.[116]

의회 논쟁을 계기로 학력 만능주의를 완화하기 위한 움직임이 활발해졌으며, 정부는 중등일반과정 학생들을 대상으로 PSLE에서 좋은 성적을 거둔 교과목에 한해 중등속성과정 수업을 들을 수 있게 하는 프로그램을 시범적으로 운영하고 있다. 학업 성적에 따라 진로를 결정하면 상대적으로 늦되는 아이들이 겨우 10세 때 자신의 꿈을 완벽히 성취할 기회를 빼앗길 수도 있다는 인식이 공감을 얻었다. 내가 만난 어느 청년은, 자신이 만약 모험을 걸지 않았다면 꿈에 그리던 교사의 길로 들어설 기회를 놓치고 말았을 거라고 말했다.

데이비드 호는 생각이 깊고 열정이 넘치는 예비 교사이다. 그가 이룬 많은 성과 중에는 소외계층 아이들과 대학생을 서로 연결해 주는 멘토링 프로그램도 있다. 데이비드는 아이들 모두에게 기회가 돌아가도록 애쓰고 있으며, 어린 시절 가족관계가 아이들의 성취에 얼마나 중요한지 누구보다 잘 알고 있다.

나는 신문에 실린 데이비드의 기사를 보고 그를 만나기로 했다. 데이비드는 힘든 어린 시절을 보냈다. 데이비드가 아기일 때 부모는 이혼했고 슈퍼마켓 점원으로 일하는 어머니와 데이비드는 방 한 칸짜리 다세대 주택에 살았다. 어느 날 데이비드의 어머니는 가벼운 백내장 수술을 하러 병원에 갔다가 수술이 잘못되는 바람에 시력을 잃고 말았다. 싱가포르 복지제도의 혜택은 극히 제한적이라서, 그녀는 공공 매점에서 휴지를 팔아 연명해야 했고 고작 7세였던 데이비드가 옆에서 어머니를 도와야 했다. 데이비드는 어머니를 돌보느라 공부할 시간이 없었고, 12세 때 초등학교 졸업을 앞두고 치른 PSLE에서 낮은 점수를 받아 중등기술과정에 배정받았다. 데이비드는 이것이 어떤 의미인지 설명했다. "실업계로 진학하면 어떻게 되는지 알려드릴게요. 실업계로 진학해서 중등기술과정을 이수하면 직업훈련을 받아요. 만약 기술교육원ITE에 간다면 아마 일반대학은 꿈도 꿀 수 없을 거예요.

기껏해야 전문학교polytechnics에 갈 수 있죠."

문제는 데이비드가 교사가 되기를 원했다는 것이다. 싱가포르에서 교사는 O-레벨 시험을 통과해야 지원할 수 있는 직업이다. 데이비드는 학교에서 눈에 띄게 열심히 공부했고, 몇몇 훌륭한 선생님과 멘토의 도움으로 중등기술과정에서 학년 수석을 차지했다. 하지만 여전히 부족했다. 중등기술과정 학생이 O-레벨 시험을 치르는 것은 제도적으로 불가능했다. 데이비드가 그다음에 한 일은 무엇이었을까? 그는 10대 소년다운 패기로 당시 교육부 장관에게 편지를 보내 자신의 처지를 설명했다. 그 결과 데이비드는 중등학교 3~4학년 과정을 이번에는 속성과정에서 다시 이수하라는 특별 허가를 받았는데, 그제서야 O-레벨 시험에 도전할 수 있었다.

데이비드는 명문 싱가포르 국립대학에서 경제학을 전공하고 현재 교사연수 장학금을 받고 있다. 틀림없이 그는 훌륭한 선생님이 될 것이다. 하지만 데이비드의 성공 사례는 오히려 싱가포르 교육제도의 근간이 된 능력주의가 얼마나 불합리한지, 그리고 어린 나이에 시험을 통해 한 사람의 지능과 미래의 가능성을 정확하게 측정할 수 있다는 생각이 얼마나 허황된지 반증한다. 싱가포르 사람들은 데이비드의 사례가 누구나 열심히 노력하며 성공할 수 있다는 증거라고 낙관적으로 생각할지 모른다. 하지만 지능과 노력만으로는 싱가포르에서 성공하기 어렵다.

사교육, 인문계와 실업계

거저 되는 일은 없다.

- 리콴유

우리가 살펴볼 많은 교육제도, 특히 아시아 국가들의 교육제도는 경쟁이 치열한 구조이다. 그중에 싱가포르는 흥미롭게도, 국가의 엘리트주의 교육 이념과 일반 국민의 정서가 전혀 맞지 않는다. 싱가포르 교육제도에서는 지능이 고정불변이라는 전제로 재능을 조기에 '식별'하고 있다. 하지만 중국계가 대부분인 싱가포르 사람들은 열심히만 하면 누구나 공부를 잘할 수 있다고 생각하기 때문에, 온갖 수단과 방법을 동원해서 최선을 다하면 자녀를 일류학교에 보낼 수 있다고 믿는다. 학부모의 교육열이 높은 이유도 이 때문이다.

동네 쇼핑몰에 처음 갔을 때, 그 지역 초등학교의 지난 몇 년 치 기출문제 시험지를 판매하는 가판대가 내 눈에 띄었다. 아무도 없는 것 같았는데, 내가 사진을 찍으려는 순간 옆 가게에서 줄무늬 원피스를 입은 작고 통통한 여자가 팔을 휘저으며 뛰어나오더니 카메라 앞을 가로막았다. 영문을 알 수 없었지만 나는 사과했고, 다음번에 똑같은 기출문제 노점상을 발견했을 때는 사진을 찍어도 되느냐고 미리 양해를 구했다. 역시나 그 사람도 고개를 세차게 가로저었다. 나는 나중에 기출문제 판매가 불법이고 그렇게 공공연한 일이 아니라는 사실을 알게 되었다. 싱가포르에서는 어느 서점을 가나 예외 없이 교육 관련 서적을 판매하는 구역이 매장 면적의 절반을 차지한다. 공항에서 우연히 만난 동화 작가 모니카 림(Monica Lim)이 내게 해준 이야기에 따르면, 싱가포르 학부모들은 누구나 자녀와 함께 서점에 가서 전 과목 문제집을 고르고, 아이들이 학교 숙제를 끝내면 이 문제집을 추가로 풀게 한다.

잘사는 부모는 (못사는 부모도 마찬가지이지만) 자녀에게 개인과외 선생님을 구해준다. 싱가포르에 머무는 동안 학교일을 마치고 집으로 돌아가는 길에, 나는 밖에서 들여다볼 수 있도록 상점처럼 전면을 유리로 해놓은 개인과외 교습소 앞을 매일 지나쳤다. 습하고 무더운 날씨 속에 하루 종일 수업을 참관하고 교사들을 면담하느라 나도 지쳤지만, 종일 학교에서 수업을 받고 나서 개인교습까지 받고 있는 9세 아이들도 무척 안쓰러워 보였다. 가끔은 밤 10시에도 아이들이 공부하는 모습을 볼 수 있었다. 일부 학부모가 키아수(kiasu('지는 것에 대한 두려움'을 의미하는 싱글리시 단어)라는 싱가포르 사람 특유의 사고방식 때문에 남보다 앞서가는 데 자부심을 느끼기도 하지만, 싱가포르 학부모들이 모두 자녀의 공부에 이렇게 열을 올리지는 않는다. 내가 만나본 어느 학부모는 자기 친구가 어느 날 자기는 극성 학부모가 되지 않고 아이를 아이답게 키우겠다고 호언장담했다고 한다. 하지만 아이가 초등학교에 입학한 지 몇 달 만에 여느 부모들처럼 개인과외 선생을 구하러 다녔다고 한다. 성공적인 삶(경제적 안정)을 보장하는 최고의 기회가 상위권 학생에게만 주어지고 아이들이 대부분 과외까지 받는 현실에서, 지나친 교육열에 동참하지 못하는/반대하는 학부모들을 곤란하게 만드는 상황이 벌어졌다.

최근 몇 년 동안 성적 인플레이션(누구나 좋은 성적을 받아 변별력이 사라지는 현상)이 심각하다고 불평하는 다른 나라들과 달리, 싱가포르에는 정반대의 문제가 나타난 것이다. 다시 말해 시험이 갈수록 어려워지고 있다. 조직심리학자인 페튜니아 리Petunia Lee는 '꼬마'라는 애칭으로 부르는 10세 된 아들의 교육과 관련해 자신의 블로그에 이렇게 적었다.

"오늘 초등학교 교과서에서 이상한 점을 발견했다. 5학년 교과서에 인쇄된 언어의 난이도가 5학년 시험 난이도에 비해 2년 정도 쉽다. 꼬마가 배우는 중국어 교과서를 처음으로 자세히 살펴보고 나서(시험 공부에 유용하다고 한 번도 생각해 본 적이 없어서 아예 무시했기 때문에), 그 이유를 알아봐야겠다는 생각이 들었다. 왜 나는 꼬마가 시험을 준비하는 데 교과서가 쓸모없다고 생각하나? 왜 나는 친정엄마가 꼬마의 중국어 공부를 도와줄 때 교과서를 무시하라고 몇 년이나 잔소리를 했을까? 교과서에 대한 친정엄마의 고집이 결국 꼬마의 중국어 성적 하락으로 이어진 이유는 뭘까?"

파이 싸움

학교에서 교과서로 배우는 내용이 시험에는 나오지 않기 때문에 학부모들은 과외비를 마련하기 위해 경제적 부담이 늘어나고 아이들은 친구들보다 더 열심히 공부해야 한다는 심리적 부담이 늘어난다. 그리고 이렇게 늘어난 학비와 노력 덕분에, 각 학년의 학생들이 전년도 학생들보다 우수한 성적을 받게 되고, 정부가 이에 따라 상위권을 차별화하기 위해 시험을 훨씬 더 어렵게 만들게 되고, 그래서 시험 난이도는 계속 올라간다. 난이도 인플레이션은 추상적인 이론이 아니라 교실과 가정에서 학생과 학부모가 직접 체험하는 현실이다.

페튜니아의 블로그에서 나는 그녀가 아들(꼬마)과 나눈 대화를 읽고, 슬프기는 했지만 아이가 놀랄 만큼 이 문제를 꿰뚫어 보고 있음을 알게 되었다. 어린아이의 입에서 나온 말이라고 믿기 어려울 정도였다.

꼬마: 엄마, 이렇게 된 건[시험이 어려운 이유] 교육제도 때문에 사람들이 점점 똑똑해져서 그런 거야. 그러니까 나라에서 초등학교 졸업시험PSLE 기준을 높일 수밖에 없지.

엄마: 맞아, 그렇지만 결국 어떻게 되겠어? 한 10년 뒤에는 6학년 때 PSLE 말고 논문을 써야 좋은 중학교에 들어갈 수 있을 거야.

꼬마: 그런 일은 안 생겨, 엄마. 그냥 거품 같은 거야. 거품은 언젠가 터진다고.

엄마: 아니, 뭐라고? 그거랑 졸업시험이랑 무슨 상관인데?

꼬마: 들어봐, 엄마. 나라에서 졸업시험 기준을 높이잖아? 그럼 애들

이 공부를 더 많이 하고 시험 치는 기술도 점점 늘 거 아냐. 그러다 힘들어서 더 이상은 못 하겠다 싶으면 너도나도 자살하는 거지. 거품이 터지면 그때는 나라에서도 어쩔 수 없이 기준을 내릴 거야. 안 그러면 학생들이 남아나지 않을 테니까. 그러니까 엄마가 졸업시험 준비를 좀 도와주면 난 괜찮을 거야. 우린할 수 있다고! 그리고 엄마 손자는 걱정하지 마. 그때쯤 되면 거품이 터진 다음일 거야.

엄마: 아, 그래? 어, 음, 그렇구나.

다행히 '꼬마'는 아동심리학 전문가인 엄마 덕분에 입시 준비에서 오는 압박감을 적절히 해소할 수 있지만, 다른 아이들은 그렇게 운이 좋지 않다. 싱가포르의 대표적 언론사 SPH Singapore Press Holdings가 초등학교 졸업시험을 앞둔 10~12세 아동 1,742명을 대상으로 실시한 2000년도 조사에서, 조사에 응한 아이들의 3분의 1 이상이 부모의 죽음보다 시험을 더 무서워하는 것으로 나타났다.[117] 또한 3명 중 1명꼴로 자살 충동을 느끼는 것으로 나타났다.[118]

싱가포르 정부가 이런 결과를 기대했던 것은 당연히 아니다. 정부는 아이들을 괴롭히는 괴물이 아니라, 오히려 그 반대의 역할을 하고자 했다. 싱가포르의 교육정책은 교육이 백년지계라는 인식에서 심사숙고를 거쳐 탄생했다.[119] 하지만 남에게 뒤지지 않으려는 싱가포르의 국민성과 결합하면서 교육 문제는 해결하기 어려운 실정이다. 인성 교육에 중점을 두거나 성적표에 등수를 표시하지 않는 방법 등으로 교육정책의 변화를 꾀한 적이 있지만, 모두 학부모의 반대로 제대로 자리잡지 못했다.

공항에서 만났던 모니카 림은, 성향이 극과 극인 두 아이를 둔 학부모이자, 실제 사건을 바탕으로 《좋은 녀석, 나쁜 녀석 그리고 PSLE*The Good, the Bad and the PSLE*》를 발표한 동화작가이다. 그녀에게서 싱가포르 학생들의 성적 스트레스가 어느 정도인지 들을 수 있었다.

"아시아 부모들은 모두 자기 아이가 공부를 잘하기 바라죠. 하지만 내 아이가 잘하려면 다른 아이들이 못해야 하잖아요. 그건 어쩔 수 없는 문제예요."

"어쩔 수 없는 문제라고요?" 내가 물었다.

"네, 해결하기 힘들어요. 왜냐하면 아시아 부모들은 기회가 골고루 돌아가는 세상을 믿지 않거든요. 누군가는 꼴등을 해야 하는데, 그게 내 자식만 아니면 된다는 심리죠. 내 아이가 1등을 차지하면 나머지는 신경 안 써도 되니까요. 그런데 문제는 1등을 어떤 기준으로 정하느냐는 거예요. 교육부에서 교과목 비중을 줄이고 인성 교육을 늘릴 거라고 발표하면 학부모들이 당장 물어봐요. '좋아요, 그런데 인성 점수는 어떤 기준으로 평가할 계획이죠?' 이런 식으로요. 인성이든 뭐든 평가 기준을 알아야 자기 아이를 1등으로 만들 수 있으니까요."

그녀가 설명을 이어갔다.

"그러니까, 다 같이 나눠 먹을 '파이'가 없다는 생각을 버리지 않는 한, 그리고 학부모들이 내 아이가 못 가지면 다른 아이에게 뺏긴다는 사고방식에서 벗어나지 않는 한, 이 문제는 해결하기 정말 힘들 거예요. 교육정책이 어떻게 바뀌든 제도를 잘 이용해서 앞서가는 학부모는 항상 있기 마련이니까요."

"그런데 그런 사고방식은 왜 생긴 걸까요? 왜 나눠 먹을 파이가 부족하다고 생각하죠?" 내가 물었다.

"태어나면서부터 경쟁을 받아들이는 사회 분위기가 있어요. 내 생각엔 역사적으로 정부가 국민에게 그런 생각을 주입해 온 것 같아요. 자원이 부족하기 때문에 자기 것은 스스로 챙겨야 하고 거저 되는 일은 하나도 없다는 말을 싱가포르 사람들은 태어나서 죽을 때까지 듣거든요. 아마 그래서 자기도 모르게 내 몫을 내가 안 챙기면 큰일 나는 것처럼 길들여진 것 같아요."

따라서 교육적 관점에서 볼 때, 파이는 한정되어 있는 상황이다. 즉, 아무리 열심히 공부해도 인문계로 진학해서 O-레벨 시험을 치를 자격을 얻는 학생은 극소수에 불과하고, 대학에 진학해서 돈 잘 버는 직업을 구하지 못하면, 세계에서 물가가 가장 비싼 싱가포르에서 살아가기 힘들 것이라는 믿음이 학부모들 사이에 널리 퍼져 있다.[120] 한 번은 인문계 학교에서 영어 수업을 마친 뒤에 한 학생이 이렇게 말했다. "우린 공부를 안 할 수가 없어요. 좋은 대학에 들어가지 못하면 제대로 된 집도 차도 못 구하니까요. 생각만 해도 스트레스 받아요. 누구보다 부모님들이 우리에게 성공을 더 강요한다고 생각해요."

싱가포르 교육부는 학생들의 학업 스트레스가 심각하다는 현실을 인식하고 몇 가지 대책을 내놓았다. 학교에 정신 건강을 주제로 하는 수업과 강연을 도입하는 방안이었다. 마침 내가 있던 학교에도 강연이 있어서 강연자와 이야기를 나눌 기회가 생겼다. 빌리는 상담 클리닉을 운영하며 학교에서 의뢰받은 스트레스 아동을 치료하는 심리학자였다. 우리는 강연이 끝난 뒤 학교 구내식당에서 '코피-C'(연유를 넣은 뜨거운 커피)를 마시면서 이야기를 나눴다.

빌리가 말하기를, "싱가포르 아이들은 아주 어릴 때부터 스트레스를 받아요. 부모가 아이들에게 공부를 잘해야 한다고 부담을 주고 어떤 경우에는 밤늦게까지 과목마다 따로 과외를 시키거든요. 내가 상담하는 아이들 중에는 불안장애 때문에 아예 교문 안으로 발걸음을 못 옮기는 경우도 있습니다." 무슨 해결책이 없겠느냐고 내가 물어보자 그가 대답했다. "성적으로 인문계와 실업계를 나누는 우열반 개념을 폐지하면 효과가 있을 겁니다. 그것이 학생들의 정신 건강과 자기충족예언self-fulfilling prophecy(권위 있는 타인의 기대 수준이 학습자의 수행 능력에 미치는 영향-옮긴이)에 부정적인 영향을 주기 때문이에요. 그리고 교과목 위주의 수업보다는 전인교육을 중시해야겠죠."

불평등과 엘리트주의

능력주의 개념으로 다시 돌아와서, 입시 스트레스가 싱가포르 교육제도의 공정성에 어떤 영향을 미칠지 생각해 보자. 페튜니아 리는 블로그에서 교과서와 시험 사이의 난이도 격차에 대해 다음과 같이 결론지었다.

"학부모들이 이 글을 읽고, 자녀가 학교 시험에서 'A'를 받기 위해서는 교과서 내용보다 최소한 4년에서 5년 이상 높은 수준의 교재를 공부해야 한다는 사실을 인식하기 바란다. 많은 학부모가 이 사실을 잘 모르고 있다. 나 역시도 지금까지 몰랐다. 교육을 통해 국민을 가난에서 구제하겠다던 교육부의 취지에 어긋난다고 생각하지 않는가?

저소득층 학부모들은 교과서와 시험의 난이도 격차를 메우기 위해 추가로 과외비를 낼 방법이 없다. 당연히 교과서와 시험의 격차를 줄이도록 자녀를 직접 지도하고 도울 수 있는 기술도 없다."

안타깝지만 모든 부모가 똑같은 시간이나 똑같은 돈을 들여 자녀 뒷바라지에 나설 수 없는 것이 현실이다. 싱가포르에는 초등학교 입학 전에 이미 3년 동안(또는 그 이상) 교육비와 교육수준이 엄청난 고급 유치원에 다니는 아이들이 있다. 싱가포르에서 최연소 면담 상대였던 어느 초등학교 1학년(6세) 여자아이는 비밀이라는 듯이 자기가 피아노는 5급, 바이올린은 7급까지 배웠다고 내게 말했다(신빙성은 다소 떨어진다). 다른 아이들은 학비가 저렴하면서 수준 높은 교육을 제공하는 유치원이 없기 때문에 유치원을 건너뛰고 초등학교부터 시작한다.[121] 초등학교에 들어간 후에도 어떤 아이들은 학교 수업 외에 계속 과외를 열심히 받는가 하면, 방과 후에 집에서 어린 동생들을 돌봐야 하는 아이들도 있다. 결과적으로 초등학교 1학년 교사들은 모두에게 알맞은 수업을 준비하기 어렵다(상당한 시간과 노력을 쏟아붓는데도 불구하고). 이는 또한 어떤 아이들은 훨씬 앞선 상태에서 출발한 또래 아이들을 끝까지 따라잡을 수 없다는 뜻이기도 하다.

게다가 학교에서 경쟁이 치열하기 때문에, 아이들이 개인과외를 받을 때 뒤처지는 과목에서 '보충' 학습을 하지 않고 남보다 더 앞서기 위해 '선행' 학습을 한다는 것이 더욱 심각한 문제이다. 많은 학생을 만나서 왜 과외교습을 받는지 물어보면, 뒤처지는 과목을 보충하려고 과외를 받는다는 아이들도 간혹 있지만 대부분의 아이들이 이미 반에서 상위권이었다. 싱가포르 학교는 음력 설날 무렵에 4일 동안 임시 휴교에 들어간다. 운동장에서 노는 10대 남학생 두 명에게 설 연휴 계획을 물었더니, 한 학생이 자신만만한 태도로 씩 웃더니 대답했다. "쉬고 싶은데 그래도 계속 공부해야 해요. 다른 애들한테 따라잡히면 안 되니까요!"

나는 어느 과외교습소에도 찾아갔다. 교습소 소장은 아이들이 시험을 통과해야 교습소에서 수업을 받을 수 있다고 설명했다. 어떤 아이들은 교습소에 들어가기 위해 또 개인과외를 받아야 한다는 이야기였다. 한편 학교에서 만난 어느 예비 교사는 자기가 초급대학에 다니는 동안 생물학 과외를 받았는데 너무 진도가 빨라서 따라가기 어려웠다고 말했다. 교무실에서 과외를 주제로 오가는 대화를 들을 때는 혼자 웃음이 났다(내가 그 학교에 근무했다면 심각했겠지만). "글쎄, 마커스가 교과서를 안 산대요. 과외 받을 때 벌써 다 배웠다나."

싱가포르에서는 이처럼 많은 학생이 그림자 교육(사교육제도)에 의존한다. 하지만 사교육을 받지 못하는 아이들도 많기 때문에, 초등학교 6학년 때 치르는 시험 한 번으로 미래가 결정되는 현실이 더욱 불공평하게 느껴진다. 초등학교 졸업시험 성적은 개인의 지능과 노력뿐만 아니라, 부모가 사교육비를 얼마나 많이 투자했는지에 따라 달라지기 때문이다. 나는 싱가포르 빈곤 지역에서 활동하는 한 자선단체를 찾아가 보았다. 그리고 고층건물 지하에 위치한 자선단체 사무실을 방문했을 때, 그 지역 저소득 계층의 아이들 중 40퍼센트가 PSLE에서 낙제한다는 사실을 알게 되었다. 낙제생들을 공부시키는 학교는 따로 있다(불편하겠지만 싱가포르 교육제도를 제대로 반영하기 위해 의도적으로 낙제생이라고 표현했다). 그리고 아이들 중 절반가량은 부모의 월평균 소득이 1,500 싱가포르 달러(약 130만 원) 미만인 가정 출신이다.

능력(그리고 종종 가정환경)에 따라 아이들을 어릴 때부터 구분하는 엘리트주의의 사회적 위험성은 싱가포르 언론에서 자주 거론되는 주제 중 하나이다. 일부 최상위권 학생들은 자기보다 성적이 낮은 동급생들을 무시한다. 그들은 전적으로 혼자서 성공을 이뤘다고 믿으며, 부모와 사교육의 도움을 받았다는 사실은 잊어버린다. 이와 관련해서 최근에 싱가포르 최고 명문인 래플스대학은 불미스러운 일로 주목을 받았다. 재학생 중 한 명(국회의원의 딸)이 "여기는 유능하고 머리 좋은 사람뿐이다"라는 글을 블로그에 올리고, 자신의 의견에 반대하는 사람을 '다른 계급' 출신이라고 비하한 것이다. 엄청난 비난이 쏟아지자 여학생의 아버지는 사태를 무마하려다 "어떤 사람들은 엄연한 사실을 받아들이지 못한다"라고 발언해 더 큰 논란을 일으켰다.[122]

극단적인 경우를 소개했지만, 싱가포르 국립대학NUS 사업복지학과 교수인 아이린 응Irene Ng은 "학생들을 어릴 때부터 시험으로 여러 차례 걸러낼수록, 어울리는 사람들의 폭이 점점 좁아진다. 명문대 학생들은 제한적인 범위에서 자기들끼리만 교류하기 때문에, 비록 좋은 의도라고 해도 다른 계층에 속한 사람들을 제대로 도울 수 있는 공감 능력과 이해도가 떨어진다"고 분석했다.[123] 데이비드 호가 멘토링 프로그램을 시작한 계기도 이 문제를 고민한 결과였다. 그는 저소득층 아이들과 대학생들을 서로 연결하여, 사교육의 혜택을 받지 못하는 아이들을 도울 뿐만 아니라 앞으로 국가 지도층이 될 대학생들이 현실적인 문제를 직시하고 보다 깊이 이해하도록 돕기 위해 멘토링을 시작했다.

PISA 조사 결과로 다시 돌아가 보면, 2009년과 2012년에 싱가포르는 읽기, 수학, 과학에서 각각 세계 2위, 3위, 4위를 차지하면서 전반적으로 높은 성적을 거두었다는 것을 알 수 있다. 하지만 사회·경제적 배경이 학생들의 점수에 미치는 영향을 살펴보면, 싱가포르는 OECD 평균 또는 평균 이하(측정 방법에 따라)였다. 사회·경제적 지위가 1점 상승하면 PISA 점수가 44점 상승한다(이 방식으로 하면 하위 10위권이다). 환경의 영향을 보완하기 위해 저소득층 가정에 교육비를 지원하는 등 싱가포르 교육부가 최선의 노력을 기울였지만, 교육제도의 구조적 한계를 극복하지 못했다.

여전히 남아 있는 장점

싱가포르의 교육제도가 공정한 결과를 내지 못한다고 해도, PISA의 읽기, 수학, 과학에서 기초학력수준을 통과한 학생들의 비율은 가장 높았다. 다시 말해 기초학력 미달 수준으로 평가받는 학생이 다른 나라에 비해 적었다. 따라서 싱가포르 국내에서만 비교하면 학생들의 배경이 학업에 크게 영향을 미쳤지만, 싱가포르 학생 중에서 PISA의 최하위 등급에 해당하는 학생들도 다른 나라의 최하위 학생들보다 우수했고, 싱가포르에서 사회·경제적 혜택을 받지 못하는 학생들도 다른 나라의 저소득층 학생들보다는 좋은 성적을 거뒀다. 후자의 경우(사회·경제적 배경이 하위 25퍼센트에 속하지만, 같은 배경을 가진 전 세계 학생을 기준으로 하면 성적이 상위 25퍼센트에 해당하는 경우), OECD는 '회복력 있는 학생resilient students'이라고 규정했다.

　회복력 있는 학생이 얼마나 많은지 수치로 제시할 수 있으니 정치인들이 인용하기는 좋겠지만, '회복력 있는 학생' 입장에서는 자신이 그렇게 불린다는 사실을 안다고 해서 특별히 위안이 될 것 같지 않다. OECD가 규정한 회복력은 빈곤 계층에 속한 학생이 자국의 상위 계층 동급생보다 높은 점수를 받았다는 뜻이 아니다. 다른 나라의 상위 계층 학생들보다 더 높은 점수를 받은 것은 더더욱 아니다(일부 싱가포르 학생들은 그렇지만). 회복력이 있다는 것은 OECD 회원국을 통틀어 비슷한 배경을 가진 학생들 중에 상위 25퍼센트에 들었다는 의미일 뿐이다. 따라서 싱가포르 학생들이 보통 PISA에서 다른 나라들보다 훨씬 높은 성적을 받았기 때문에(잠시 후에 다룰 내용), 다른 나라의 하위 25퍼센트의 10대들과 비교했을 때, 싱가포르에서 사회·경제적으로 하위 25퍼센트에 해당하는 10대들 중에는 PISA 상위 25퍼센트에 해당하는 학생이 많을 것이고, 그런 아이들이 '회복력 있는 학생'으로 분류된다. 하지만 회복력 있는 학생들이 싱가포르에서 더 나은 교육 기회를 얻는다는 뜻은 아니다. 상위 계층 학생들이 계속해서 앞서나가면서 대학에 진학하고 하위 계층은 여전히 실업계로 밀려나기 때문이다.

　하지만 싱가포르 교육제도가 빈곤 계층과 상위 계층 사이의 학력 격차를 좁히지는 못해도, 일단 인문계와 실업계로 나뉜 다음부터는 모든 아이가 낙오되지 않고 기초학력 수준에 도달하도록 확실히 지원한다. 오로지 학업 성적에 따라 계열을 구분해서 시험에 낙제한 학생들(극단적인 경우)을 별도 과정으로 배정하는 것은 사실이다. 그렇지만 이런 학생을 억지로 '허울뿐인 인문계' 혹은 취업 가능성이 낮은 다른 기술 과정에 묶어두는 대신, 철저한 직업훈련을 거치는 과정에서 크고 작은(개인차가 있지만) 성취를 거두면서 '우등생'이 되도록 하는 것이다.

1990년대 싱가포르 정부는 "모두가 대학에 가려고 하면 싱가포르는 점점 더 가난해질 것이다. TV를 고치거나, 기계를 만들거나, 공장을 돌리는 역할은 누가 하겠는가?"라는 교육 기조를 공식화했다.[124] 그리고 직업훈련이나 기술교육을 이른바 '쓰레기장'이라고 비하하는 편견을 깨뜨리기 위해 단계적 지원책을 마련하고, 실업계 교과과정 개발과 최첨단 설비를 갖춘 전문학교polytechnics 및 기술교육원ITE 설립에 막대한 예산을 쏟아부었다. 기술교육원 과정은 산학협동 방식으로 산업 현장에 필요한 인재를 기르는 데 초점을 맞춰 설계했다. 덕분에 싱가포르의 청년 실업률은 부러운 수준이다(세계 평균의 절반 수준).[125] 하지만 설 연휴에 일가친척이 모인 자리에서 캐묻기 좋아하는 나이 지긋한 숙모가 실업학교에 다니는 조카를 은근히 무시하는 경우처럼, 기술교육과정을 일반대학(인문계 A-레벨)보다 경시하는 사람들이 여전히 있다. 하지만 실업계에 대한 인식은 점차 변하고 있으며, 초급대학에 충분히 진학할 수 있는 성적인데도 전문학교를 선택하는 학생들이 늘고 있다. 막대한 정부 지원금과 세심하게 개발된 교육과정 덕분에, 고용주가 탐낼 만한 유용한 자격을 갖춘 기술 인재가 배출된다.

앨런은 전문학교를 졸업한 청년 활동가이다. 우리는 시내에 있는 시끌벅적한 호텔 로비에서 만났고, 한 잔에 12 싱가포르 달러(약 1

만 원)나 하는 차를 마시며 이야기를 나눴다. 앨런 역시 인문계로 가는 것만이 능사는 아니라고 생각했다.

"사람마다 인생에서 성취를 이루는 속도나 정도가 달라요. 우리 같은 사람들은 남들보다 늦게 철들었다고 할 수 있죠. 빌 게이츠나 스티브 잡스도 그랬잖아요? 레이 크록Ray Kroc('맥도날드' 창업자-옮긴이)이나 심웡후Sim Wong Hoo(싱가포르 '크리에이티브' 창업자)도 마찬가지고요. 대학 졸업장은 없지만 세계적으로 성공한 인물들이죠. 그 사람들은 시행착오를 거듭하면서도 포기하지 않았고, 끈기 있게 노력했어요. 우리는 한 사람도 빠짐없이 모두 자신만의 강점과 재능을 갖고 태어나요. 그러니까 공부를 못한다고 해서 다른 일도 못하라는 법은 없어요. 그리고 학교 성적은 한 사람의 능력이나 지식을 가늠하는 여러 가지 방법 중 하나일 뿐이라고 생각합니다."

싱가포르의 제도는 이 생각을 뒷받침한다(비록 인문계에서 종합대학으로 진학하는 것이 최고의 엘리트 코스라고 여겨지지만). 싱가포르 교육제도가 교육 계층에서 맨 아래 위치하는 학생들을 어떻게 교육하는지 살펴보자. 노스라이트NorthLight 학교는 중등학교로 진학할 수 없는 최하위권 아이들이 진학하는 학교이다. 나는 이 학교 체육대회가 있는 날 활기찬 10대들이 모여 있는 넓은 운동장에서 교감을 만났다. 우리는 야외 벤치에 마주 앉았고, 교감은 내게 아이들의 장래를 어떻게 생각하는지 말해주었다. "보세요. 이 아이들은 낙제생들이고 꼴찌들이에요. 초등학교 때 성적이 바닥권이었고 졸업시험은 통과도 못 했죠. 하지만 이 학교에 와서 같은 처지의 친구들과 함께 새 출발을 할 수 있어요. 여기서는 아무도 무시당하지 않을 겁니다."

정부에서 교사를 임용하는 일반 학교들과 달리, 노스라이트는 학교가 교사를 직접 고용하기 때문에 이곳에는 아이들의 인생을 역전하겠다는 열정을 가진 교사들이 모인다. 자격증 과정은 아니지만 학생들에게 필요한 일반 교과목을 가르치는 교사가 있고, 기술교육원 출신으로 다양한 기술을 가르쳐 기술대학 입시를 준비시키는 교사도 있다. 그뿐만 아니라 기업체에게 직접 나온 전문가가 실제 현장에서 사용되는 각종 기술을 훈련하기도 한다. 졸업하기 직전에는 학생 전원이 8주 동안 산업체에 가서 소매업, 호텔서비스업, 기계 및 설비공급 등 여러 분야에서 현장 체험을 하는 프로그램도 마련되어 있다. 비슷한 또 다른 학교인 어썸션 패스웨이Assumption Pathway에는 외식 서비스를 전공하는 학생들이 정식으로 운영하는 구내식당이 있다. 생선 카레가 특히 맛있다고 알려져 있다.

12세 때 인문계 또는 실업계로 진로를 선택하는 싱가포르 교육제도는 단점도 있지만 장점도 있다. 능력주의 교육제도가 경쟁적 문화와 결합되면서, 학부모들은 자녀가 어릴 때부터 엄청난 부담을 주면서 인문계 중학교에 진학하도록 독려한다. 결과적으로 사회 계층이 갈수록 고착화되고 계층 간에 위화감이 심각해진다. 하지만 비록 교육 기회의 불평등이 심해진다고 하더라도, 학생들은 노동시장에 더욱 효과적으로 적응한다. 싱가포르만 그런 것이 아니다. 최근 네덜란드의 교육사회학자들, 볼T. Bol과 반 데 베르포스트H. van de Werfhorst가 29개국의 자료를 수집해 계열 선택의 다양성, 직업교육의 실태, 청년 고용 현황 등을 비교 분석한 결과, 교육의 형평성과 청년 고용률이 상충 관계에 있는 것으로 나타났다.[126] 다시 말해, 인문계나 실업계로 진로가 조기에 결정되는 것은 불평등을 심화하지만, 직업교육이 현장에 특화된 나라에서는 청년 고용의 증가로 이어진다.

하지만 형평성이냐 고용률이냐 양자택일해야 하는 문제는 아니다. 볼과 반 데 베르포스트는 나라마다 교육 불평등과 실업률을 둘 다 줄일 수 있는 '최선의 접점'을 찾을 수 있다고 제안한다. 교육 불평등을 초래하는 것은 한 나라의 직업훈련 교육과정(그리고 교육과정의 목표)의 한계와 특수성 때문이 아니라, 진로를 선택하는 연령이 너무 어리고 범위가 제한적이기 때문이다. 한편 청년 고용률이 높게 나타나는 것은 진로를 일찌감치 결정했기 때문이 아니라 직업훈련이 지향하는 목표가 취업이기 때문이다. 진로 선택의 한계를 줄이면서 동시에 직업훈련의 지향성을 강화할 수는 없을까? 물론 가능하다. 왜냐하면 이들 특징은 상이한 시기에 영향을 미치기 때문이다.

볼과 반 데 베르포스트는 진로를 조기에 선택하면 중학교교육에 영향을 미치는 반면, 직업훈련의 범위와 특성은 주로 고등학교와 대학 때 영향을 준다고 설명한다. 따라서 비록 시행하는 나라가 많지 않지만(그래서 상충되는 것처럼 보이지만), 두 가지의 장점만 취할 수도 있다고 주장한다. 즉, 중학교까지는 진로 선택을 제한하고 불평등을 줄여 교육의 혜택이 고루 돌아가게 하고, 고등학교와 대학 때는 실업률을 줄이기 위해 직업훈련을 강화하는 것이다. 싱가포르는 직업훈련 면에서 제대로 하고 있다. 볼과 반 데 베르포스트의 연구 결과에 따르면, 아이가 어릴수록 공평한 기회를 주고, 고등학생이 된 이후에는 싱가포르처럼 각 분야에서 전문 교육을 강화하는 것이 바람직해 보인다.

9장

교사의 경력 사다리, 직무연수

뚜렷한 목적의식과 신념이 강한 동기를 부여하는 힘이다.
— 간킴용(顔金勇, 싱가포르 정치인, 장관)

모두를 위한 우수한 교사들

싱가포르에서 비교적 학업성취도가 낮은 학생들이 PISA에서는 비교적 좋은 점수를 받는 이유는 무엇일까? 물론 어느 한 가지 요인으로 설명할 수는 없다. 교육에 높은 가치를 두는 아시아 문화권의 특징도 확실히 한몫한다. 계층에 상관없이 학부모들이 여전히 자녀들에게 명문대 입학을 목표로 공부하라고 다그치고, 많은 교사가 수업에 뒤처지는 학생들을 위해 자발적으로 보충수업을 하고, 교육부는 학습부진 아동을 돕기 위해 '레벨 업' 프로그램을 점차 확대하고 있다. 공부를 싫어하는 아이들도 계속 학교에 머물 이유를 찾도록 동기를 부여하는 것도 도움이 된다.

성적을 떠나 학생들의 동기 부여에 가장 핵심적인 역할을 하는 것은 교육부가 수준 높은 교사 자원을 모집하고 양성하는 일이다. 어느 날 나는 티끌 하나 없이 깨끗한 지하철을 타고 가다 신문에 난 교사 모집 공고를 발견했다. 처음에는 디자이너 의류 광고가 아닌지 착각할 정도로, 신문 2면에 실린 전면 광고 속에 잘생긴 남녀 여섯 명이 세련된 검은색 옷을 차려입고 포즈를 취하고 있었다. 자세히 보니, 맵시 있는 단발머리에 실크 스카프를 휘날리며 한가운데 서 있는 여성의 머리 위에 적힌 글자가 눈에 들어왔다.

응 후이 민
교사, 가톨릭 주니어 칼리지CJC 졸업
교육부 교사 장학생(해외)
영국 런던 정경대 졸업(경제학 학사)
영국 옥스퍼드대 졸업(이학 석사)

교사 장학생을 모집하는 정부 광고였다. 이른바 '고급 인재'를 모집하기 위해 교육부가 싱가포르 국내 또는 해외에서 학위를 취득할 수 있는 정부 장학생에 지원하라고 최상위권 학생들을 유인하는 내용이었다. 교사 장학생이 되면 졸업 후에 4~6년 동안 공립학교 교사로 일하면서 '국가 채무'를 되갚아야 한다. 교사 장학생의 인기는 대단하다. 해외 유학이라는 매력은 물론이고(광고에 등장하는 또 다른 교사는 프랑스에서 학위를 받았는데, 싱가포르 청소년에게 이국적인 모험이다), 장학생이 되면 안식년에 교육부에서 일할 기회가 주어지기 때문에(나 같은 사람에게 매력적인 조건이다) 경력을 쌓기에도 유리하다.

싱가포르에서 교사라는 직업이 '처음부터' 인기 있었던 것은 아니다. 1980년대만 해도 교사 인력이 부족해 뉴질랜드, 호주, 영국 등지에서 교사를 구해 와야 했다. 하지만 정부가 그때부터 꾸준히 장학금 제도를 비롯해 높은 임금과 무상 직무연수 등 다양한 유인책을 쓴 덕분에 교사가 인기 직종으로 떠올랐다. 그렇지만 예비 교사 모두에게 장학금을 지원하기에는 정부 예산이 부족하기 때문에 최근에는 석사 학위가 없는 교사도 있다. 일부 교사는 초급대학junior college이나 전문학교polytechnics를 졸업한 뒤 바로 2년제 교육대학으로 진학해 교사가 된다. 교육수준이 그렇게 높은 나라에서 4년제 대학 졸업자가 아니라도 교사가 될 수 있다는 사실은 의외라고 생각할 수도 있다. 하지만 싱가포르 정부는 해외의 다양한 사례를 적용해 보완책을 찾고 우수한 교사 인력을 양성해 나간다. 싱가포르 교육부 사무총장을 지낸 호 펭Ho Peng의 말이다.

"우리는 평생학습의 가치를 믿습니다. 훈련 단계에서 예비 교사들을 완벽하게 좋은 선생님으로 완성할 수는 없어요. 우리는 초보 교사들이 교직에 들어선 다음에도 지속적으로 공부하고 다양한 직무연수 과정에 참여하도록 장려해요. 그래서 교사들에게 충분히 발전할 기회를 주죠. 싱가포르 교사들은 다양한 경로로 지원을 받기 때문에 아마 다른 나라에서도 부러워할 겁니다."127

최근에 영국 런던대학교교육대학의 크리스 허스번즈Chris Husbands 교수는, 싱가포르와 영국 두 나라의 신입교사 직무연수 제도를 비교하는 연구를 진행했다. 영국은 학교가 교사 선발에 주도적인 역할을 할 수 있도록 규제를 완화하는 중이다. "싱가포르 정부의 입장은 분명하다. 1980년대 교사 인력난과 교사의 사기 저하로 힘든 시기를 겪은 이후 정부가 국립교육연구원National Institute of Education을 설립해 교사 연수를 강화했다. 몇 주 전 연구를 위해 싱가포르 교육부를 방문했을 때, 그곳 사람들은 영국에서 규제를 완화하는 이유를 전혀 이해할 수 없다는 반응이었다." 허스번즈 교수의 말이다.

　나는 'B 교수'의 호의 덕분에 싱가포르 국립교육연구원 강의를 특별히 청강할 수 있었다. B 교수는 누구나 바라는 교사상에 가까운 '인자로운 근엄함'을 풍기는, 다정하면서 똑 부러지는 여성이었다. 강의는 소규모로 진행되었고 20세가량의 예비 교사들은 초등학교 저학년에게 산수를 가르치는 방법을 배우고 있었다. 그날 강의는 대략 이런 내용이었다. 먼저 어린아이들에게 숫자 개념을 가르치려면, 구체적인 숫자부터 시작해서 그림을 활용하고 마지막에 추상적인 개념을 가르쳐야 한다. 그리고 그 과정에서 정답 여부는 물론 풀이 방법에 대해서도 아이들끼리 서로 의견을 교환하도록 격려해야 한다. 그래야 아이들이 단순히 계산 방법을 익히는 데 그치지 않고 수의 개념을 충분히 이해할 수 있고, 암기력이 아니라 이해력을 평가하는 PSLE 시험에도 대비할 수 있기 때문이라고 했다. 강의가 끝난 뒤 B 교수는 지하철역까지 나를 태워주었고, 가는 길에 내게 교사와 학생의 관계가 얼마나 중요한지 자세히 설명했다. '교사가 학생의 마음을 움직이지 못하면 두뇌도 움직일 수 없다'는 요지였다.

　싱가포르의 다양한 교사 교육과정을 본격적으로 소개하기 전에, 내가 경험한 초등학교 수업 중에 놀랍기도 하고 웃기기도 한 일화를 몇 가지 소개하려고 한다. 싱가포르는 동아시아 국가들 가운데서도 최고 성적을 자랑하기 때문에, 처음에 나는 어느 정도 선입견을 가지고 교실에 들어갔다. 가령 교사들이 권위적이고 엄격해서 수업시간에 질문하는 아이들을 혼내지나 않을까 싶었다. 그런데 실제로 보니 교실에는 웃음이 넘쳤다. 어느 초등학교 수업을 참관할 때는 교사가 수업 중에 이런 질문을 했다.

"샐리는 5킬로그램 빠져서 지금 몸무게가 60킬로그램이래. 그럼 전에는 몇 킬로그램이었을까?"

한 아이가 손을 번쩍 들더니 대답했다.

"55킬로그램이요." 그리고 그렇게 생각한 이유를 설명했다.

교사는 잠시 생각할 시간을 준 다음, 반 아이들 전체에게 물었다.

"어떻게 생각하니?"

"틀렸어요." 몇몇 아이가 외쳤다. 교사는 다시 아이들의 의견을 물었다.

"하지만 틀린 대답이라도 장점이 있겠지?"(설명 방식에 대한 질문이었다.)

어떤 아이가 재치 있게 나섰다.

"덕분에 샐리가 더 날씬해졌네요!" 순간 교사를 포함해서 반 전체가 웃음을 터뜨렸다.

또 다른 수업에 들어갔을 때는 아이들이 손글씨로 학급 규칙을 써서 교실 벽에 붙여놓은 종이가 눈에 띄었다. 교사의 지도 아래 규칙을 어기면 어떤 벌칙을 받을지 아이들끼리 의논한 내용이었다. 마지막 줄에 이렇게 적혀 있었다. "수업시간에 종이를 뭉쳐서 던지지 말기. 걸리면 담임 선생님한테 종이 뭉치 맞기." 다음 시간에 또 다른 교실에 들어가니, 학생들이 칠판에 이렇게 적어놓았다. "공부보다 놀기,

놀기보다 먹기!" 이쯤 해두고 하던 이야기로 되돌아가자.

경력 사다리

이제 본격적으로 싱가포르 정부가 어떻게 훌륭한 교사들을 길러내는지 알아보자. 싱가포르에서는 학위 소지자가 아니라도 교사가 될 수 있다. 싱가포르 교사 교육 프로그램은 초임교사 연수를 시작으로 지속적으로 이어진다. 싱가포르 교사들은 부임한 뒤 1년 동안 선배교사의 지도를 받으며, 학년 말 교원평가에서 기본적인 업무를 익혔다고 판단되면 '적임 교사qualified teacher' 자격이 생긴다. 물론 실제로는 아직 적임 교사가 되기에는 실력이 부족하기 때문에, 일정한 실력과 자격을 갖춰야 교감, 혹은 교육부 장관(교사로서 오를 수 있는 최고 지위)까지 경력을 쌓을 수 있다. 교사가 되면 처음 3년 동안은 해마다 봉급이 인상되지만, 4년 차부터는 '경력의 사다리'를 하나씩 밟고 올라가야 봉급도 인상된다. 즉, 전문교사과정Teaching Track, 교육행정/리더십과정Leadership Track 또는 교육연구과정Specialist Track 중에서 선택할 수 있다.

이와 같이 세 분야로 나눠지는 '경력의 사다리'를 오르려면, 교사들은 분야에 따라 상이한 지식과 기술과 전문성을 갖춰야 한다. 또한 교사들은, 마치 제다이 기사가 요다에게 수련을 받는 것처럼 높은 경지에 이른 수석 교사에게 종합 교사 교육을 받으면서 승진을 준비한다. 따라서 일정한 직무연수를 거쳐야 한 단계씩 자격을 갖출 수 있다. 누구나 참가할 수 있는 연수도 있지만 시험을 통과해야 지원할 수

그림 4 싱가포르 교사의 경력 사다리

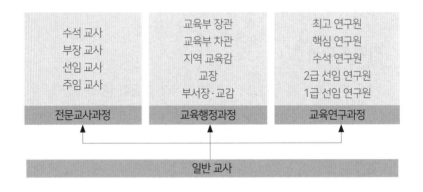

수석 교사 부장 교사 선임 교사 주임 교사	교육부 장관 교육부 차관 지역 교육감 교장 부서장·교감	최고 연구원 핵심 연구원 수석 연구원 2급 선임 연구원 1급 선임 연구원
전문교사과정	교육행정과정	교육연구과정

일반 교사

출처: Centre on International Education Benchmarking

있는 연수도 있다. 이것은 교사가 되는 경로는 학력과 실력에 따라 다양하지만, 일단 교사가 된 이후에는 누구나 노력해서 실력을 갖추기만 하면 사다리 꼭대기까지 올라갈 수 있다는 뜻이다.

높은 직책을 맡을수록 책임도 막중해지기 때문에 봉급도 인상된다. 자신이 속한 분야에 따라 가령 경험이 부족한 일반 교사를 지도할 수도 있고, 교육학에 중점을 둔 위원회를 운영할 수도 있고, 자기가 속한 교육구 소재 학교들을 전반적으로 관리할 수도 있다. 이것이 가능한 이유는 싱가포르 교사들이 하루 종일 수업이나 채점에만 매달리지 않아도 되기 때문이다. 싱가포르 교사들의 열정은 대단하지만, 일본 교사들과 마찬가지로, 수업시간이 OECD 평균을 밑돌기 때문에, 나머지 시간은 교사로서 자기를 발전시키는 데 활용할 수 있다.

나는 교사 지원을 담당하는 대표적 기관인 AST(싱가포르 교원 아카데미Academy of Singapore Teachers)에 소속된 세 명의 수석 교사를 만나보았다. AST는 오래된 학교 건물을 교육 연구소로 탈바꿈시켰다. 이 곳에서 수석 교사들이 정기적으로 교사연수협의회(워크숍)를 개최하고, 일반 교사들이 학습 공동체 모임도 연다. AST는 교사들이 주도하는 전문 학습 공동체를 지원하기 위해 2010년에 출범했다. 어떤 교사 공동체는 승진과 무관하게 학교 현장에서 얻은 경험을 서로 공유하고 교육적 주제에 대해 토론하기 위해 모인다고 들었다. AST 수석 교사가 주도하는 모임도 승진 자격을 위해서만 운영되지는 않는다(교장 승진 모임 일부를 제외하고). 교사들은 자기들끼리 공동체 모임이 끝난 뒤에 필요에 따라 수석 교사에게 전문적인 조언을 구한다. 게다가 AST가 지원하는 워크숍은 의무적으로 참석할 필요가 없는데도 교사들의 참여가 활발하다.

다른 나라의 교육정책 담당자들은 아마 이해할 수 없을지도 모른다. 왜 다른 나라의 교사들은 싱가포르 교사들처럼 자발적으로 모여서 전문 지식을 구하고 경험을 공유하지 않을까? 싱가포르 사람들이 워낙 성실한 걸까? 그럴 수도 있지만 제도적 지원이 효과를 거두고 있다. 싱가포르 정부는 교사들의 전문 학습을 방해하는 모든 요소를 제거함으로써 교사의 내재적 동기가 긍정적 효과를 이끌어내게 할 뿐만 아니라, 필요한 경우에 약간의 외부적 유인책을 제공하도록 제도화했다(즉, 교사로서 전문성을 확보하기 위해 노력하지 않으면 봉급도 오르지 않는다).

내재적 동기의 효과

여기서 동기의 심리학을 또다시 논의해 볼 만하다. 앞서 핀란드 편에서 우리는 좋은 교사의 조건으로 내재적 동기를 살펴보았다. 그리고 내재적 동기가 발휘되기 위해서 자율성, 숙련성, 관계성 등 세 가지 요인이 뒷받침되어야 한다고 확인했다. 내재적 동기는 어떤 일에 임할 때 그 일 자체가 즐거워서 하려는 의욕이며, 창의성, 문제해결 능력, 사고의 유연성과 끈기 등 다방면에서 긍정적 영향을 미친다.[128] 내재적 동기의 '반대'인 외재적 동기는 전통적으로 외부적 보상을 바라거나 처벌을 피하려는 동기라고 정의되어 왔으며, 생산성에 부정적인 영향을 미치는 동기라고 알려져 있다. 외부로부터 오는 보상이 있으면 비록 처음에는 보상을 받기 위해 노력하지만, 외부적 보상이 중단된 후에는 내재적 동기까지 약화한다는 이유에서이다.[129]

표 1　내재적 동기와 외재적 동기: 초창기 이론[130]

동기의 유형	정의	특징
내재적 동기	행동 자체가 즐거워서 행동함	창의성, 문제해결 능력, 사고의 유연성, 끈기
외재적 동기	행동에 뒤따르는 외부적 보상 등 별도의 바람직한 결과 때문에 행동함	초기에는 행동을 일으키지만 장기적으로는 내재적 동기를 약화시킴

하지만 시간이 흐르면서 이러한 동기 이론은 수정되었다. 외재적 동기 가운데 부정적 효과가 없는 유형이 있다는 사실이 확인되었기 때문이다. 퇴근 후에 밤늦게까지 중학교 2학년 시험지를 채점하는 교

사가 있다고 가정해 보자. 장담하건대 채점을 재미로 하는 교사는 거의 없을 것이다. 그러니 이 교사는 시험지 채점 자체가 흥미진진한 일이라서 이 일을 하는 것이 아니고, 정의에 따르면 내재적 동기에 따라 채점을 하는 것이 아니다. 그렇다고 누군가 채점을 마치면 보상을 주겠다고 약속하거나 채점을 끝마치지 못하면 점심시간에 추가 업무를 해야 한다고 협박한 것도 아니다. 교사가 채점을 끝까지 하는 이유는 학생들에게 신경을 쓰기 때문이며, 채점을 해서 돌려주면 아이들의 공부에 도움이 된다는 것을 알기 때문이다. 그렇다면 이것은 어떤 동기에 속할까?

자기 결정성 이론self-determination theory을 제안한 라이언Ryan과 데시Deci는 최근 연구에서 외재적 동기에는 모두 네 가지 유형이 있으며, 자율적 동기부터 제한적 동기까지 그 범위가 다양하다고 설명한다.[131] 외재적 동기 중에 제한적인 동기의 극단에는 '채찍과 당근' 방식으로 보상을 주거나 제재를 가하는 전형적인 외적 규율이 있고, 반대편 극단에는 '통합integration'이라는 자율적 동기가 있는데, 이것은 원래 의미의 내재적 동기에 가장 가깝다. 통합은 행동의 목적이(여기서는 학생의 공부를 돕는 일) 개인의 목표와 일치하는 경우를 말한다. 그 사이에는 자기 행동의 목표를 스스로 인식하고 받아들이는 '동일시identification'와 다른 사람의 인정이 중요한 '내적 투영introjection'이라는 외재적 동기가 있다.(표 2 참조)

학교나 교육 당국이 이미 교직에 필요한 내재적 동기를 갖춘 사람, 즉 교육이 중요하다는 신념과 강한 목적의식을 가진 사람(따라서 학교의 목표를 자신의 목표로 내재화한 사람)을 교사로 발탁할 수 있다면

표 2 내재적 동기와 외재적 동기: 최신 이론[132]

동기의 유형		행동의 계기	동기의 근원
내재적 동기		행동 자체가 즐거워서 행동함	내부적(자율적)
외재적 동기 (4유형)	통합	행동의 목표가 자신의 목표와 일치함	내부적(자율적)
	동일시	행동의 목표를 의식하고 수용함	다소 내부적 (다소 자율적)
	내적 투영	남들의 인정을 받으려는 욕구에서 행동함	다소 외부적 (다소 통제적)
	외적 규율	외부적 보상과 처벌에 따라 행동함	외부적(통제적)
무동기		불이행	동기 없음

훌륭한 교사의 자질을 기대해도 좋을 것이다. 긍정적으로 학생들을 대하는 자세, 효과적으로 수업과 업무를 처리하는 능력, 높은 직무 만족도, 심리적 안정감 등은 내재적 동기가 강한 교사의 특징이다.

이런 효과를 얻으려면 교사에게 자율성을 주고, 전문 연수처럼 특정한 임무를 수행할 때 강요에 의해서가 아니라 스스로 원해서 하도록 제도적으로 보장해야 한다. 바로 이 점에서 싱가포르 교사 교육은 매우 탁월하다. 핀란드처럼 예외적으로 교사가 되는 관문을 좁게 유지해서 이점을 누리는 교육제도도 있지만, 대부분의 나라에서는 제도적으로 교사의 의욕이 저하되는 경우가 흔하다. 영국은 교사들에게 동기를 부여하기 위해 주임교사나 관리자가 교사의 업무를 평가해서 1(탁월함)부터 4(불만족)까지 등급을 매기는 방법을 최근까지도 시행하고 있다. 이런 방식의 직무 평가는, 자발적으로 능력을 개발하기 위해 노력하려는 교사나 그렇지 않은 교사 모두에게 유쾌한 일은 아니다.

하지만 싱가포르에는 수준 높은 직무훈련과 연계해서 교사가 실력을 계속 쌓아갈 수 있는 구조가 마련되어 있기 때문에, 교사가 직무 평가를 다음 단계로 나아가는 데 필요한 유익한 과정으로 인식한다. 싱가포르의 교사 교육은 이미 내재적-자율적 동기로 의욕이 넘치는 교사들, 즉 있는 힘을 다해 교육에 헌신하려는 교사의 노력을 인정하고 그들이 발전해 나가는 데 필요한 기틀을 제공한다. 또한 내재적 동기가 다소 약한 교사에게는 경력 관리를 명분으로 노력을 할 수 있게 추가로 외재적 동기를 부여한다. 한편 적성에 맞지 않는 직업을 택해서 3년 이상 아무런 노력을 하지 않는 교사의 경우에는 때로 임금을 동결하거나 교직에서 방출하는 강력한 조치도 취한다. 이것은 전체 교사의 자율성을 보장하면서 극소수의 자격 없는 교사만 걸러내는 효과적인 방식이다.

교사의 직무연수

분야별로 다양한 경력 사다리를 오르게 하는 방식은 교사에게 자율적 선택권을 부여하기도 한다. 싱가포르 교사들은 연간 100시간의 직무연수를 받을 수 있다. 교사들은 선배나 동료 교사들과 교류하는 과정에서 부족한 부분이 드러날 때 이 시간을 개인의 발전을 위해 활용한다. 학기 중에 AST(교원 아카데미) 워크숍에 참가하거나 전문가 수업을 수강하기도 하는데, 학교에서 대체교사를 구해 지원해 준다. 이런 경우를 위해 정부에서 해마다 모든 학교에 '대체인력 예산'이라는 특별 예산을 배정하기 때문이다. 다시 말하지만, 싱가포르 교사들은 OECD 평균보다 수업을 적게 하고 직무와 관련된 교육이나 토론 시간을 따로 갖는다.

정부가 제공하는 직무연수와 강의는 다양하고 효율적으로 설계되어 있다. AST의 수석 교사들만 교사 연수를 담당하는 것이 아니다 (작은 나라지만 16명의 수석 교사가 전체 교사를 책임질 수는 없을 것이다). 교육대학에서 전문 교육 및 학위 과정을 운영하고, 교육부 산하 교과과정개발부가 교과목별로 교과과정 연수를 실시한다. AST는 교육전문가를 양성하기 위해 다양한 프로그램을 제공하는 7개 교육기관 중 최대 기관이다.

AST 수석 교사들은 단 한 번도 일회성 워크숍을 기획한 적이 없다고 한다. 최소한 2회로 구성해야 교사들이 연수에서 배운 것을 학교 현장에 돌아가 실제로 적용해 보고 다시 만나 서로 의견을 교환할 수 있기 때문이다. 그래서 이곳에서는 직무연수라고 하면 흔히 떠올리는 풍경, 말하자면 '하루 수업을 빼고 편히 앉아 차를 마시면서 누가 뭐라고 하는지 한번 들어나 보자'는 태도가 용납되지 않는다. 또한 좋은 의도를 가지고 연수에 적극적으로 참여하지만 막상 학교로 돌아가면 흐지부지해지는 문제도 생기지 않는다. 교사들이 배운 대로 해본 다음 서로 피드백을 교환해야 한다고 의식하면, 연습을 소홀히 하지 않게 되고 혹시 수업 중에 예상치 못한 문제가 생겨도 동료 교사를 격려하고 해결책을 함께 고민하게 된다.

다른 나라도 싱가포르(또는 핀란드)처럼 자유롭고 수준 높은 직무연수에 참가할 수 있도록 정부에서 대체교사까지 지원해 준다면, 교사들이 너도 나도 연수에 참가하겠다고 아우성일 것이다. 싱가포르처럼 직무연수 과정이 교사 경력에 도움이 되고 임금 인상도 기대할 수 있다고 인식하면. 원래 열심히 하는 성향이 아니었던 교사들까지 열심히 할 것이다.

따라서 싱가포르 국립교육연구원에서 1년 과정을 마치고 교단에 서게 된 교사들도 향후에 직무연수를 통해 발전할 여지가 무궁무진하다. 하지만 지금 당장은 문제가 되지 않을까? 경험이 너무 부족해 수업 준비를 제대로 하지 못하거나, 교사가 되고 나서도 몇 년째 '경력의 사다리'를 오르지 못하고 계속 정체되어 있는 교사들의 경우는 좀 위험하지 않을까?

다행히 이런 교사를 위해 멘토 교사와 동료 교사가 매주 수업계획을 짜는 데 도움을 준다. 또한 모든 수업이 일정한 수준 이상으로 진행되도록 뒷받침하는 교사용 지도서도 중요한 역할을 한다. 핀란드의 경우처럼 학생들이 양질의 교과서로 공부하고, 많은 교사가 학교별 그리고 교과목별로 제작된 교사용 지도서를 수업에 유용하게 이용할 수 있다. 교사용 지도서에는 다음과 같은 정보와 조언이 실려 있다.

1. 수업 목표
2. 이 단원에서 학생들이 자주 오해하는 개념
3. 학생들의 생각을 일으키는 질문 예시
4. 학생들의 이해도를 확인하는 평가 문제
5. 수업 활동 예시

나도 영국 중학교에서 과학을 가르칠 때 이런 참고서가 있었다면 시간을 꽤 아낄 수 있었을 것 같다. 따로 수업계획을 세우지 않더라도, 교사용 지도서에 있는 방법을 사용해서 교과서 내용만 잘 가르치면 약간 지루하지만 잘 짜인 수업을 할 수 있다. 교사용 지도서를 뼈대로 삼아 수업의 특성과 학생의 흥미에 맞게 살을 보태고 응용하면, 재미까지 있는 수업을 할 수 있다. 20년 동안 영어를 가르친 베테랑 교사 응Ng은 후자를 택한다. "난 교과서나 지도서를 많이 쓰지 않아요. 몇 년간 시행착오를 거쳐서 직접 수업 자료를 만들었죠." 교사용 지도서는 모든 교사에게 도움이 되는 최소한의 내용을 잘 정리한 자료이지만, 훌륭한 교사는 굳이 여기 얽매이지 않아도 좋은 수업을 할 수 있다.

싱가포르의 교육제도를 조사하면서 나는 다른 나라보다 훨씬 더 깊은 고민에 빠졌다. 이해할 수 없는 부분이 많아서 자료를 계속 찾아봐야 했고, 심지어 중국에서 일정을 마치고 집으로 돌아가는 비행기가 싱가포르를 경유할 때 내려서 추가 면담을 해야 했다. 그러자 모든 것이 맞아떨어졌다.

싱가포르 교육제도는 읽기·수학·과학 등 모든 영역에서 뛰어난 성적을 냈고, 교육정책은 세심하고 체계적으로 시행되고 있으며, 교사 교육도 흠잡을 데 없다. 또한 직업훈련과정에 충분히 투자해 청년 실업률을 낮추는 성과를 얻었고, 교사의 경력을 관리하고 교사가 전문성을 높일 수 있도록 제도를 마련해 시간적·경제적으로 동기를 부여한 것은 비효율적인 직무연수를 시행 중인 다른 나라들이 본받을 만하다. 더욱이 교사가 되면 안식년에 교육부에서 교육과정 및 교육정책을 개발·설계하는 업무에 직접 참여하는 정책 또한 서양에서 충분히 시행해 볼 만하고, 이런 정책이 실제 학교 현장에서 적용되면 현실적으로 훨씬 더 큰 성과를 낼 수 있을 것이다. 이렇게 싱가포르 교육제도는 상당히 잘 운영되고 있다.

그렇지만 좀 더 오래 들여다보면 어두운 그림자도 눈에 들어온다. 아이들의 미래가 사교육에 좌우되는 학업 성적을 바탕으로 지나치게 어린 나이에 결정되며, 치열한 경쟁 구조 때문에 모든 계층의 학생들이 학업 스트레스에 시달린다. 아이들에게 이런 제도가 과연 바람직할까? 그렇다고 대답하는 사람도 있을 것이다. 모든 청년이 학교를 졸업할 때 유용한 기술을 하나씩 가지고 사회로 나간다면 그것은 좋은 일이다. 하지만 같은 정책을 다른 나라에서 시행할 때 싱가포르만큼 성공하리라는 보장은 없다. 왜냐하면 어떤 정책의 효과는 환경에 따라 크게 달라지기 때문이다. 예를 들어, 서구 국가에서 우열반 개념을 도입하거나 초등학교 졸업시험 점수에 따라 아이가 진로를 결정하도록 하더라도, 싱가포르에서처럼 모든 아이들이 더 열심히 공부해서 성적을 올리려고 애쓰는 모습은 찾아볼 수 없을 것이다. 서양은 동양에 비해 지능이 고정불변하다고 믿는 사람이 많기 때문에, 만약 시험에서 낮은 점수를 받거나 수준이 낮은 반에 배정되면 노력을 통해 바꾸려고 하기보다 어쩔 수 없는 일이라고 단념할 가능성이 높기 때문이다. 이러한 태도의 차이는 어디에서 비롯될까? 문화적으로 싱가포르인의 교육관에 가장 많은 영향을 준 나라, 중국으로 건너가서 이러한 중요한 심리적 차이를 자세히 살펴보자.

Cleverlands

Part 4
중국 상하이

노력을 칭찬하는 교사와 부모

笨鸟先飞早入林

어리석은 새가 먼저 날아 숲에 일찍 도착한다. (중국 속담)

공항에 내려 택시를 타고 오는 동안 운전사와 중국어로 더듬거리며 이야기를 나눈 것을 제외하면(나는 가까스로 내가 교사라는 말을 전했고, 팁을 달라는 말을 알아들었다), 내가 처음 만난 상하이 사람은 백설공주 옷을 입고 디즈니 애니메이션 〈겨울 왕국〉의 주제가 '렛잇고'를 부르는 6세 여자아이였다. 아이의 엄마 미셸은 인물사진을 찍는 사진가였고, 딸에게 영어를 가르쳐줄 영국인과 몇 주 동안 함께 지내게 된 것을 기뻐했다. 나는 노래를 따라 불렀고, 우리는 친해졌다. 여느 6세 아이와 다름없이, 아이는 놀이터에서 그네를 타면서 다른 아이들과 어울려 놀고 '숨은그림찾기' 같은 영어 게임을 즐기지만, 20분 만에 지루해지면 나를 찾았다. 앤지의 일상이 또래의 영국 중산층 어린이와 다른 점이 있다면 아직 학교에 다니지 않는다는 점뿐이었다. 하지만 앤지는 유치원에 다녔고, 피아노와 그림 같은 개인교습을 받았다.

중국과 영국 가정의 차이를 분명하게 느낀 것은 제니라는 교사를 만나 그 집에서 머무는 동안이었다. 제니의 딸 안젤라는 14세였고 눈이 컸다. 내가 도착하자 안젤라는 고맙게도 내가 쓰기로 한 자기 방을 안내해 주었다. 안젤라는 나처럼 가수 아델을 좋아한다고 했고, 완벽하지는 않았지만 상당히 능숙한 영어로 드라마 〈셜록〉 시즌 2가 어떻게 끝났는지 자세하게 이야기하는 중이었다. 그때 제니가 억양 없는 목소리로 옆방에서 외쳤다. '안젤라, 이제 숙제해야지!'

　　안젤라는 그날 밤 영어 숙제에다 수학 숙제까지 해야 했다. 제니는 숙제를 다 하는 데 세 시간 반이 걸렸고 그게 보통이라고 내게 귀띔해 주었다. 가끔 네 시간이 걸릴 때도 있었는데 안젤라는 성실하게 숙제를 했다. 내가 상하이에서 만난 학생들은 모두 이렇게 열심히 공부했다. 대학원에서 약학을 전공하는 소피는 고등학생 때 캐나다 토론토로 유학을 떠나서 공부했기 때문에 중국과 캐나다 학생들의 차이점을 잘 알았다. "공부에 임하는 자세가 달라요. 중국에서는 성적이 좋든 나쁘든 열심히 공부해요. 성적이 좋은 친구를 본보기로 삼아서 그만큼 따라가려고 노력하죠."

　　그렇다면 중국 아이들이 이렇게 숙제를 열심히 하는 이유는 분명 학교와 관련이 있을 것이다. 뒤에서 이 이야기를 다루겠지만, 이번 장에서는 우선 지금까지 수천 년 동안 변함없이 이어지는 중국인의 근면성이 근본적으로 어디서 유래했는지 알아보려고 한다. 중국인의 근면성은 경쟁이 심한 중국의 교육제도 때문이 아니다. 국경을 넘어 다른 나라에 이민을 간 경우에도 중국 이민자들은 이 성향을 그대로 발휘한다. 그리고 미국이나 영국 학교에서 숙제를 '충분히' 내주지 않는다 싶으면 직접 자녀들에게 추가로 숙제를 내준다. 중국에서는 졸업 축하 카드나 격려 카드 문구도 미국에 비해 노력의 중요성과 꾸준한 자기 성장을 강조한다('그동안의 노력을 축하한다'와 '머리가 좋아서 부럽다'의 차이[133]). 어떤 면에서는 교육제도의 차이라기보다 문화적 차이에서 생겨난 태도라고 할 수 있다.

이런 근면성은 사실 중국뿐만 아니라 대만, 싱가포르, 한국, 일본 등 동아시아 문화권에 공통적인 특징이다. 내 생각에는 동아시아권 학생들이 이렇게 노력을 쏟기 때문에 PISA 테스트에서 좋은 성적을 내는 것 같다. 그들만의 뿌리 깊은 문화적 전통이긴 하지만 이런 부분은 서구의 가정이나 학교, 심지어 교육제도에서도 배우고 받아들여야 한다.

실패는 성공의 어머니

소피가 한 이야기를 다시 한번 생각해 보자. '성적이 좋은 사람을 롤 모델로 삼아서 그만큼 따라가려고 노력한다'는 태도는 내가 중국에 머무는 동안 다른 대화에도 자주 등장한 표현이다. 1등을 한 학생이 누군지 밝히고, 다른 학생들도 자기만의 학습전략을 세워 열심히 공부해서 그렇게 되도록 노력하라는 것이었다. 중요한 점은 누구나 노력하면 1등을 할 수 있다고 믿는다는 것이다. 중국 학생들은 미국 학생들에 비해 '열심히 공부하는 것'이 성공의 비결이라고 믿는 경향이 강하고, 학자들도 아시아계 학생들과 미국계 학생들의 성취도 차이가 노력을 중요시하는 가치관 때문이라고 주장해 왔다.[134] 능력보다 노력을 강조하는 자세는 공자의 유교사상과 관련이 깊고, 유교 사상은 중국뿐 아니라 동아시아 전체에 영향을 끼쳤다.

무조건 공부를 열심히 하는 것이 아니라 '어떻게' 열심히 하느냐가 중요하다. 영국에서 학생들을 가르칠 때, 학생들이 교과서를 전부 베끼고 나서 뿌듯해하거나, 어려운 부분은 건너뛰고 쉬운 부분만 복습하는 경우를 흔히 보았다. 동아시아 학생들은 반대로 하는 편이다. 공부할 때 자기주도적 학습전략을 적용한다. 이를테면, 공부한 내용을 암송하고rehearsal(속으로 반복한다), 정교화하고elaboration(학교에서 배운 내용들을 서로 유기적으로 연결하여 이해한다), 점검하고monitoring(배운 내용을 제대로 이해했는지 점검한다), 계획한다(세심하게 계획을 세워 학교 공부를 한다).[135] 그리고 어려운 문제를 만났을 때 끈질기게 노력한다.

1990년대 초, 중국과 일본의 교육제도를 연구한 심리학자 스티븐슨과 스티글러가 일본과 북미의 어린이들을 대상으로 끈기를 실험했다. 그들은 두 나라의 학생들에게 답이 없는 수학 문제를 주고 얼마나 오랫동안 그 문제를 풀기 위해 노력하는지 비교해 보기로 했다.[136] 하지만 스티븐슨과 스티글러는 연구를 끝까지 마칠 수 없었다. 당시 일본 교사들이 몇몇 아이가 실험에 참가한 뒤에 계속 실험에 응하기를 거부했기 때문이다. 일본 교사들은 학생들이 포기하지 않을 것을 알았기 때문에, 애초에 풀 수 없는 문제를 가지고 오래 씨름하게 내버려두는 것은 부당하다고 생각했다.

다른 연구에서는 동아시아 학생들이 어려운 문제를 더 오래 풀었을 뿐만 아니라, 정답을 알아내는 비율도 높았다.[137] 게다가 그들은 실패를 겪은 후에 오히려 더 열심히 노력했다. 전형적인 서양 학생들과는 상반되는 반응이었다. 사회심리학자 하이네_{SJ. Heine}와 동료들도 이 특이한 현상을 연구했다. 그들은 일본과 캐나다 학생들에게 RAT라는 창의력 검사를 실시했다. RAT 창의력 검사에서 학생들은 주어진 세 단어와 연관 있는 하나의 단어를 생각해 내는 과제를 받았다(예컨대 낮, 환상, 잠이라는 세 단어가 주어지면 꿈이라고 대답해야 한다).[138] 검사의 난이도는 의도적으로 조절해서 일부 학생들은 쉬운 과제를 풀고, 다른 학생은 어려운 과제를 풀도록 변경했다. 그리고 검사가 끝난 뒤에 학생들이 자신의 과제는 물론이고 다른 학생들의 점수도 알 수 있도록 설계했다. 따라서 어려운 과제를 받은 학생들은 자기가 평균 이하로 아주 못했다고 믿게 된 반면, 쉬운 과제를 받은 학생들은 자기가 평균 이상으로 꽤 잘했다고 믿게 되었다.

재미있는 일은 지금부터 벌어진다. 사회심리학 실험에서 흔한 일이지만, 실험에는 속임수라는 요소가 개입되었다. 이번에는 학생들이 다음 과제가 컴퓨터를 사용해 감정 지능을 측정하는 것이라는 설명을 듣고 검사를 시작했다. 하지만 얼마 안 가서 컴퓨터가 고장 나고, 실험자는 일부러 화난 것처럼 반응하면서 컴퓨터를 고쳐놓으라고 말했다. 그리고 학생들이 컴퓨터와 씨름하게 잠시 둔 다음, 원한다면 RAT 창의력 검사를 한 번 더 받아도 된다고 제안했다. 두 번째 RAT 검사(이번에는 난이도가 뒤섞인 과제)를 하는 데 걸린 시간은 첫 번째 검사의 결과와 관련이 있었다. 하지만 일본 학생들과 캐나다 학생들은 정반대의 결과를 보여주었다.

캐나다 학생들의 경우, 첫 번째 검사에서 점수가 낮았던 학생들

| 그림 5 | 성공과 실패에 따른 끈기의 변화 |

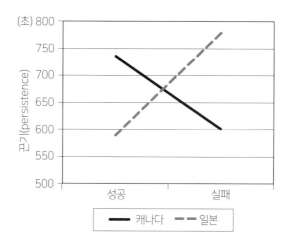

출처: Heine et al.(2001)[139]에서 발췌.

은 점수가 높았던 학생들에 비해 두 번째 검사에 많은 시간을 들이지 않았다. 자기가 잘했다고 생각한 학생들은 과제에 더 많은 시간을 들였고 성공에 자극을 받았다. 하지만 일본 학생들은, 첫 번째 검사에서 점수가 낮았던 학생들이 점수가 높았던 학생들에 비해 두 번째 검사에서 더 많은 시간을 보냈다. 이들은 실패에 자극받은 듯했다. 중국학생들도 비슷한 경향을 보일 가능성이 높다. 노력보다 수행을 측정하는 한 연구에서 응Ng, 포머란츠Pomerantz, 람Lam은 유사한 결과를 확인했다. 중국 학생들의 과제 수행은 실패 후에 개선되었고, 미국 학생들은 그렇지 않았다.[140]

어리석은 새가 먼저 날아 숲에 일찍 도착한다

이 차이는 무엇으로 설명할 수 있을까? 왜 어떤 나라의 학생들은 어려운 과제에 실패하고 나서도 다른 나라 학생들보다 더 열심히 끈기 있게 노력할까? 이 분야의 전문가인 진 리Jin Li는 무려 10년에 걸쳐 동서양의 문화적 학습모델에 관한 책을 썼다.[141]

책을 쓰기 몇 년 전이자 하버드 교육대학원에서 박사과정을 수료하기 전에, 중국 출신인 진 리는 미국으로 건너가 버몬트주와 펜실베이니아주에서 대리 교사(기간제 교사)로 일했다. 중국에서 학교교육을 받은 사람답게 그녀는 반 전체가 열심히 공부하는 분위기를 기대했지만, 처음 미국 교실에 들어갔을 때 충격을 받았다. "아이들이 공부에 아무 관심이 없다는 사실이 가장 놀라웠어요. 심지어 배울 내용이 얼마 되지도 않는데 말이에요. 이해하기 힘들었죠. 지구상에서 가장 잘사는 나라에서 그렇게 많은 학생이 공부할 생각을 안 한다는 게 너무 당황스러웠어요." 그때부터 그녀는 몇 년 동안 연구를 계속했고 지금 우리가 궁금하게 생각하는 질문에 해답을 찾았다. 동서양의 차이는 어디서 비롯되었을까?

리에 따르면, 서양에서 학문은 고대 그리스의 지적 전통에 뿌리를 두고 있다. 우리의 질문과 관련 있는 세 가지 주요 견해는 다음과 같다.

- 지식의 원천은 세상만물에 대한 인간의 호기심이다.
- 오직 인간만이 의문을 품고 이치를 발견하고 결국 해답을 찾는다.

• 학문은 뛰어난 능력을 가진 자들만 누리는 특권이다.

결론적으로 어떤 사람이 호기심이 없으면 공부하려는 의욕이 생기지 않는다는 것이다. 서양 문화에서는 공부의 동기가 주로 개인적 이익이며, 공부 소질도 개인의 특성이기 때문에 대체로 변하지 않는다고 여겼다.

미국 아동과 성인을 대상으로 지능 및 능력에 대한 관념을 조사한 연구는, 공부에 대한 소질은 타고날 뿐만 아니라 아이들이 성장하면서 타고난 능력이 점차 고착된다는 이들의 관념을 뒷받침한다.[142] 하지만 동아시아 문화권에서는 이렇게 생각하지 않는다. 동아시아인들은 타고난 능력 차이가 크지 않고, 성취는 타고난 능력보다는 노력의 결과물이라고 믿는 경향이 강했다.[143] 헤스Hess와 동료들의 연구에 따르면, 중국 학부모들은 자녀가 학교에서 낙제하면 노력이 부족해서라고 생각하는 반면, 미국 학부모들은 똑같은 상황에서 노력이 부족하다고 탓하는 경우가 거의 없었다.[144] 하이네는 동료들과 함께 일본과 미국 학생들을 대상으로 설문조사를 실시해, 지능에서 노력과 타고난 재능이 각각 차지하는 비중이 얼마나 된다고 생각하는지 물었다. 유럽계 미국 학생들은 노력이 36퍼센트라고 답했고 아시아계 미국 학생들은 45퍼센트, 일본 학생들은 55퍼센트라고 각각 대답했다.[145]

결과를 보면 아시아 학생들도 타고난 능력의 차이를 어느 정도 인정하고 있지만, 결정적 요인이라고 생각하지 않았다. 재능보다 노력이 성공에 더 중요한 요인이라고 생각하기 때문이다. 이번 장의 소제목 '어리석은 새가 먼저 날아올라 숲에 일찍 도착한다'는 중국 고전 속담에서 따왔다. 어리석은 사람이라도 남보다 더 노력하면 앞서 나갈 수 있다는 뜻이다.

심리학자 캐럴 드웩Carol Dweck의 동기학습에 관한 연구를 알고 있는 독자라면, 그녀가 제안한 '성장형 사고방식growth mindset'과 동아시아의 교육문화가 비슷하다는 점을 눈치챘을 것이다. 성장형 사고방식은 지적 능력이 연습과 교육을 통해 얼마든지 발달할 수 있다고 믿는 태도를 말한다. 반대로 지적 능력이 고정된 것이며 타고난 지능은 바꾸기 힘들다고 생각하는 태도를 고착형 사고방식fixed mindset이라고 부른다. 학생들에게 어려운 과제를 주었을 때 사고방식에 따라 결과가 크게 달라졌다.

드웩의 연구 결과, 지능이 고정불변이라고 생각하는 학생들은 어려운 과제가 주어졌을 때 자신의 지능이 드러날까 봐 어려운 과제를 회피하려 했고, 스스로 능력을 과소평가했다. 반면 성장형 사고방식을 지닌 학생들은 어려운 과제를 해결하는 과정에서 지능이 더욱 개발된다고 생각하기 때문에 도전을 적극적으로 받아들였다.[146] 앞서 일본과 캐나다 학생들이 성공과 실패를 어떻게 받아들이는지 실험한 하이네의 연구 결과를 떠올려보면, 일본과 캐나다 학생들이 각각 성장형과 고착형 사고방식을 고스란히 반영하는 행동을 보였음을 알 수 있다.

사고방식에 따라 노력과 연습에 대한 자세도 달라진다. 지능이 타고나는 것이라고 믿는 사람은 남들이 자기를 원래 똑똑한 사람이라고 인식하기를 바랄 것이다. 다시 말해 남들에게 자기가 노력하는 모습을 보여주고 싶지 않을 것이다. 내가 영국에서 자라고 교사 생활을 하는 동안 주변에서 흔히 볼 수 있는 태도였다. 이와는 반대로 지능이 개발될 수 있다고 생각하면 노력하는 모습을 남들에게 보여도 부끄러울 것이 없다. 노력은 지능이 낮다는 증거가 아니라 더 똑똑해지는 과정이라고 생각하기 때문이다. 푸알렝코Pualengco와 치우Chiu는 이와 같은 태도의 차이를 알아보기 위해 유럽계 미국인과 아시아계 미국인에게 미리 연습과제를 주고 나서 어려운 문제를 풀게 하는 실험을 진행했다.[147] 연구자들은 학생들이 먼저 연습과제를 풀도록 하고, 연습과제를 얼마나 열심히 했는지 동료 학생들에게 공개적으로 밝힐 기회를 두 번 주었다. 오직 유럽계 미국 학생들만 연습과제를 하는 데 들인 노력을 줄여서 보고했다. 연구자들은 이것이 본 과제에서 실패할 경우를 대비해 자신의 이미지를 보호하려는 심리적 장치라고 해석했다.

드웩은 학생들의 사고방식을 가늠하는 측정법을 개발했는데, 이에 따르면 미국 학생들은 40퍼센트가 고정형 사고방식, 또 다른 40퍼센트가 성장형 사고방식에 속했고 나머지 20퍼센트는 중간에 속했다.[148] 이 수치를 보면 지금까지 살펴본 동서양 비교연구의 한계가 드러난다. 모든 연구에서 공통적으로 동서양 문화권의 차이는 뚜렷하지만, 같은 문화권 안에서 어떤 차이가 있는지는 확인하지 못했다는 점이다. 서양 문화권의 학생들이 모두 고정형 사고방식을 가졌다고는 할 수 없다. 또한 중국 학생들이 모두 성장형 사고방식의 소유자라고 할 수도 없다. 하지만 다른 문화권에 비해 성장형 사고방식이 두드러지는 것은 중국 문화의 영향이라고 할 수 있다.

10장 노력을 칭찬하는 교사와 부모

학문을 중시하는 유교 문화

파리 어느 거리의 카페처럼 꾸며놓은 상하이의 커피숍에서 나는 낸시를 만났다. 내가 교육제도를 조사하는 데 도움을 받기 위해 만난 자리인데도 낸시는 다른 중국인들처럼 자기가 커피를 사겠다고 고집했다. 도도한 미소가 인상적인 낸시는 영어를 좋아하는 대학생이었고, 가족과 함께 상하이로 이사하기 전까지 중국 여러 지역에서 살았다고 했다. 우리는 보고서 과제와 그 밖의 것들에 대해 이야기를 나눴다. 낸시는 학창 시절에 써내는 전형적인 보고서는 자기 포부를 밝히는 계획서와 비슷하다면서, 학생들이 얼마나 목표를 크게 잡고 얼마만큼 열심히 노력하는지 자세히 설명했다. 보통 역사적 인물을 본보기로 삼아 성공하겠다는 의지를 표현한다고도 했다. 낸시가 존경하는 인물은 한나라의 학자 광형匡衡이었다.

광형은 어린 시절 집안이 가난해서 밤에 등잔불을 켤 형편이 못되었다. 공부할 시간이 아깝다고 생각한 광형은 자기 집 벽에 구멍을 뚫어 잘사는 옆집에서 불빛이 들어오게 했다. 그는 이 한줄기 빛에 의지해서 밤새 공부했고 결국 뛰어난 학자가 되었다. 낸시는 시인 이백李白도 좋아한다고 했다. 이백은 당나라 때 시인으로 〈봄날 취했다 깨어(春日醉起言志, 춘일취기언지)〉와 같은 유명한 한시를 지었다. 그 역시 어린 시절부터 다독해서 10세 무렵부터 시를 짓기 시작했다. 중국 어린이들은 이와 같이 유년 시절부터 학문에 매진한 위인들의 이야기를 들으면서 자란다.

중국인들이 학문을 중시하는 것은 공자의 영향이다. 공자는 기원전

6세기에 활동한 고대 사상가로 중국인의 유교적 사고방식에 막대한 영향을 끼친 인물이다. 공자는 학문을 갈고 닦는 것이 미덕이라고 여겼고, 배움은 자아를 완성하기 위해 누구나 노력해서 도달해야 하는 목표라고 설파했다. 따라서 어려움이 있더라도 포기하지 않고 열심히 노력하는 것이 무엇보다 중요하다고 강조했다. 그 과정에서 깨달음을 얻을 뿐만 아니라, 배움은 도덕적이고 선량한 인간이 되는 첫걸음이기 때문이다.

공자 이야기는 내가 로니와 대화하다 우연히 알게 된 것이다. 로니는 중국에서 학교를 졸업한 뒤에 지금은 캐나다에서 개인교습 사업을 하고 있는 생각이 깊은 청년이다. 우리는 시끄러운 카페에 앉아 도덕 교육이 나라마다 어떻게 다른지에 대해 이야기를 나누고 있었다. 그러다 내가 중국에서 도덕성과 모범생을 어떻게 정의하느냐고 물었다. 로니의 대답을 듣고 나는 내심 놀랐다. "자기 수양과 성실함은 기본이고, 당연히 공부를 잘해야죠. 그런 학생이 모범생이에요."

당시에는 이 말을 잘 이해할 수 없었다. '도덕성'과 공부는 전혀 상관없는 개념이라고 생각했기 때문이다. 내가 생각하는 도덕은 남들을 대하는 태도처럼 예의의 개념에 더 가까웠다. 하지만 차츰 중국 사람들이 서양 사람들보다 도덕을 광범위하게 이해한다는 사실을 알게 되었다. 진 리는 공자의 가르침이 아직도 오랜 학문적 전통으로 남아 있다고 설명한다. "사람은 배움을 통해 더 총명해질 뿐만 아니라 더 선량해진다. 학문의 목적은 궁극적으로 자기를 완성하는 동시에 타인을 돕는 것이다."[149]

도덕성의 목표가 자기완성이라면 다소 억울할 수도 있겠지만, 어떤 사람들은 타고난 학습능력에 노력을 더해 자기완성에 이른다. 하지만 유교 문화에는 또 다른 공자의 가르침도 남아 있다. "배움에는 차별이 없다. 누구나 출신이나 사회적 지위와 상관없이 배움을 추구하고 배움을 완성할 수 있다."[150] 중국 학생들의 성장형 사고방식은 이처럼 학문을 중시하는 유교 문화에서 온 것으로 보인다.

학부모와 교사

그렇다면 중국 아이들은 유교사상의 전통을 어떻게 물려받을까? 앞서 우리는 아이들이 어릴 때부터 학문에 힘쓴 유명한 학자들의 이야기를 듣고 자라며, 축하 카드에도 목표 달성 자체보다 목표를 이루기 위해 노력한 과정을 더 중시하는 메시지를 담는 문화를 확인했다. 이 외에도 아이들과 가장 많은 시간을 보내면서 지능과 노력의 가치에 대해 가르침을 주는 어른들이 있다. 바로 교사와 부모이다.

중국 교사들을 만났을 때 내가 그들에게 영국과 미국의 교육제도에 대한 의견을 물어보자 눈에 띄게 어색한 상황이 연출된 적이 두 번 있었다. 두 번 다 듣기 좋은 평가가 아니었기 때문이다. 먼저 수학 교사인 웬디는 상하이 교육제도를 본보기로 삼으려는 영국 정부의 초청을 받아 2주 정도 영국에서 학생들을 가르친 경험이 있었고, 리나는 1년 동안 미국에서 학생들을 가르친 경험이 있었다. 내가 그들에게 각자 경험한 수업이 어땠는지 소감을 물었더니, 두 사람은 교사들이 수업에 쏟는 노력이 인상적이었고 아주 즐거운 경험이었다고 말한 다음 약간 주저하더니 이런 이야기를 해주었다. "그런데 한 가지 이해하기 힘든 점도 있었어요. 영국 선생님들은 학생들에게 수준별로 숙제를 따로 내주더라고요. 어떤 학생은 굉장히 쉬운 수학 문제를 숙제로 받고요. 같은 수준으로 공부시키지 않는데 그 학생이 어떻게 수업을 따라가죠?" 이 질문을 받았을 때 나는 만화 주인공 심슨의 대사가 떠올랐다. "그러니까 우리는 공부 잘하는 애들을 따라잡아야 하는데 걔들보다 더 천천히 공부하라는 말인가요? 말도 안 돼요!"

중국에서 내가 참관한 수업에서 학생들은 모두 똑같은 문제를 풀어야 했다. 쉽게 푸는 학생들도 있었지만, 어려워하는 학생도 쉬운 문제를 풀거나 교사의 도움을 받아 별도로 문제를 푸는 경우는 없었다. 물론 어렵다고 느끼는 학생들은 수업 중이나 후에 교사가 따로 봐주기도 했지만, 그 아이들도 모두 수업을 따라가려고 노력하고 있었다. 교사들은 포기하지 말고 어려운 문제에 도전하라고 아이들을 격려했고, 충분히 노력하면 누구나 해낼 수 있다고 용기를 주었다.

교사가 칭찬하는 방식도 달랐다. 진 리는 자신의 경험을 이렇게 밝혔다. "학창 시절 내내 학교에서 퀴즈나 시험을 치고 나면, 교사들은 1등이 아니라 성적이 가장 많이 오른 학생을 일으켜 세워서 반 친구들에게 박수를 받게 했다."[151] 캐럴 드웩은 성과보다 과정을 더 칭찬하는 것은 아이들에게 성장형 사고방식을 길러주는 가장 효과적인 방법이라고 설명한다.[152] 이 책에서 소개하는 다른 나라의 수업 방식도 마찬가지지만, 그렇다고 내가 갑자기 영국 교실에 중국식 수업을 도입해야 한다고 주장하는 것은 아니다. 학년이 올라갈수록 점점 뒤처지는 아이들과 영어를 배운 지 얼마 되지 않는 아이들이 한 반에서 공부하는 영국의 경우는, 모두에게 똑같은 과제를 주는 수업이 바람직하지 않을 수도 있다. 게다가 이미 고착형 사고방식에 익숙해진 아이들은 노력하는 학생이라며 공개적으로 칭찬을 받으면 오히려 창피하게 생각할 수 있다. 영국과 같은 교육제도에서 자란 아이들은 열심히 노력하는 것을 타고난 능력이 부족하다는 의미로 받아들이기 때문이다. 중국과 같은 방식은 교육을 시작하면서부터 바로 적용해야 효과를 얻을 수 있다.

그래서 중국 학부모들은 자녀교육을 할 때 초지일관 이런 자세로 임한다. 중국 학부모는 자녀의 성공을 과소평가하는 경향이 있다. 그들은 부모의 역할이 자녀에게 노력을 강조하는 것이며 성과를 강조하면 배우려는 동기가 약해질 수 있다고 생각하기 때문이다. 마찬가지 이유로 그들은 자녀의 실패를 더 부각하는 편이지만, 서양 사람들이 짐작하는 것처럼 가혹한 방식은 아니다. 영국이나 북미에서는, 흔치 않은 경우지만 만약 부모가 자녀의 실패를 지적하면 특히 아이들이 자존심에 큰 상처를 받는다고 생각한다. 왜냐하면 서구 문화에서는 아이들이 타고난 것은 변하지 않으며, 따라서 이유가 무엇이든 실패를 지적하면 그 상처가 영원히 남아 아이들이 자신을 실패자로 인식하게 된다고 생각하기 때문이다. 따라서 서양 사람들은 보통 아이의 약점을 인정하는 대신 긍정적 특성을 칭찬한다. "넌 참 똑똑하구나!"

로니가 캐나다에서 수학 과외를 할 때 경험했던 동서양의 차이를 짐짓 부풀려 말했을 때 나는 웃을 수밖에 없었다. "아시아 학생이 수학 문제를 틀리면 우린 그냥 대놓고 틀렸다고 말해요. 하지만 미국이나 캐나다 학생이 틀리면 창의적이라고 포장해 줘야 하죠."

동양 문화권의 학부모들은 자녀의 실수나 실패를 지적할 때 오직 아이가 성장하고 발전하는 데 도움이 되기를 바란다. 응Ng과 동료들은 학업 성과에 대한 부모의 반응이 어땠는지 아이들에게 직접 물었다. 중국 아이들은 미국 아이들에 비해 부모의 반응을 부정적으로 평가하는 비율이 낮았고, 실패하고 나서 부모가 더 많이 개입했다고 응답했다. 즉, 미국 부모에 비해 중국 부모는 실수로부터 배우라고 아이들을 격려하면서 자녀교육에 더 적극적으로 관여했다.[153] 중국 부모들은 냉정하지도 않았지만,[154] 부적절한 칭찬을 남발해서 자녀의 자존감을 높이는 일에도 그다지 관심이 없었다.

가끔 내가 중국의 교육제도를 연구하고 있다고 이야기하면, 사람들은 '문화가 이렇게 다른데 서양 사람이 중국에서 뭘 배울 수 있느냐'는 질문이 되돌아온다. 그럴 때마다 나는 중국이라서 가능한 제도나 관습도 있지만 서양에 적용할 만한 것들도 있다고 대답하곤 했다. 하지만 우리가 중국 문화 자체에서 배울 점도 많다고 여기서 분명히 밝히고 싶다.

우선 어린 자녀를 둔 부모나 초등학교 교사들은, 친절과 정직 같은 전통적인 덕목과 함께 성실성과 끈기, 어려움을 이겨내는 회복력 등 배움의 중요성을 가르쳐 아이들의 성장을 도모할 수 있다. 그리고 아이들이 똑똑하거나 영리하다고 칭찬하는 대신, 아이들의 노력과 공부하는 방법에 더 관심을 집중할 수 있다(나도 안다, 힘든 일이다). 또한 아이들이 실수로부터 배울 수 있도록 격려하고 스스로 성장하는 방법에 대해서도 조언을 아끼지 않는다면, 아이들의 부족한 점을 지적할 때 너무 염려하지 않아도 될 것이다.

가오카오, 콴시, 이주민 자녀들

千军万马过独木桥

천군만마가 외나무다리를 건너다. (중국 속담)

안젤라는 매일 밤 숙제를 하느라 서너 시간을 보냈고 주말에도 중국어, 영어, 수학, 노래와 농구 수업을 들었다. 안젤라는 쉴 시간이 거의 없었다. 자녀교육에 엄격한 동양의 타이거 맘tiger mom, 즉 자녀에게 온갖 과외수업을 듣게 하고 모든 방면에 최고가 되도록 몰아붙이는 학부모에 대한 이야기를 들은 적이 있었지만, 안젤라의 빡빡한 스케줄을 보니 새삼 놀라울 따름이었다. 더구나 제니는 내가 생각하던 타이거 맘과는 정반대 성향이었기에 놀라움은 더했다. 내 상상 속의 타이거 맘은 뾰족구두 차림에다 자녀에게 지나치게 엄격하고 냉정할 뿐만 아니라 자녀의 어리광을 절대 받아주지 않는 그런 모습이었다. 하지만 제니는 단화를 신고 머리띠를 두른 수수한 차림새였고, 자기 딸이 착하다고 칭찬하고 '너무 보고 싶을까 봐' 해외 유학을 반대하는 엄마였다. 어느 날 학교수업을 마치고 집에 오는 길에 제니가 건물 입구에 멈추더니 우편함에서 뭔가를 꺼냈다. 제니가 안젤라를 위해 깜짝 선물로 주문한 가수 테일러 스위프트의 티셔츠 두 장이 도착해 있었다. 제니는 타이거 맘과는 거리가 먼 엄마였다. 그런데도 안젤라가 쉴 틈이 없는 건 왜일까? 제니가 저녁 식사를 준비하면서 내게 이유를 설명해 주었다.

"모두들 그렇게 학원에 다니거든요. 안젤라만 안 보내면 다른 친구들보다 뒤처질까 봐 불안하게 생각해요." 냉장고 문을 닫으면서 제니는 말했다. "하지만 이유는 또 있어요. 명문 고등학교에 진학하고 대학 입시에서 좋은 성적을 받아서 좋은 대학에 들어가기 위해서 다들 열심히 하는 거예요." 그러고는 고개를 저으며 안타까워했다. "하지만 스트레스가 너무 심해요. 상하이 학생들은 너무너무 불쌍해요."

천군만마가 외나무다리를 건너다

가오카오高考는 중국 학생들이 18세가 되면 치러야 하는 일종의 대학수학능력시험을 말한다. 대입 수험생들은 이틀에 걸쳐 아홉 시간 동안 여러 과목의 필기시험을 치게 되는데, 중국어와 영어, 수학은 필수이고 과학이나 예술 과목 중 선택할 수 있다. 중국 학생들에게 이 시험의 중요성은 아무리 강조해도 지나치지 않을 정도이다. 특별 전형으로 대학에 입학하는 극소수를 제외하면, 학생들은 오로지 가오카오 점수만으로 대학과 학과를 선택할 수 있다. 학생이 어느 대학에 입학하느냐에 따라 졸업 후 어떤 직장을 잡을지 결정되고, 그에 따라 벌어들이는 수입과 생활방식까지 결정된다.

심지어 좋은 대학에 들어가면 결혼에서도 직접적으로 유리한 조건을 갖추게 된다. 나는 상하이 인민공원을 지나다 우연히 '인민공원 맞선각people's park blind-date corner'이라는 중매 시장이 열리는 광경을 목격했다. 부모들이 자녀의 이력(나이, 직업, 소득, 학력, 띠 등)을 적은 종이를 들고 거리 양쪽에 늘어서서 당사자들을 대신해 맞선을 성사시키려는 모습이었다. 가오카오 점수가 변변치 않으면 좋은 배우자를 찾을 확률이 급격히 줄어든다. 그래서 도박하는 심정으로 허위로 이력을 꾸미는 경우도 흔하다고 한다. 지난해 허난성에서는 가오카오 시험 감독관이 시험장 위에 드론을 띄워 스마트폰 수신을 차단해야 할 정도였고, 해마다 일부 수험생은 거액을 주고 전문가에게 대리 시험을 의뢰하기도 한다.

매년 900만 명이 넘는 수험생이 가오카오에 응시한다. 오랫동안 성공에 이르는 유일한 길이라고 인식되어 온 대학입시를 통과해 대학에 진학하는 학생은 700만 명 미만이며, 그 가운데 명문 대학에 입학할 자격을 얻는 학생은 수천 명에 불과하다. 따라서 가오카오를 '천군만마가 외나무다리를 건넌다'고 표현하게 된 것이다. 가오카오 시험은 1952년부터 시행되었지만, 일생일대의 시험에 합격해서 하루아침에 명예와 부를 보장받는 중국의 전통은 수천 년을 거슬러 올라간다. 당나라 중기에 시작된 과거시험이 국가 관직에 나가는 가장 빠른 경로였다. 낸시가 학교에서 배운 역사 속의 인물들도 과거시험에 합격하고 출세하기 위해 집 벽을 뚫고 고전을 암송했던 것이다. 유교사상에서 학문에 힘쓰기를 강조하는 전통은 1,000년 이상 지속되었고 지금까지 남아 있다. 중국 학생들이 열심히 공부해야 한다는 부담을 심하게 느끼는 것도 그리 이상한 일이 아니다.

중국 학부모들 역시 자녀의 학업성취에 높은 기대를 하고 때때로 학교 성적에 불만을 표시하며 부담을 준다.[155] 심지어 맞벌이하는 부모를 대신해서 손자녀를 지극 정성으로 돌보는 조부모들도 기대가 높다. 여러모로 긍정적인 현상이지만, 어른들의 관심은 아이들의 학업 스트레스가 한층 더 심해지는 이유이기도 하다. 특히 중국에서는 한 자녀 정책의 영향으로 집집마다 아이 한 명이 어른 네 명의 기대를 한 몸에 받는다. 나는 비교적 자유로운 분위기의 가정에서 형제자매들과 부대끼며 자랐기 때문에 중국 아이들의 부담감이 얼마나 클지 상상조차 할 수 없지만, 상하이 어느 학교에서 영어 독후감 동아리방 한쪽 벽에 붙어 있는 시를 읽으면서 마음이 아팠다. 10세 여학생이 쓴 '시험'이라는 제목의 시였다.

시험은 다 잘 쳐야 하는데
난 지금 기절할 것만 같아!
중간고사를 망쳐
할머니는 어질어질
할아버지는 버럭
이게 꿈은 아니겠지
내가 정신이 나갔나 봐
선생님이 쌀쌀맞네
내가 멍청이라고 생각하나 봐
반 친구들이 괴롭히진 않아
그냥 짓궂게 놀려댈 뿐

정말 싫은데

불호령에다 긴 한숨 소리

빨리 어른이 되면 얼마나 좋을까

뭐든 잘할 수 있을 텐데

이제부터 시작이야

놀지도 못하고

공부만 죽어라고 해야 할 거야

우리도 달리 방법이 없어요

치열한 경쟁을 뚫고 최고 명문 대학에 들어가야 하기 때문에 상하이 학생들의 학업성취도는 매우 높지만, 내가 만나본 부모들은 모두 자녀가 학업에 매달려야 하는 현실을 안타깝게 생각했다. 내가 영국에 돌아와 이 책을 쓰는 동안에도, 안젤라의 엄마 제니는 내게 이메일을 보내왔다. 두 번째 문단에는 이렇게 쓰여 있었다. "올 겨울 중국은 아주 춥네요. 오늘은 상하이에 30년 만에 최고 한파가 닥쳤어요. 다행이 겨울 방학이라 학교는 안 가지만, 안젤라는 수학 학원에 가야 해요. 중국 학생들은 정말, 정말 불쌍해요. 하지만 상황을 바꿀 힘이 없네요."

나는 미셸이 소개해 준 친구네 집에서 일주일 동안 지낸 적이 있었다. 6세 아들을 둔 라예라는 친구였는데, 그녀는 개인적 경험을 내게 털어놓으면서 자기도 학창 시절에도 공부 때문에 힘들었지만 어른이 된 후에도 부모의 높은 기대는 사라지지 않는다고 했다. "부모님

마음에 드는 딸이 되기는 굉장히 힘들어요. 지금도 압박감을 아주 많이 느끼죠. 상하이로 직장을 옮겼을 때 이전 직장보다 연봉이 훨씬 올랐는데도, 우리 부모님은 만족하지 않으셨어요." 라예는 아들에게는 그런 부담을 주기 싫다고 했다. 미셸도 제니도 그런 말을 했고, 에린이라는 다른 친구도 마찬가지였다. 하지만 엄마들 모두가 그러기에는 중국의 교육 환경이 여의치 못하다는 현실도 인식하고 있었다. 라예의 아들 알렉산더는 우쿨렐레 연주를 곧잘 했다. 동네 커피숍에서 엄마들과 아이들 교육 이야기를 하다가 내가 농담 삼아 물어보았다. "알렉산더가 학교 시험에서 매번 낙제하더라도 나중에 유명한 우쿨렐레 연주자가 되어서 음악가로 아주 큰 성공을 거두면 기쁘시겠어요?"

라예는 웃음을 터뜨렸다. "내 생각엔 그것도 좋을 것 같아요. 중국 부모들은 아이가 어릴 때는 대부분 별로 걱정을 안 해요. 하지만 글쎄요, 정말 내 아들이 학교에서 낙제하고 선생님한테 불려가는 상황이 되면, 어떻게 될지 장담은 못 하겠네요. 학교에서 교사들을 닦달하니까 교사들도 학부모들을 압박할 수밖에 없어요."

"어떻게 압박을 해요? 교사들이 학부모에게 어떤 식으로 하나요?" 내가 다시 물었다.

"SMS!" 옆에 있던 에린이 중국어로 설명하기 시작했다. 라예가 통역해 준 내용은 이랬다. "SMS(문자 메시지)가 와요. 매일 한 열 통씩 문자 메시지가 들어와요. '당신 아이가 시험을 망쳤다. 숙제를 좀 점검해 달라' 이런 내용으로요."

에린은 테이블 위에 놓인 내 커피 잔을 한쪽으로 치우더니 팔을 뻗어 자기 휴대폰에 있는 메시지를 내게 보여주었다. 중국어를 읽을 수는 없었지만, 에린이 아들의 담임교사와 주기적으로 문자 메시지를 주고받은 것을 확인할 수 있었다. 문자는 주로 교사가 보내는데, 주로 아들이 숙제를 제대로 하는지 집에서 잘 지도해 달라는 내용이라고 했다.

사실 교사가 이렇게 문자로 압박하지 않더라도 명문 대학과 고소득 직장으로 이어지는 유일한 성공 척도인 가오카오가 존재하는 한, 중국 학부모들이 자녀의 학업성취에 많은 관심을 쏟을 수밖에 없다. 상하이에서 지내는 동안, 나는 사람들에게 왜 성공에 이르는 경로가 공부뿐인지, 어째서 모든 군사가 외나무다리로만 건너야 하는지 물어보았다. 몇몇 명문 대학만이라도 가오카오 점수 이외에 학생들의 사고 과정과 열정을 확인하기 위해 면접을 실시하거나, 다른 유형의 시험과 기준을 보다 폭넓게 적용하면 되지 않을까?

사실 중국 정부도 이런 시도를 준비하고 있었다. 내가 영국에 돌아오고 몇 주 뒤에, 중국 공산당이 청소년들의 입시 부담을 줄이는 방향으로 가오카오를 개편하겠다고 발표했다.[156] 개정안에 따르면 앞으로는 학생들이 중국어, 수학, 외국어(영어 이외에도 선택 가능) 등 필수 과목을 준비하고, 선택 과목으로는 지금처럼 예술과 과학 중에 택일하지 않고, 7개 과목 중에 3개 과목을 선택할 수 있게 된다. 그리고 시험 횟수도 두 번으로 늘려 그중에서 높은 점수를 선택할 수 있다. 그뿐만 아니라 대학에서도 신입생을 선발할 때 도덕성 기준, 예술성 함양, 사회 활동 등 교과목 이외의 영역도 평가 대상에 포함하기로 했다. 선택 과목을 늘리고 재시험 기회를 보장해 수험생의 부담이 줄어들 것이라는 평가도 있지만, 한편에서는 가오카오 점수의 비중을 줄이면 입시의 공정성이 무너질 수 있다는 우려의 목소리도 나오고 있다.

로니도 같은 생각을 하고 있었다. "정부가 진짜로 대학에 자율권을 주려면 먼저 투명성을 확보해야 해요. 지역에 따라 입시를 공정하게 관리하기가 힘들 수도 있으니까요. 변방으로 갈수록 입시 부정이 판치게 될 거고, 부잣집 아이들이나 시장 아들처럼 배경이 있는 학생은 쉽게 대학에 들어가겠죠."

그동안 몇 차례 입시 제도를 개혁하려는 시도가 있었지만 중국이 오랫동안 변함없이 전국 일제 고사의 형태로 대학입시를 운영해 온 이유는, 현행 제도가 가장 공정하기 때문이었다(대리 시험을 적발하고 시험 감독을 제대로 한다는 전제로). 유감스럽게도 중국 대학은 입시 부정이 심하다. 2015년 한 해 동안에만, 52명의 고위 관리가 입시 관련 법률과 법규 위반으로 처벌받았고, 합격 청탁과 관련한 뇌물 수수는 또 다른 문제였다. 대학입시가 더 세분화되면, 대학 관계자들과 마찬가지로 정부 관료들도 '꽌시關係'라는 문화적 관습을 빌미로 청탁을 더 많이 주고받게 될 것이다.

꽌시와 입시 청탁

꽌시는 흔히 '관계' 혹은 '인맥'으로 번역되지만 이들 단어로는 꽌시의 복잡하고 광범위한 문화적 배경을 설명할 수 없다. 중국 문화의 밑바탕인 꽌시는 공사를 막론하고 서로 도움이 되는 사람들 사이의 관계를 뜻한다. 중국은 정부나 관공서가 개인에게 재정적으로나 법률적으로 필요한 도움을 주지 않는 경우가 많고, 그럴 때일수록 인맥이 더욱 빛을 발한다. 대가족의 전통도 콴시 문화를 형성하는 데 영향을 미쳤으며, 학교 동문이나 직장 동료 선후배 사이에 호의로 선물을 주고받으면서 인맥을 유지하는 것도 가족주의의 확장이다. 중국인들은 상대방이 호의를 베풀었을 때 반드시 갚지 않으면 체면이 손상된다고 생각하며 용서할 수 없는 일로 받아들인다. 따라서 명문 대학의 입학 담당관이 학교 동창의 도움을 받은 적이 있으면, 그 동창이 나중에 자기 조카를 입학시켜 달라고 부탁할 때 거절하기 힘든 입장이 되는 것이다.

초등학생 자녀가 있다면 콴시를 이용해 원하는 학교에 보내기가 훨씬 수월해진다. 공식적으로는 '입시 명문 학교', 즉 국가에서 교사와 자원을 우선적으로 배정하고 '우수'한 학생을 선발하도록 허용한 학교가 사라지고 평준화되었지만, 여전히 우수한 학생들을 배출하는 학교가 존재하며 학교 형태에 따라 적용받는 규정도 천차만별이다. 공식적으로 상하이에서 초등학교를 졸업한 아이들은 자기가 사는 지역에 있는 중학교로 진학하고, 학교도 근거리 우선 배정을 원칙으로 한다. 하지만 적절한 타이밍에 교사에게 선물을 하거나 교장에게 값비싼 저녁식사를 대접하면 자녀가 더 좋은 중학교에 배정받을 확률이 높아진다.

또한 경제력을 기준으로 비교적 공식화된 절차에 따라 학교를 배정받는 경우도 있다(수준 높은 학교 근처에 부자 동네가 형성되기 때문이다). 일반적인 학교는 자기 지역 학생들만 뽑을 수 있지만 '지차제 시범학교'는 상하이 전역에서 학생을 모집할 수 있다. 이런 학교는 외지에서 오는 학생들에게 '학교 선택 수수료'를 최대 4,400달러(515만 원)

까지 받을 수 있다. 물론 콴시에 소요되는 선물비용을 추가로 마련하지 못하면 자녀의 입학 확률이 떨어질 수 있다.[157] 이제 중국에서 교사가 학부모에게 자녀의 공부에 관심을 가지라고 문자 메시지를 보내서 압박하는 또 다른 현실적인 이유를 알 것도 같다. 학교의 명성을 독보적으로 유지하고 계속해서 '학교 선택 수수료'를 거둬들이기 위해서는, 재학생들이 예비 학부모들에게 자랑할 만한 성적을 유지하는 것이 관건이다.

이와 같이 공식적이든 혹은 비공식적이든, 정책과 문화가 결합해서 결과적으로 우수한 성적을 거두는 학교에는 재력과 인맥이 있는 가정의 자녀들만 입학하는 구조가 형성되었다. 따지고 보면, 사회·경제적 배경에 따른 상하이 학생들의 PISA 점수의 분산 비율이 OECD 평균을 훨씬 웃도는 결과가 나타난 것도 당연한 일이었다(집단 간 또는 집단 내 점수 차가 적다는 의미—옮긴이). 상위 15개 국가 가운데 싱가포르에 이어 2위였고 영국과 미국보다도 분산 비율이 높았다. 무엇보다 이 현상은 상하이에서만 나타났다. 만약 중국 전역을 조사했다면 이만큼 높은 수치가 나오지 않았을 것이다.

상하이는 중국 전체를 대표하는 도시가 아니다. 로니가 내게 해준 말을 재차 옮기려 한다. 로니는 상하이 출신이 아니라 내몽골에서 고등학교까지 마치고 대학을 상하이에서 다녔기 때문에 두 지역의 차이를 잘 알고 있는 사람이다. 그는 차분하게 내게 당부했다. "상하이는 정말 예외라고 알려드리고 싶어요. 중국의 다른 지역들과는 사뭇 다르거든요. 처음부터 잘사는 지역이고 좋은 학교도 많습니다. GDP도 대단히 높은데, 시험 성적과도 상관관계가 있을 거예요. 상하이는 중국에서도 손꼽히는 국제도시입니다."

"많은 사람이 PISA 결과만 보고 상하이가 중국을 대표한다고 오해할 수도 있어요. 중국이 공부를 상당히 잘한다고 말이죠. 다른 대도시들과 비교해 보면 그 말도 어느 정도는 맞지만, 지역 격차도 엄청납니다. 친구 중에는 13세 때 중국 북동부에서 상하이로 전학 온 친구들도 있어요. 그 친구들은 문화 충격을 경험하죠. 적응하는 데 몇 년이 걸려요. 그리고 상하이 학교 제도가 선진적이라고 굉장히 감탄해요."

내가 물어보았다. "그 친구들은 어떻게 공립학교에 들어갔죠?" 내가 이 질문을 한 이유는 중국에는 '후커우戶口'라는 거주지 등록 제도가 있어서 자기가 살고 있는 지역에서만 공립학교를 다닐 수 있다고 알고 있었기 때문이다. "혹시 꽌시 덕인가요?" 나는 새로 배운 단어를 써서 로니에게 다시 물었다.

"맞아요. 친구들은 이주노동자 가정 출신이 아니라 부모가 사업가나 대학교수였을 거예요. 그래서 부모님이 상하이에 후커우가 있거나 아니면 부모님 직장에서 편의를 봐주고 상하이 공립학교에 다닐 수 있게 손써 줬겠죠."

후커우와 이주민 자녀들

처음 후커우 이야기가 나온 것은 파리풍 카페에서 낸시와 이야기를 나눌 때였다. 낸시는 자기 부모님이 처음에 자기와 남동생을 할머니에게 맡기고 먼저 상하이로 이주했다고 했다. 낸시네 가족은 원래 상하이 출신이 아니었기 때문에 상하이 후커우가 없었고, 그래서 낸

시도 상하이에서 공립학교를 다니지 못할 뻔했다고 했다. 중국에서는 부모가 다른 도시로 이주하려면 선택을 해야 한다. 자녀를 고향에 남겨두거나 아니면 함께 도시로 이주해서 학비가 저렴한 사립학교에 보내거나 둘 중 하나였다. 다행히 최근에 상하이시가 타 지역으로부터 이주해 오는 학생들도 공립학교에 다닐 수 있도록 허용하는 정책을 마련했지만, 여전히 공립학교를 운영할 여력이 없는 상하이 외곽 지역에는 이주민 자녀들이 다니는 학교가 남아 있다.

나는 상하이 외곽 지역에 위치한 이주민 초등학교에서 일주일 동안 4학년과 5학년 아이들에게 영어를 가르쳤다. 수업 환경은 그리 나쁘지 않았다. 교사들도 열의가 넘쳤고 교과서를 사용하거나 교실마다 설치된 커다란 TV에 연결해 파워포인트로 수업 자료를 보여주기도 했다. 문제는 공립학교에 비해 열악한 학교 시설이었다.[158] 예를 들어, 화장실은 바닥에 긴 배관형 변기를 세 개 놓고 칸막이로 구분해 놓은 게 전부였다. 문도 없었고 학생과 교직원 구분 없이 사용해야 했기 때문에 나는 되도록 화장실을 가지 않으려고 최대한 음료수를 자제했다. 알고 보니 이곳 교사들 가운데 공립학교 교사와 같은 자격을 가진 사람들은 환경과 보수가 더 나은 공립학교로 옮기기를 고대했다. 학생들의 영어 실력도 교육과정에서 정한 수준보다 훨씬 떨어졌다. 내가 맡은 수업은 4학년과 5학년이었지만 수업을 시작한 지 15분 만에 준비한 수업계획서가 아무 소용이 없다는 사실을 알게 되었다. 아이들은 영어 동사를 거의 몰랐고 시제는 더더욱 몰랐다.

이 학교에 다니는 학생들은 상하이 '거주 허가증'을 받은 이주 가정의 아이들이라고 들었다. 거주 허가증을 받으려면 상하이에 정규

217

직장과 주거지가 확실해야 하고 사회보장연금을 최소 6개월 이상 납부한 내역을 증명해야 한다. 한편 상하이에 이주한 노동자들은 임시직이거나 주거지가 일정하지 않으면 '임시 거주 허가증'만 받고 일하는 경우도 많다고 한다. 이런 사람들은 고향에 자녀를 홀로 남겨두거나 조부모 손에 맡기고 돈을 벌기 위해 상하이에 왔을 것이다. 중국에는 이렇게 부모와 떨어져 사는 아이들이 600만 명에 이른다.

상하이 거주 허가증을 받고 온 가족이 이주한 경우, 부모는 초등학생 자녀를 공립학교나 인가받은 사립학교에 보낼 수 있다. 하지만 정식 후커우가 없으면 거주허가증이 있다고 해도 상하이에 있는 고등학교 입학시험에 응시할 수 없다. 따라서 자녀를 고등학교에 보내려면, 늦어도 중학교 3학년 때는 다시 고향으로 돌아가서 지역별 고교 입시를 치르게 해야 한다.

잔 하이터Zhan Haite도 이런 상황을 겪은 젊은이이다. 잔은 4세 때 가족이 상하이로 이주한 뒤로 줄곧 상하이에서 살았다. 하지만 부모가 후커우 소지자가 아니라는 이유로, 14세가 되자 부모님 고향으로 돌아가서 고등학교에 진학하거나 중학교만 마치고 상하이에 남는 것 중에 선택해야 하는 상황에 놓였다. 잔은 가족과 떨어져 지금은 아무 연고도 없는 타지에서 혼자 학교를 다니고 싶지 않았기 때문에, 남들과는 다른 선택을 했다. 그녀는 상하이에 남기로 결심하고 고등학교 과정을 독학으로 공부했고, 이주가정 자녀의 권리를 주장하는 의견을 웨이보(중국 트위터)에 올려 대중의 관심을 끌었다. 2012년 6월 8일, 잔은 '고등학교 입학시험을 칠 권리를 달라'는 슬로건을 들고 찍은 자신의 사진을 웨이보에 올렸고, 얼마 후 이주민 자녀들의 상하이 고등학교 입학을 반대하는 사람들에게 상하이 교육위원회가 지켜보는 가운데 이 문제를 토론해 보자고 제안했다. 오래전부터 같은 문제를 제기하고 입시 제도를 공정하게 운영하자고 요구하는 움직임이 있었지만, 상하이 정책 당국은 일부 제도를 수정해서 소수의 '자격 있는' 이주민 학생들만 상하이의 고등학교에 진학할 수 있도록 허용한 바 있다. 하지만 이 변화도 2009년과 2012년에 상하이가 PISA에서 눈부신 성과를 거둔 다음, 2013년이 되어서야 자리를 잡았다.

정책이 바뀌기 전까지 이주민 가정 학생들은 상하이에서 최저 학력 집단이었고 PISA 테스트에 응시하기 직전인 13~14세가 되면 상하이를 떠나야 했다. 2012년 상하이 관계 당국이 PISA에 제출한 자료에서 15세 학생 수가 이상하리만치 적은 배경에는 이런 정책이 있었다. 당시 상하이 전체 인구 201만 9,196명 중 15세 인구는 10만 8,056명에 불과했는데, 미국 브루킹스 연구소Brookings Institution의 톰 러브리스Tom Loveless는 총인구가 상하이의 절반 정도 되는 나라에서 15세 인구 수가 상하이처럼 10만 명 수준이라는 점에 주목했다. 상하이 총인구에서 이주민이 차지하는 전체 비중이 40퍼센트였고, 5세 인구 중에는 43퍼센트, 20세 인구 중에는 63퍼센트가 이주민인 데 비해 15세 인구 중에 이주민 비율은 27.7퍼센트밖에 되지 않았다.

최저 학력과 취약 계층의 학생들이 상당수 PISA에 응시하기 직전에 상하이를 떠났기 때문에 PISA 결과에 긍정적으로 작용했을 가능성이 크지만, 상하이를 떠나야 했던 이주가정 출신 학생들은 불이익을 감수해야 했을 것이다. 속임수를 쓴 것은 아니다. 상하이 관계 당국은 절차대로 테스트 당시 상하이에 거주하는 모든 15세 인구 중에서 대표 표본을 뽑았기 때문이다. 하지만 결과적으로는 이 논쟁적인 교육적 정책(현실적인 이유로 불가피했다고 하더라도) 때문에 점수가 눈에 띄게 상향되었을 가능성도 배제할 수 없다. 미국 인디애나대학 교육 대학원의 교수진에 따르면, PISA 테스트에서 이주민 학생들이 제외됨으로써 상하이 학생들의 수학 점수가 부풀려진 측면이 있다. 그들은 만약 미국 매사추세츠주에서 상하이와 비슷한 비율로 학력 수준이 낮은 아이들이 배제되었다면, 점수 차가 절반 이상 줄어들 것이라고 분석했다.[159]

최근에 상하이는 이주 가정의 자녀들을 공립학교에 받아들이고 일부 '자격 있는' 학생들에게 상하이 고등학교 입학을 허가해 주는 등 변화를 시도하며 이주민 학생들의 학습권 문제를 해결하고자 노력하고 있다. 하지만 이런 변화만으로 공정한 제도 개혁을 이루기에는(혹은 PISA 점수가 상하이 학생들의 진짜 실력을 대표하기에는) 역부족이다. 지금도 이주 가정의 자녀들은 부모가 '거주 허가증'을 받고 연령, 학력, 직업을 기준으로 120점 이상의 평점을 받은 경우에만 상하이에서 고등학교를 다닐 수 있다. 상하이가 지금처럼 거대도시로 성장하는 데는 저임금·저학력 노동자들의 역할이 필수적이었지만, 여전히 이들은 자녀에게 신분 상승의 기회라도 마련해 주려면 수백 킬로미터 떨어진 고등학교에 보내야 한다. 잔 하이터는 아직까지 상하이 고등학교 입학시험에 응시할 자격을 얻지 못했다.

KFC 치킨, 반복학습의 역설

井底之蛙

우물 안 개구리. (중국 속담)

학교에 가까워질수록 소리가 점점 커졌다. 내가 학교 뒤편 골목을 지날 때, 운동장 확성기에서 클래식 음악이 크게 울려 퍼졌고 학생들은 그보다 더 큰 목소리로 구호를 외쳤다. 이, 얼, 산! 모퉁이를 돌아 운동장에 들어서자 초등학생 수백 명이 밝은 주황색 체육복을 입고 줄을 맞춰 선 채로 군무를 추고 있는 모습이 눈에 들어왔다. 단상에 올라가서 발차기를 하고 팔을 휘돌리는 학급 회장들의 동작을 전교생이 그대로 따라 하고 있었다. 이것은 중국 초등학교의 아침 체조 광경이었는데, 여기서도 유난히 열심히 하는 아이들은 확실히 눈에 띄었다.

체조 음악이 끝나자 학생들은 팔을 앞뒤로 크게 흔들고 행진하면서 각자 교실로 들어가 수업 준비를 했다. 2학년 교실에 들어가니 아이들이 교탁을 향해 줄지어 앉아 있었다. 아이들은 영어 선생님을 기다리면서 학급 회장의 선창에 따라 영어 동요를 부르고 있었다('앞집 사는 개 이름 빙고라지요~'). 영어 교사가 교실에 들어와 아이들에게 인사한 다음, 오디오북으로 우물 안에 사는 개구리 이야기를 들려주며 수업을 시작했다.

어느 날 개구리의 친구인 새가 날아와 우물가에 앉더니 물었다. "얘 개구리야, 뭐가 보이니?"

개구리가 대답했다. "하늘이 보여. 하늘은 아주 작고 동그랗구나."

"아니, 아니야, 그게 아니란다! 하늘은 굉장히 넓어!" 새가 말해주었다(하필이면 새 목소리가 영국 상류층 억양으로 녹음되어 있었다).

중국에서 수업을 참관하고 교사들과 교육에 대해 이야기를 나누다 보니, 서양인이 바라보는 중국 교육은, 개구리가 우물 안에서 바라보는 하늘과 다를 바 없다는 생각이 들었다. 개구리는 자기 눈에 보이는 만큼이 하늘이라고 생각했고, 더 넓은 세상을 평생 본 적이 없기 때문에 하늘이 얼마나 넓은지 제대로 이해할 수 없었던 것이다. 앞서 10장과 11장에서 우리는 상하이 학생들이 PISA에서 좋은 성적을 거두는 이유를 문화와 사회적 맥락에서 살펴보았다. 이번 장에서는 좀 더 구체적으로 중국 학생들이 학교에서 무엇을 어떻게 배우는지, 중국의 교육제도가 선입견과는 어떻게 다른지, 그리고 학생들을 위해 교사들이 어떤 노력을 기울이는지 알아보기로 하자.

연구수업과 KFC

'우물 안 개구리' 이야기는 다른 교과목과 똑같이 40분짜리 수업으로 진행되었다. 수업이 끝나고 나면 아이들은 음악에 맞춰 '눈 운동'이라는 것을 했다. 5분 동안 눈을 감고 손으로 문질러서 혈액 순환이 잘되게 하고 안구 근육을 풀어주는 운동이었다. 내가 수업을 시작하려고 할 때 교실 스피커에서 귀에 익은 '이 얼 산' 구호가 흘러나오자 아이들이 눈 운동을 했던 적이 몇 번 있다. 초등학교 수업은 보통 오전 8시에 시작해서 오전에 4교시까지 한 다음 구내식당에서 점심을 먹고 오후에 3교시를 더 진행한다. 중학생이 되면 7시 30분부터 1교시를 시작해 오전에 5교시까지 마친 다음 오후에 4교시를 더 진행한다. 고등학생이 되면 가오카오 입시 준비에 돌입하기 때문에 학교에 따라서는 하루에 12교시까지 수업을 늘리는 경우도 있다.

방과 후에도 공부는 끝나지 않는다. 앞서 본 대로 상하이 학생들은 다른 나라 학생들에 비해 엄청나게 많은 분량의 숙제를 매일 해야 한다. 게다가 숙제를 하지 않고 빠져나갈 재간이 없다. 소피가 설명했다. "숙제를 다 못 해 가면, 학교에서 원래 분량보다 세 배 더 해야 해요. 그걸 다 하려면 저녁 7시까지 학교에 붙잡혀 있어야 하고요. 그리고 혹시 숙제를 했는데 깜빡하고 안 가져가도 똑같이 안 한 걸로 치기 때문에, 방과 후에 전부 새로 해야 해요."

한편 교사들은 수업을 많이 맡지 않는다. 한 반에 학생 수는 최대 50명이라서 다른 나라에 비하면 많은 편이지만, 교사들이 주당 12~15교시만 가르치기 때문에 서구권에 비해 수업계획과 채점에 더 많은 시간을 쓸 수 있다. 내가 영국에서 교사로 일할 때를 생각해 보니, 런던에서 예비 교사로 일할 때 나는 주당 22~25교시 정도 수업을 했었다(수업시간도 더 길었다). 일본이나 싱가포르와 마찬가지로 중국의 교사들도 나머지 시간에 같은 교과목을 가르치는 동료 교사들끼리 수업계획을 함께 연구했다. 또한 수업 참관에도 많은 시간을 투자했는데, 같은 학교의 동료 교사들 수업뿐만 아니라 지역 내 다른 학교나 타 지역 학교까지 수업 참관을 하러 간다.

어느 목요일 오후, 나는 주황색 체육복을 입고 아침체조를 하던 초등학교의 영어 교사 두 명과 함께 차로 20분 거리에 있는 다른 학교로 수업 참관을 나갔다. 그 학교에서 '연구수업'을 한다고 해서였다. 학교 주차장에 차를 대고 교실에 들어갔더니 벌써 20명 남짓한 교사들이 모여 앉아 있었다. 나는 속으로 학생들이 앉을 자리가 있을까 싶었지만, 교실 앞쪽을 보니 커다란 투명 스크린으로 경계를 쳐서 동료 교사들이 옆 교실에서 진행되는 연구수업을 참관할 수 있게 해놓았다. 그뿐만 아니라 앞쪽에는 TV도 있었는데, 수업하는 교실의 칠판과 교사와 학생들을 각각 클로즈업 화면으로 잡아 수업에서 진행되는 활동과 학생들의 반응까지 실시간으로 볼 수 있도록 만반의 준비를 갖추고 있었다.

연구수업 자체는 동원된 장비만큼 다채롭지 않았다. 학생들이 배운 부분은 《톰 소여의 모험》에서 톰이 친구들을 속여 대신 울타리를 칠하게 하는 단락이었다. 먼저 반 전체가 큰 소리로 내용을 읽은 다음 교사가 구절마다 설명을 하고 나면 다시 한번 읽었다. 교사가 이해도를 확인하는 질문을 하면 학생들이 배운 대로 대답했다. 개인적으로 상하이에 머무는 동안 '우물 안 개구리' 수업 네 번을 포함해서 꽤 많은 영어 수업을 참관한 듯한데, 학년에 따라 질문의 수준이 달라지기는 하지만 이 수업은 중국의 초등학교와 중학교에서 흔히 볼 수 있는 방식이었다.

과학 수업은 영어 수업보다는 조금 더 활동적이었다. 마찰을 이해하기 위해 나뭇조각을 책상에 문지르거나 자석으로 각종 금속의 자성을 점검하는 것처럼, 학생들이 직접 실험을 하면서 그날 배운 개념을 확인하는 방식이었다. 중국어 수업에서는 배운 내용을 여러 번 암송하는 과정을 중시했으며, 교사가 학생들에게 작가가 특정한 어구(또는 한자어)를 사용한 이유를 묻고 그 의도를 잘 파악하도록 가르쳤다. 내가 특히 주목한 수업은 수학이었다. 수학은 상하이 학생들이 유달리 높은 점수를 받은 과목이기도 하고(2012년 PISA에서 OECD 평균보다 119점 높았다. 119점은 학교교육으로 환산하면 3년 치와 맞먹는 점수이다),[160] 다른 교과목에 비해 수학 교사들의 수업 방식에 대한 연구 자료가 훨씬 많았기 때문이다.

수학과 다른 교과목에서 상하이의 교사들은 대체로 비슷하게 학교 수업을 하고 있었다. 영국이나 미국에 비해 교사에 따라 수업 방식이 크게 달라진다는 느낌은 없었다. 중국 교사들은 교사연수 과정에서 특정한 수업 방식을 습득한다. 말하자면 순서를 고려해서, 먼저 개념을 가르치고, 가르친 개념을 학생들의 수업 활동에 어떻게 적절하게 연결할지 생각하고, 새로운 내용과 학생들이 이미 알고 있는 내용을 연계하는 데 부족함은 없는지 돌이켜 보는 방식이다.[161] 교사들은 수업계획을 세울 때 이 순서를 함께 의논하며, 교과서도 이런 수업 방

225

식에 적합하도록 구성되어 있다. 어느 유명한 교장이 이렇게 하는 이유를 설명해 주었다. 부끄럽지만 처음에 나는 청바지에 회색 레저용 스웨터를 입고 교장실 소파에 앉아 있는 그를 그냥 지나쳤었다.

"수업할 때 교사가 개성을 살리면 좋죠, 경험이 충분하다면 말입니다. 하지만 먼저 일정 수준에 도달해야 해요. 수업 내용을 어떤 순서로 구성할지, 큰 주제부터 작은 주제로, 중요한 문제부터 사소한 문제로 진행할 줄 알아야 합니다. KFC에서 하는 것처럼!" 이 말을 하는 그의 눈이 반짝였다. "왜 KFC에서 파는 치킨은 모두 맛있을까요? 매장마다 일류 요리사가 있는 건 아니지만, 조리하는 표준 절차가 정해져 있지요. 교사들도 일단 정해진 절차와 기술에 익숙해지고 나면 좀 더 실험적인 방식을 시도해 볼 수 있을 겁니다."

시범과 직관

수학 수업에서 중국이 영국과 크게 다른 점은 '전체수업whole class teaching', 즉 교사가 교단에 서서 반 전체를 가르치는 데 시간을 많이 배분한다는 것이다. 전체 수업을 하려면 교사가 수업계획을 꼼꼼하게 짜야 하지만 일방적으로 가르치기만 하는 방식은 아니다. 보통 수학 교사는 한번 수업할 때 상당히 많은 문제를 학생들과 함께 푸는데(평균 50~120문제), 문제 풀이 과정에서 학생들의 의견을 많이 듣는다.[162] 학생들의 이해도를 가늠하기 위해 처음에는 일부러 쉬운 문제부터 풀고, 쌍방향으로 질문하고 대답하면서 점차 어려운 수학적 개념으로 발전시켜 나간다.

슐레펜바흐M. Schleppenbach와 동료 연구자들은 교사가 수업시간에 학생들의 대답에 어떻게 반응하는지 중국과 미국 교사들을 비교 연구했다. 그 결과, 학생이 틀린 답을 말했을 때 중국 교사들은 추가 질문을 더 하고 틀린 부분을 자세히 설명해 주는 반면, 미국 교사들은 틀렸다는 사실만 지적하고 넘어가는 경우가 많았다.[163] 또한 경력 많고 능숙한 중국 교사들은 대답한 학생과 상호작용할 뿐만 아니라 '이게 정답일까? 동의하는 사람? 다른 방법으로 풀어볼 사람?' 등 반 전체에 질문을 던져 다른 학생들도 문제풀이 과정에 함께 참여하도록 유도한 다음 처음 대답한 학생이 최종적으로 대답하도록 했다. 하지만 경력이 짧은 교사들은 그만큼 활발한 참여를 이끌어내지 못하고 처음 대답한 학생의 대답에만 반응하는 경향을 보였다.[164] 중국 교사들은 수많은 연구수업을 참관하면서 이런 능력을 체득하게 되는 듯하다.

중국의 수학 수업은 교사들이 먼저 본보기로 문제를 풀어준 다음 학생들이 연습문제를 풀어보는 방식으로 진행된다. 영국 요크셔에서 교사 연수차 상하이를 방문한 루크라는 교사는 이 과정을 '탁구'라고 표현했다. 교사가 문제를 먼저 푼 다음 학생이 연습문제를 푸는 과정을 계속 반복하는 모습이 탁구 경기와 비슷하다는 뜻이었다. 수업시간 동안 학생들이 개별적으로 문제를 푸는 시간은 그리 길지 않지만('과제 수업'과는 별개로), 수업 후에 숙제로 풀어야 하는 문제는 매우 많다. 교과서에도 학생들이 점진적으로 난이도 높은 문제에 도전할 수 있도록 연습문제가 수록되어 있다.

이렇게 연습문제를 많이 풀면 어떤 이점이 있을까? 나는 로니를 만났을 때 이 점에 대해 생각해 볼 기회가 있었다. 로니는 대학입시를 준비하기 위해 개인과외를 받으러 오는 학생들 중에 중국인과 캐나다인이 어떻게 다른지 이야기하던 중이었다. 가령 어떤 수에 대한 정보를 알려주고(예컨대 x는 소수, x는 56의 인수 등), 그 수를 구하라는 수학 문제가 있다. 로니는 이런 유형의 문제를 풀 때 캐나다 학생들에게 가장 효과적인 방법은 머리글자를 따서 설명하는 것이라고 했다. "'ZONE F'는 가급적 모든 종류의 수를 점검하는 일종의 체크리스트예요. 각각 숫자 0Zero, 1One, 음수Negative, 극한수Extreme numbers, 분수Fractions의 머리글자를 조합해서 만들었죠. 캐나다 학생들은 직관적으로 이런 전체 범주를 알아차리지 못하기 때문에, 체크리스트를 좋아해요. 그리고 한 번에 한 단계씩 체계적으로 문제에 접근하기를 좋아하고요." 로니가 이어서 설명했다.

"비슷한 실력을 가진 중국 학생들에게 똑같은 문제를 설명하면서 ZONE F를 알려주고 하나씩 점검하라고 하면, 뭐랄까 그 학생들은 좀 이상하고 불편하다고 그래요. 무슨 공식 같다고 하죠. 중국 학생들이 익숙하게 받아들이고 선호하는 방식은 그냥 직관적으로 이해하는 거예요. 문제에서 어떤 수라고 하면 일단 모든 범주의 수가 가능하다고 생각하는 거죠. 그리고 무한한 수 가운데 문제를 푸는 데 필요한 수를 고르기 시작해요." 나는 로니에게 중국 학생들이 수를 더 직관적으로 이해한다고 생각하는 이유는 뭐냐고 물었다. 로니의 대답에 나는 적잖이 놀랐다.

"아시아 교사들은 학생들이 직관적으로 문제를 풀 수 있는 실력이 될 때까지 좀 더 체계적으로 가르쳐요. 말하자면 연습문제를 많이 풀게 해서 계산에 숙달되고 거의 본능적으로 수학적 개념을 익힐 때까지 훈련하는 거죠. 수업시간이나 숙제로 푸는 문제 양이 어마어마하니까요. 거기에 비하면 캐나다 학생들은 계산을 그만큼 많이 해본 적도 없고 문제 푸는 방법을 이해하는 수준이에요. 그리고 수학적 체계가 머릿속에 자리잡을 만큼 학교에서 충분히 연습하지 않기 때문에, 과외 선생이 문제를 풀 때 ZONE F 같은 비법을 알려주면 대단하게 생각하죠. 그래서 캐나다 학생들은 그 정도 수준에 머물러 있어요.”

나중에 소피와 이야기할 때도 이 말이 계속 생각났다. 소피는 캐나다에서는 수학 시간에 문제를 풀 때, 설령 한눈에 답이 ‘보이고’ 한 번에 문제를 풀 수 있다고 해도 모든 풀이 단계를 하나씩 밟아나가야 한다고 불평을 했다.

“선생님이 가르쳐준 방식 그대로 문제를 풀어야 해요. 수업시간에 몇 가지 숫자를 대입해서 모의시험 문제를 풀어보라고 하면 계산기도 사용해야 돼요. 실제 시험에도 숫자만 바꿔서 똑같은 문제가 나오기 때문에 문제풀이 단계를 암기하고 계산기에 숫자만 두드리면 누구나 정답을 맞힐 수 있어요.” 중국인들이 캐나다의 수학 수업이 너무 틀에 박힌 방식이며 이해보다 암기를 바탕으로 한다고 비난하고 있었다. 나는 몹시 당황스러웠다. 서양인들이 중국의 수학 수업을 비난할 때 하던 말과 똑같지 않은가?

테니스

나는 로니에게 신세를 많이 졌다. 자기가 자란 나라 중국과 지금 살고 있는 나라 캐나다의 교육적 차이점을 고민하고 분석하는 데 많은 시간을 쏟아부었고, 혼란에 빠진 내게 기발한 비유를 들려주었다.

"수학을 가르치는 방식을 비유하자면, 스포츠와 비슷해요. 테니스를 배운다고 한번 생각해 보세요. 테니스 코치가 서브 넣는 법을 가르쳐주겠죠. 우선 공을 위로 던지는 연습을 해야 할 거예요. 한 백 번쯤 연습해서 안정되게 공을 위로 던질 수 있게 되면, 다음으로 테니스 라켓을 뒤로 젖히는 연습을 하라고 할 거예요. 충분히 연습해서 그것도 잘할 수 있게 되면 이제 공 치는 연습을 시작해야죠. 계속해서 연습하는 동안 코치가 자세를 고쳐줄 거예요. 이런 식으로 코치는 서브 넣는 과정을 여러 단계로 쪼개서 구분 동작으로 훈련시켜요. 그런데 문제는 로저 페더러 같은 선수가 서브를 넣을 때는 단계별로 구분 동작을 의식하는 게 아니라 타고난 것처럼 몸에 밴 동작이 본능적으로 자연스럽게 나온다는 거예요. 이제 이 과정을 다른 분야, 가령 수학 공부에 그대로 적용해 볼게요. 한 단계씩 연습했던 과정을 잊어버릴 만큼 엄청나게 연습을 많이 해야 해요. 아시아 교육제도에서는 학생들이 문제를 충분히 풀도록 하니까 세세한 단계는 신경 쓰지 않게 돼요. 그래서 학생들이 문제를 접할 때 그냥 직관적으로 푼다고 생각해요. 풀이 방법을 원래부터 알았던 것처럼 자연스러운 본능이라고 생각하고 느끼지만, 사실은 연습을 통해서 그렇게 된 거죠. 반대로 연습이 부족한 학생들은 문제를 더 많이 풀어봐야 그 수준이 될 수 있고요."

중국 학생들이 이 수준까지 도달하는 비결은 두 가지 더 있다. 물론 학생들이 엄청난 양의 숙제를 소화하지만, 서구권에서 그만큼 많이 학교 숙제를 내줄 수 있을지는 미지수이다(낸시는 숙제를 하느라 연필 잡는 손가락에 굳은살이 박였다). 그리고 중국 학생들이 무조건 숙제를 많이 해서 공부를 잘하게 된 것은 아니다. 비결은 한 단원을 오래 배우는 것이다. 소피는 이렇게 말했다. "가장 큰 차이는 수업시간에 내용을 깊이 있게 다룬다는 점이에요. 캐나다 학교에서는 여러 가지를 조금씩 배우는 데다 수업도 빨리 진행되기 때문에, 한 단원을 충분히 이해하기 전에 다음 단원으로 넘어가요. 반대로 중국 학교에서는 한 단원을 꽤 오랫동안 배우죠. 한 단원을 여러 주 동안 배우고 다음으로 넘어가기 때문에 연습할 시간도 충분하고 내용을 제대로 이해하게 돼요." 일본처럼 중국도 구체적이고 심층적인 학습을 목표로 교육과정을 설계했다.

두 번째 비결은 교사의 피드백이다. 학생들이 잘못된 방식으로 연습을 계속하면 오히려 부작용이 커진다. 그래서 중국 교사들은 수업이 없는 시간을 최대한 활용해 학생들에게 세 가지 방식으로 피드백을 제공한다. 첫째, 교사들은 학생들이 수업 과제나 숙제를 내면, 어느 부분이 틀렸는지 학생들이 금방 알아볼 수 있도록 약속된 기호를 사용해서 표시한 다음 보통 제출한 바로 그날 되돌려 준다.[165] 물론 모든 교사가 이렇게 하는 것은 아니다. 어떤 학교에서는 교사가 반장을 교무실로 불러서 채점 기준표에 따라 학생들의 숙제를 채점하라고 시키기도 한다. 하지만 이렇게만 해도 교사들은 아이들이 어느 부분에서 실수를 많이 하는지 대강 파악하고 다음번 수업계획에 참고할 수 있다.

둘째, 교사들은 다음번 수업을 시작할 때 학생들이 공통적으로 많이 틀린 문제나 오해한 부분을 짚고 넘어간다. 그리고 어려운 문제를 맞힌 학생을 앞으로 불러내서 어떻게 문제를 풀었는지 직접 칠판에 써가며 설명해 보라고 한다. 언젠가 한번 내가 수업 참관을 부탁했을 때, 수학 교사가 그날은 숙제 점검만 하는 날이라며 주저한 적이 있었다. 하지만 사실은 숙제를 복습하는 과정에서 아이들이 제대로 배운다고 볼 수 있다.

셋째, 교사들은 나머지 공부가 필요한 아이들을 한 명 혹은 몇 명씩 모아서 수업 중이나 방과 후에 보충수업을 해준다. 따라서 본 수업에서는 주로 반 전체를 대상으로 가르치느라 개별적으로 아이들을 봐줄 시간이 없다고 해도, 수업 후에 따로 도움을 준다.

반복학습의 역설

반복학습은 수학 시간에만 국한된 것이 아니라 중국 교육의 근간이라고 말할 수 있다. 초등학생 자녀를 둔 에린이 집에서 숙제를 봐주지 않는다고 담임교사에게 문자 메시지를 받고 '곤란'해진 이유도 어떻게 보면 반복학습 탓이다. 숙제는 보통 학교에서 배운 내용을 다섯 번씩 암송하는 것인데 엄마가 곁에서 지켜보지 않으면 아이가 제대로 숙제를 했는지 확인할 길이 없다. 내가 참관한 중국어 수업에서 반 전체가 여러 번 반복해서 시를 암송했고, 영어 수업에서도 반 전체 혹은 절반씩 번갈아 가며 아이들이 교사를 따라 영어 교과서를 반복해서 읽었다(그러니까 내가 '우물 안 개구리' 수업을 네 번 참관하는 동안 최소한 열두 번 그 동화를 들은 셈이다). 이렇게 반복(그리고 결과적으로는 암기)을 강조하는 전통은 광형과 이백이 과거 공부를 하던 시대까지 거슬러 올라간다. 그들도 시험에 합격하고 관직에 오르기 위해 두루마리에 적힌 고전 시문을 수백 편씩 암송했을 것이다.

여기에는 역설적인 측면이 있다. 서양 사람들은 암기학습이 비효율적이며 한물간 방식이라고 여긴다. 누군가 같은 내용을 계속 되풀이하는 것을 들으면 그 사람이 내용을 이해하지 못했으며, 단지 시험에서 암기한 그대로 쏟아내기 위해 아무 생각 없이 반복한다고 생각한다. 또한 암기로는 배운 것을 제대로 이해하거나 활용할 수 없고, 배움의 즐거움과 진가도 알 수 없다고 생각한다. 그런데도 암기학습을 주로 하는 아시아 국가의 학생들이 문제해결 능력을 검사하는 PISA 테스트에서 꾸준히 서구권 학생들을 앞지르고 있다. PISA 테스트는 암기력으로 점수를 얻을 수 없고, 주어진 문제를 해결하기 위해 사고력과 지능을 활용해야 한다. 그런데 어떻게 된 일일까? 빅스Biggs는 1992년에 이 수수께끼를 '중국 학습자의 역설'이라 칭하고 이어서 수수께끼를 해결하는 방법까지 제시했다.[166]

서양 사람들이 애초에 암기와 반복만으로는 얕고 피상적인 학습효과밖에 거둘 수 없다고 가정한 것이 잘못이었다. 왓킨스Watkins와 빅스는 겉보기에 비슷하지만 실제로는 상이한 두 가지 유형의 학습전략을 구분했다. 바로 암기학습rote learning과 반복학습repetitive learning이다. 암기학습은 방금 설명했듯이 피상적이고 기계적이고 이해를 동반하지 않는 학습법이다. 이에 반해서 반복학습은 내용의 특징에 주의를 기울이면서 의식적으로 반복함으로써 깊이 있는 이해를 돕는 학습법이다. 암기학습과 달리 반복학습은 해당 내용을 한층 심층적으로 이해하는 데 도움이 된다.[167]

로니를 다시 만났을 때는 여자친구 소피도 함께 나왔고, 나는 두 사람에게 물어보았다. "같은 내용을 계속 반복해서 읽는 게 도움이 된다고 생각해요? 수업 참관할 때 상당히 자주 봐서요."

"좋은 질문이네요. 왜 도움이 안 된다고 생각하세요?" 오히려 로니가 반문했고, 나는 잠시 말문이 막혔다. "만약 아시아 학생이 영국 학교에 가서 수업하는 광경을 본다면, 맨 먼저 이런 질문을 할 거예요. '왜 학생들이 셰익스피어 구절을 반복해서 읽지 않죠? 그래야 진정한 의미를 이해하게 될 텐데요.'"

"음, 그건…"

고맙게도 소피가 나를 구해주었다. "제 생각엔 지식을 강화하는 효과가 있는 것 같아요. 배운 것도 반복할수록 더 이해가 잘되니까요."

소피의 말을 듣고 나도 할 말이 생각났다. "서양에서는 단순히 여러 번 반복한다고 해서 더 잘 이해할 수 있다고는 생각하지 않아요."

"중국에서 고전시를 반복해서 암송하는 데는 기본적으로 이런 전제조건이 있어요. 일정 수준까지 암기하면, 그다음부터는 본능적으로 글자 하나하나에 익숙해지고 문장 속에 숨은 의미도 알게 되고 운율도 느끼게 되거든요. 자연스럽게 터득하게 돼요." 로니가 말했다.

"정말 그래요." 소피도 동의했다.

이야기를 나눌 당시에는 몰랐지만, 처음 로니를 만났을 때 들었던 수학 이야기가 나중에 다시 생각났다. 연습문제를 끊임없이 풀다 보면 어느새 단계를 의식하지 않고 본능적으로 답을 찾게 된다는 말이었다. 수학에도 암기해야 할 부분이 물론 있다. 문제를 풀이하는 방법이 아니라 구구단처럼 기본적인 수에 대한 정보는 암기할 수밖에 없다. 그러니까 복잡한 문제를 풀 때, 중국 학생들처럼 미리 기본적인 사실을 암기하고 있으면 그 부분이 쉽게 느껴지고, 작업 기억을 따로 쓰지 않아도 된다(작업 기억은 일본 편에서 소개한 심리학 용어이다).

설령 중국식 학습법과 교수법이 문제해결 능력과 이해도를 높여 준다고 하더라도, 여전히 우려되는 점이 두 가지 있다. 물론 중국 학생들이 (평균적으로) 공부를 잘하는 것은 분명하지만, 입시 스트레스에 시달리며 반복학습을 해야 하는 아이들이 정말 즐겁게 공부할 수 있을까? 또 한 가지는 중국 아이들이 21세기에 필요한 능력을 갖출 수 있느냐 하는 문제이다. 비판적 사고, 개성, 창의력 등 핵심적 특성이 모두 반복 훈련을 강조하는 교육 때문에 억압되지 않을까?

동기 부여, 놀라운 발견

외부에서 오는 압박감, 가령 부모의 기대감이 이 정도로 심하면, 중국 학생들이 대부분 공부를 열심히 하더라도, 공부 자체가 즐거워서라기보다 처벌이나 보상처럼 온전히 외재적 동기에 좌우된다고 생각하게 된다. 부모에게 시달리고 학교에도 가기 싫어하는 학생들도 쉽게 찾아볼 수 있을 것이다. 하지만 이것이 '전형적인' 중국 학생들의 경험을 있는 그대로 반영할까?

그렇다고 생각해도 무리는 아니다. 최소한 중국보다는 영국과 미국의 학부모들이 자녀가 즐겁게 공부하는 데 더 신경을 쓰는 것이 사실이므로, 영국이나 미국 아이들이 중국 아이들보다 내재적 동기가 강하리라고 짐작할 수 있다.[168] 이렇게 생각하는 이유는 또 있다. 중국 교사들은 서양에 비해 더 '통제적'이라서 아이들을 더 압박하고 시험을 더 자주 보게 하고 지시에 잘 따르라고 요구한다.[169] 라이언Ryan과 데시Deci의 연구에서 내재적 동기의 핵심 전제조건이 자율성이라는 사실이 확인되었으므로, 중국 아이들은 상대적으로 내재적 동기가 약하다고 봐야 한다.[170]

하지만 실제로는 그렇지 않았다. 왕Wang과 포머란츠Pomerantz는 중국과 미국 청소년들에게 설문조사를 실시해 학습동기에 관한 다양한 설문 내용에 얼마나 동의하는지 (1부터 5까지) 응답하도록 했다. 제시한 진술문은 라이언과 데시가 정의한 다양한 동기와 연관된 내용이었다. 예컨대 내재적 동기(나는 숙제가 재미있어서 한다), 동일시(나는 과제를 하는 것이 내게 중요하기 때문에 과제를 한다), 내적 투영(나는 과제를 끝마치지 않으면 창피를 당하기 때문에 과제를 한다), 외재적 동기(나는 숙제를 안 하면 벌을 받기 때문에 숙제를 한다) 등이었다. 설문조사 결과 중국 학생들이 상대적 자율성 지표에서 더 높은 수치를 기록했다. 다시 말해 더 많은 중국 학생들이 미국 학생들보다 내재적 동기 및 동일시를 공부하는 이유로 꼽았다. 자율성 지표는 중학생이 되면 하향세를 보였지만(중국에서 고교입시 때문에 스트레스가 가중되는 시기), 미국 중학생들보다는 여전히 높았다.[171]

놀라운 결과가 아닐 수 없다. 중국 학생들은 부모와 교사로부터 엄청난 압박을 받을 뿐만 아니라 자율성이 떨어지는 방식으로 수업을 받는데도 미국 학생들에 비해 공부가 즐겁다고 대답했고, 공부를 열심히 하는 이유도 부모의 강요 때문이 아니라 인생에서 공부가 중요하기 때문이라고 응답했다. 이는 1990년대에 실시한 또 다른 연구 결과와도 일맥상통한다. 그때도 미국 아이들에 비해 중국 아이들이 학교를 좋아한다고 응답한 비율이 높았다.[172] 최근 들어 2012년 OECD에서 실시한 설문 조사에 따르면, 중국 상하이의 15세 학생들 가운데 85퍼센트가 '나는 학교에서 행복하다'는 항목에서 그렇다고 응답했다. 같은 항목에서 미국 학생들은 80퍼센트, 영국 학생들은 83퍼센트가 그렇다고 응답했다(큰 차이는 아니지만 예상과 달리 중국은 이 부분에서도 미국과 영국을 앞질렀다).[173]

이 결과를 어떻게 이해해야 할까? 두 가지 설명이 가능하다. 하나는 중국 학자들의 주장이고 다른 하나는 어느 타이거 맘의 주장이다. 먼저 주Zhou, 람Lam, 찬Chan 등 세 명의 연구자는 이 수수께끼의 열쇠를 동서양의 문화적 차이에서 찾을 수 있으며, 학생들이 교사의 '통제적 행동'을 각기 다르게 해석하기 때문에 이런 차이가 생긴다고 가정했다(내 생각에는 교사뿐 아니라 부모나 조부모의 경우에도 적용된다).[174] 연구자들은 가설을 검증하기 위해 중국과 미국의 초등학교 5학년생에게 교사가 등장하는 다양한 상황을 보여주고 반응을 실험했다. 예를 들어, 아이들에게 교사가 숙제를 안 낸 학생을 교실에 남겨 숙제를 끝내라고 지시하는 상황을 제시하고, 이런 상황에서 기분이 어떨지 표현해 보라고 요청했다(열두 가지 감정에서 선택). 그 결과, 미국 아이들은 교사의 행동이 통제적이라고 받아들이는 경우가 많았고 속상하다거나 화가 난다고 기분을 표현했다. 반면 중국 아이들은 똑같은 상황을 보다 긍정적으로 받아들였고 보살핌이나 배려를 받은 기분이라고 표현했다. 또한 미국과 중국 아이들은 공통적으로, 교사에게 통제받는다는 기분이 들면 그 교사의 수업시간에 의욕이 줄었고 반대로 관심을 받는다고 느끼면 의욕이 늘었다. 그리고 교사와 사이가 좋은 경우에는 그 교사의 행동을 통제적이라고 여기지 않았다.

유교 문화권에서 성장한 사람이라면, 온 가족이 가족의 일원으로서 자기 역할에 최선을 다하는 것을 중요시하고 부모가 배움의 가치를 어릴 때부터 강조하기 때문에, 그런 가치와 목표를 스스로 내면화할 가능성이 크다. 그렇게 되면 교사나 부모처럼 특히 애정을 바탕으로 한 관계에 있는 어른이 자신의 공부를 도와주기 위해 하는 행동은 통제적이라고 느끼지 않을 뿐만 아니라 자신의 미래에 관심이 많은 증거라고 인식한다. 요컨대, 중국 학생들의 자율적 동기가 높은 이유는 문화적·가족적 목표를 내면화해서 자신의 목표와 동일시하기 때문이다. 그들은 부모와 교사의 압박이 있더라도 외재적 동기에는 크게 좌우되지 않고, 그 압박감을 자신의 신념과 목표를 추구하는 데 활용했다.

평균적으로 중국 청소년들이 미국의 또래들보다 더 자율적인 동기를 갖는 또 다른 이유는 원조 타이거 맘인 에이미 추아Amy Chua가 자신의 책 《타이거 마더Battle Hymn of the Tiger Mother》에서 명쾌하게 설명하고 있다. "중국 부모들은 뭐든 잘하기 전까지는 재미를 느낄 수 없다는 것을 안다. 무슨 일이든 잘하기 위해서는 노력을 해야 하는데, 아이가 스스로 노력할 때까지 마냥 기다릴 수는 없는 노릇이다. 그래서 아이들의 의견을 무조건 받아주지 않는 것이 중요하다. 아이는 당연히 반항하기 때문에, 이렇게 하려면 부모 입장에서는 마음을 단단히 먹어야 한다. 언제나 처음이 가장 힘든 법인데, 서양 부모들은 보통 얼마 못 가서 포기한다."[175]

여기까지는 외재적 동기의 결정판처럼 느껴진다. 에이미 추는 주장을 이어간다. "하지만 제대로 하면, 중국 엄마들처럼 하는 방식이 선순환 구조를 가져올 수 있다. 어느 분야이든 끈기 있게 연습과 훈련을 반복해야만 뛰어난 수준에 이를 수 있다. 미국에서는 암기와 반복학습이 저평가되고 있다. 반복 연습을 통해 아이가 한 가지 뛰어난 능력을 갖추면, 그것이 수학이든 피아노이든 야구이든 발레이든 상관없이, 칭찬과 부러움의 대상이 되고 자기만족을 얻는다. 그러면 자신감이 생기고 처음에 재미없던 것들도 재미있게 느껴진다. 결국 부모가 힘들이지 않아도 아이 스스로 더 열심히 하게 된다." 그러니까 처음에는 자녀의 뜻에 반하더라도 부모가 한 가지를 열심히 시키고, 일단 그것을 잘하게 되면 아이가 진정한 내재적 동기를 기르게 되며, 그때부터는 스스로 즐기면서 계속하게 된다는 말이다.

그러나 핵심은, 중국 아이들은 이런 내재적 동기나 재미가 부족한 경우에도 좋든 싫든 흔들리지 않고 계속 열심히 한다는 사실이다.

비판적 사고와 창의력

프랫Pratt과 동료들은 중국 479개 대학의 학생과 교수가 작성한 설문지를 토대로, 중국인들이 4단계 학습 과정에서 기본적 지식을 맨처음 단계로 여긴다고 분석했다.

1단계 기본적 지식을 암기하고 숙달하기
2단계 이해하기

3단계 지식을 문제와 상황에 적용하기

4단계 질문하기와 비판적으로 분석하기[176]

중국 학생들이 1단계부터 3단계까지 능숙하다는 것은 이미 PISA 테스트에서 확인했다. 4단계인 질문과 비판적 분석도 역시 잘할까? 혹시 교사의 시범에 따라 반 전체가 연습하도록 구조화된 전체수업 방식이 이번에는 실패하지 않을까? 중국의 저명한 논평가들은 물론이고 중국 정부도 이 부분을 우려해 온 것이 분명하다. 2010년 당시 중국 국무원 총리였던 원자바오溫家寶가 교육개혁의 방향을 제시했다. "학생들이 지식만 배워서는 안 된다. 이론에만 치중하지 말고 실천하는 방법과 머리 쓰는 방법을 배워야 한다. 학교에서 학생들이 독립적으로 사고하고, 자유롭게 의사를 표현하며, 자신 있게 상상력과 창의력을 발휘하도록 적극 장려해야 한다."[177]

이와 같이 문제점을 인식한 중국 정부는 2001년 새로운 교육과정을 도입해, 학생들에게 독립적이고 비판적인 학습능력을 배양하는 한편 교사와 학생의 쌍방향 활동도 강화하기 시작했다. 그 결과 '티엔야시填鴨式'(주입식 교육)에서 벗어나려는 움직임이 갈수록 활발해졌다. 티엔야시는 입시 준비를 위해 학생들에게 압박을 가하는 중국식 교육제도를 표현하는 용어로, 내가 처음 이 말을 접한 것은 이주민 학교를 방문했을 때였다. 한 교사가 내게 억지로 누군가의 입을 벌리고 무언가를 떠먹이는 시늉을 하며 티엔야시의 의미를 실감나게 설명해 주었다. 상하이에도 학생들에게 혁신적 사고를 심어주기 위해 자체 개발한 교육과정을 부분적으로 도입하는 학교가 점차 늘어나는 추세이다.[178] 일부 학교는 '탐구 수업'이라는 새로운 방식을 도입해 학생들이 토론하면서 자신의 생각을 발표하도록 권장한다. 시간이 지나면 알게 될 것이다. 중국의 새로운 노력이 결실을 거둬 학생들의 창의성과 비판적 사고력이 강화될지, 아니면 자유로운 사고를 허용할수록 최근 '서구적 가치를 멀리하라'고 대학에 지시한 중국 정부가 감당하기에 벅찬 위협이 될지 지켜볼 일이다.[179]

중국이 변화하는 동안, 서구 국가들도 한가롭게 구경만 할 수는 없다. 상하이와 다른 중국 지역의 학생들이 오직 성실한 노력만으로 그렇게 높은 점수를 받은 것이 아니기 때문이다. 중국의 학교 수업은 정해진 수업 목표에 따라 매우 체계적으로 진행된다. 교사는 미리 수업계획을 세심하게 짜서, 수업시간에 본보기를 보이며 명쾌하게 설명한 다음 학생들이 충분히 연습하고 지적 호기심을 충족할 기회를 준다. 이런 특징은 학생들의 학업성취도와 높은 상관관계에 있다.[180] 또한 연구에 따르면 암기를 선호하는 중국인의 문화적 전통도 '효과적인' 문제해결법으로 밝혀졌다. 문제를 해결하려고 할 때 어떤 사실을 미리 암기하고 있으면, 뇌의 작업 기억에 그만큼 여유 공간이 생기기 때문에 기존 지식을 새로운 상황에 어떻게 적용할지 훨씬 더 쉽게 이해할 수 있다.[181] 그뿐만 아니라 뿌리 깊은 유교사상에서 비롯된 '배움에 힘쓰는' 자세 역시 서구권 학교에서 접목해 볼 만하다. 어릴 때부터 아이들의 눈높이에 맞는 용어를 사용해 끈기와 인내심이 중요하다는 신념을 내면화할 수 있도록 가르치면 된다. 모든 아이가 중국처럼 학업 스트레스에 시달리는 것은 원치 않더라도, 중국의 교육제도에서 배울 점이 없다고 생각하면 오산이다.

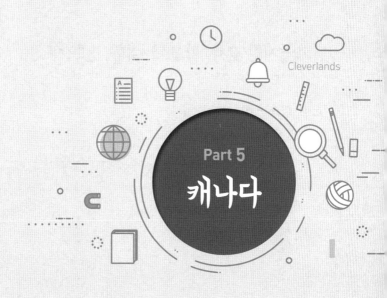

Cleverlands

Part 5

캐나다

학습지원 교사, 학교에 대한 소속감

다양성은 캐나다의 힘이다.

– 저스틴 트뤼도(Justin Trudeau, 캐나다 총리)

~~~~~~

밴쿠버공항에 내렸을 때 나는 몹시 피곤한 상태였고 목적지에 제
대로 도착한 건지 잠시 헷갈렸다. 일본어나 중국어처럼 내가 모르는
어떤 동아시아어로 쓰인 광고판과 표지판이 수시로 눈에 띄었다. 공
항에서 팀 호튼Tim Horton's이라고 새겨진 커피숍 간판을 보고 나서야
북미 어딘가에 와 있다는 실감이 들었다. 나는 세관을 통과한 다음 공
항 순환열차에 올라타서 시내로 향했고, 맨 처음 발견한 호스텔에 체
크인하자마자 곧바로 침대에 뻗어버렸다.

시차 때문에 다음 날 새벽에 잠이 깼다. 이른 아침 커피숍으로 가
서 도시 전체가 잠에서 깨어나기를 기다렸다. 창가 자리에 앉아 주문
한 라떼를 양손으로 감싸쥐고 마시면서 나는 생김새도 체격도 피부색
도 제각각인 사람들이 지나가는 모습을 바라보았다. 밴쿠버도 런던처
럼 굉장한 다문화 도시였다. 밴쿠버가 속한 브리티시컬럼비아BC 주

는 해마다 4만 명의 이민자를 받아들이며,[182] 캐나다 전체로는 해마다 25만 명의 이민자가 들어온다.[183] 캐나다에 거주하는 사람 다섯 명 중 한 명은 아시아나 유럽 등지에서 이주한 이민자라고 보면 된다.[184] 온타리오주 교육부 차관보 겸 수석보좌관인 메리 진 갤러거Mary Jean Gallagher는 다문화적 배경이 교육정책에 걸림돌이 되지 않으며, 오히려 '기회와 도전'이라고 밝혔다. 참고로 온타리오주는 캐나다에서 가장 다양성이 높은 지역이다. 밴쿠버에 이어 온타리오를 방문했을 때 나는 온타리오 교육부에서 개최한 강연에 참석했고, 거기서 갤러거 차관보의 발표를 들을 수 있었다. 그녀는 다양성 높은 환경에서 자라는 아이들이 문화적 차이를 더 잘 이해하기 때문에 지구촌의 문제를 해결하고 세계를 무대로 활동하는 인재가 될 수 있다고 설명했다.

내가 캐나다에 온 것도 이런 다양성 때문이었다. 읽기·수학·과학에서 평균 점수로만 보면, 캐나다는 2009년 PISA에서 7위, 2012년 PISA에서 11위에 해당한다.[185] 따라서 내가 PISA 점수 최상위권 나라들만 방문할 생각이었다면, 일정을 변경해서 캐나다 대신 한국에 갔을 테고 김치도 원 없이 먹었을 것이다. 하지만 캐나다에는 대단히 독특한 면이 있었다. 지리적으로 분산되고 문화적으로 다양성이 큰 나라라는 점에서 영국이나 미국과 비슷한 문화를 지니고 있지만, 영국이나 미국과 달리 높은 점수를 기록했다는 점이 인상적이었다.

캐나다 사람들은 다정하고 친절할 뿐만 아니라 까다롭지도 않았다. 일본과 중국에서 지내는 동안 익숙해진 깐깐한 격식 같은 것은 찾아볼 수 없었다(신기하게 쳐다보거나 사진을 찍자는 사람도 물론 없었다). 내게 숙소를 제공해 준 가족은, 갤러거 차관보가 강연에서 말한 것처

럼 열린 마음으로 새로운 경험을 즐기는 전형적인 캐나다 사람들이었
다. 그들은 중국에서 온 교환학생에게 한 학기 동안 방을 내준 데다가
영국에서 온 나까지 받아주었다. 로리와 랜디 부부는 저녁식사 때 중
국 학생을 대화에 참여시키려고 특별히 노력했다(그가 영어를 거의 하
지 못했음에도). 로리가 제2언어로서의 영어ESL를 가르치는 교사라는
점도 한몫했을 것이다. 브리티시컬럼비아주의 경우, 교환학생은 정규
교과과정에 편입되고 일정한 자격요건을 갖추면 주 교육부에서 지원
하는 언어교육을 추가로 받을 수 있다.

Box 4 **캐나다의 이민 정책이 과연 PISA 결과에 영향을 미쳤을까?**

캐나다인 가운데 남아시아나 중국 출신이 8.4퍼센트라고 하면 그리
많은 것 같지 않지만, 아시아계 이민자들은 전국에 고르게 퍼져 살지
않는다. 대부분이 4개 대표 주, 즉 온타리오주, 브리티시컬럼비아주,
퀘벡주, 그리고 앨버타주에 모여 살고 있으며, 공교롭게도 이들 4개
주의 PISA 점수가 캐나다에서 가장 높다. 특히 브리티시컬럼비아주
는 중국계 이민자가 전체 인구의 10퍼센트를 차지하며, 2012년 PISA
에서 캐나다 전국을 통틀어 최고 성적을 거뒀다. 그렇다면 궁금해진
다. 조금 전까지 우리가 아시아 학생들이 공부에 임하는 태도에 대해
살펴보았기 때문에, 혹시 아시아계 이민자들 때문에 캐나다가 PISA
에서 좋은 성적을 거둔 게 아닐까 하는 의문이 생길 법하다.

캐나다는 투자 이민과 전문 인력 이민을 적극적으로 받아들이기 때
문에 교육수준이 높고 경제적으로도 비교적 부유한 계층에게 이민의
기회가 돌아가기 쉽다. 2008년 통계에 따르면, 캐나다에 거주하는 박

사학위 소지자의 49퍼센트가 이민자였다(생각해 보면 그 자녀들도 학교 공부를 잘할 가능성이 높다). 또한 2000년 PISA에 응시한 청소년의 부모에 대한 통계 자료를 살펴보면, 이민자 부모들의 '사회·경제적 지위 국제지표'가 원주민 캐나다 부모들에 비해 평균적으로 다소 높게 나타났다(영국도 같은 현상을 보였다).[186] 하지만 캐나다 정부가 학력과 경제력이 높은 이민자만 받아들이는 것은 아니다. 이민자의 9퍼센트는 난민 출신으로, 본국에서 기아와 내전에 시달리며 학교를 제대로 다니지 못했기 때문에 캐나다에 와서도 학업 성적이 낮을 수밖에 없다. 더욱이 2009년 PISA 점수를 분석할 때 이민 1세대 및 2세대와 캐나다에서 태어난 학생들을 따로 분리해서 비교해 보면, 이민자 학생을 제외했을 때 캐나다 학생들의 평균 점수가 올라갔다. 즉, 이민자 학생을 제외하면 평균 533점이었고 모두 포함하면 평균 527점으로 다소 낮아졌다(영국과 미국에서도 같은 결과가 나타난다).[187] 물론 이민정책의 효과는 PISA 점수 이외에 여러 분야에서 긍정적으로 나타나지만, 혹시 캐나다의 높은 PISA 평균 점수가 이민정책 덕분이라고 오해할까 봐 여기서 통계 수치를 상세히 밝힌다.

캐나다는 10개 주州, province로 이루어졌고, 그 밖에 인구가 희박한 북부 지역에 3개의 준주準州, territory가 있다. 주와 준주는 독자적으로 교육제도를 운영하기 때문에 캐나다는 모두 열세 가지의 다양한 교육제도를 갖추고 있으며, 10개 주가 PISA에 응시한다.[188] 10개 주의 교육제도는 놀랄 만큼 공통점이 많다.[189] 모두 통합교육을 실시하며, 교과서도 비슷하고, 강력한 교원노조가 있고, 교사연수는 공통 수업모

델을 바탕으로 진행되며(중요한 예외가 있지만), 평가 방식도 대부분 비슷하다.[190]

이와 같은 교육제도와 그 밖의 상황 덕분에, 캐나다는 PISA 테스트의 읽기·수학·과학 영역에서 최저학력 기준을 충족하지 못하는 학생 수가 OECD 평균을 밑돌았을 뿐만 아니라 학생의 가정환경과 시험점수의 관련성도 비교적 낮게 나타났다. 교육 약자에 속하는 이들이 더 좋은 성과를 낼 수 있었던 요인은 무엇일까?

교육 약자 맞춤형 제도

교육적 요인의 영향을 받지 않는 맨 처음 단계부터 살펴보기로 하자. 캐나다는 1930년대 대공황을 거치면서 시작된 훌륭한 복지제도의 전통을 이어오고 있다. 임신한 여성은 (의료보험 가입자는 물론이고) 의료보험이 없어도 무료로 의료서비스를 받을 수 있다. 캐나다의 복지제도는 저소득층까지 지원하기 때문에 사회안전망이 없는 다른 나라에 비해 산모와 아기가 충분한 건강관리를 받을 수 있다. 사회안전망이 완벽할 수는 없고 캐나다 역시 아동 빈곤을 퇴치하는 단계에 있지만, 전 세계를 통틀어 캐나다는 사회·경제·문화적 지위를 나타내는 지표가 −1(빈곤 측정값의 일종) 미만인 PISA 응시자의 비중이 가장 낮은 편에 속한다.

한편 다른 OECD 회원국에 비하면 캐나다는 5세가 되기 전에 유치원이나 어린이집에 다니는 아이들이 인구에 비해 적다(이 부분을 개선해야 한다고 주장하는 사람들도 있다).[191] 물론 앨버타나 퀘벡처럼 일부 주에서는 빈곤층 아동에게 무상 보육을 지원하기도 한다. 핀란드 편에서 살펴본 연구를 다시 떠올려보면, 사회·경제적 배경이 다른 아이들의 학력 격차가 점차 벌어지거나 좁혀질 수 있는 중요한 시기가 바로 정규교육을 시작하기 직전이므로, 이 시기에 우수한 수준의 영유아 교육을 실시하면 학력 격차를 줄이는 데 확실히 도움이 된다.[192] 대부분의 캐나다 아이들은 5세가 될 무렵부터 유치원에 다닌다.[193] 그리고 실제로 보니 상당히 재미있게 운영되고 있었다.

　　내가 방문했던 초등학교 중에 병설 유치원을 운영하는 곳이 있어 오전에 들러보았다. 모든 게시물이 아이들 눈높이에 맞춰 부착되어 있었는데, 예전에는 미처 깨닫지 못했지만 지금은 중요성을 절감하는 부분이다. 교실은 아이들이 원하는 활동을 할 수 있도록 그림 그리기, 블록 만들기, 역할 놀이, 생각하기 등 여러 구역으로 나뉘어 있었다. 교사들은 생각하기 구역에 거미 사진을 코팅해서 붙여두었고, 사진 꼭대기에 한 가지 질문을 적어놓았다(교사들이 읽어준다). "거미는 좋은 친구일까, 나쁜 친구일까?" 포스트잇 여섯 장이 코팅된 사진 위에 붙어 있었다. '좋은 친구'가 두 장, '나쁜 친구'가 한 장, '좋아'가 한 장이었고 나머지 두 장에는 거미가 그려져 있었다.

　　유치원 교사 멜빈이 아이들의 일과를 설명해 주었다. 아이들이 하루 종일 자기가 하고 싶은 활동을 하면서 시간을 보내지만, 신체 활동이나, 말하기, 듣기, 글자 구분하기처럼 읽기와 쓰기에 필요한 사전 기술을 얻는다고 했다. 아이들이 학습 목표를 자연스럽게 달성하는 과정을 보여주는 귀여운 사례가 있다. 교사가 이야기책을 읽는 동안 아이들은 두 손가락으로 특정한 단어의 시작과 끝을 짚는 '안아주기'를 한다. 단어 안아주기는 단어의 개념을 이해하는 인지능력을 발달시키는 활동이다.

캐나다 아이들이 6세가 되어 초등학교에 입학하는 시점부터는, 소득이나 지역 격차와 상관없이 전국 학교에 비슷한 수준의 자원이 지원된다. 이것은 1980년대 캐나다 전역에 획기적인 정책 변화가 있었기 때문이다. 이 무렵 매니토바주와 서스캐처원주를 제외한 모든 주에서 지역 교육위원회와 협상한 결과 평준화 기금을 도입하게 되었다. 미국처럼 주 정부의 재산세로 학교 재정을 조달하는 대신(이렇게 하면 잘사는 주는 학교 재정이 넘친다), 캐나다에서는 대부분 주 정부가 학생 수에 따라 직접 학교 재정을 지원한다. 그리고 빈곤 지역에는 추가 지원금이 배정되는데, 상대적으로 부유한 지역과 비슷한 수준으로 맞추거나 필요한 경우 부유한 지역보다 더 많은 추가 재정을 투입한다. 그래서 내가 방문한 어느 빈곤 지역 초등학교에도 교실마다 대형 터치 스크린이 설치되어 있고 도서관 시설까지 훌륭했던 것이다. 그 밖에 특수교육이나 학습부진 아동 조기 지원 프로그램, 또는 소년범 교화캠프 등은 주 정부가 직접 후원한다.

하루는 다소 치안이 불안해 보이는 변두리 버스 정류장에서 캐나다 엄마를 한 명 알게 되었다. 그녀는 두 살배기 어린 아들을 유모차에 태우고 있었다. 우리는 15분 넘게 버스를 기다리는 중이었고 드디어 우리가 타야 할 버스가 다가왔지만 정류장을 그냥 지나쳐갔다. 정류장에 있던 사람들이 한목소리로 불평을 쏟아내기 시작했다. 바로 그때 사람들이 대중교통 때문에 열 받을 때만 생기는 일이 벌어졌다(적어도 영국에서는 그렇다). 처음 보는 사람과 말을 섞게 되는 것이다.

아기 엄마는 단번에 내 억양을 알아챘다.

"영국에서 오셨어요?"

"네, 맞아요. 영국 사람이에요."

"온타리오까지 어떻게 왔어요? 여행 중인가요?" 그녀는 영국 여자가 왜 이곳 변두리 지역 버스정류장에 서 있는지 궁금해했다.

"여러 나라를 다니면서 교육제도를 조사하고 있어요. 혹시 학교에 다니는 자녀가 있나요?"

"네, 몰리라고, 일곱 살짜리 딸이 있어요. 이제 막 2학년이 됐어요."

"몰리가 학교생활은 잘하고 있나요? 어머니는 이곳 학교 제도가 마음에 드세요?"

"네, 아주 좋아요. 몰리가 처음엔 읽기에 서투르고 어려워했는데, 학교 선생님이 여름방학 때 보충수업을 들으면 좋겠다고 하더라고요. 그때 몰리가 도움을 많이 받은 것 같아요. 공짜로 보충수업까지 해주니까 너무 좋죠."

초등학교 저학년 때 읽기 보충수업에 중점을 두는 방식은 핀란드와 비슷하다. 캐나다에서도 수업시간에 교사들이 읽기가 부족한 아이들을 모둠으로 묶어서 따로 지도하고, 나머지 아이들에게는 개별 과제를 내준다(내가 만난 어느 교사는 3대 위급 상황, 즉 배탈, 코피, 구토가 아니면 되도록 과제에 집중하라고 당부하기도 했다). 이렇게 하는 이유는 한 반 안에서도 아이들마다 발달 수준이 제각각이고 습득력이 남보다 뛰어난 아이들도 있기 때문이다. '학습지원 교사'인 자넷은 아이들이 몇 월생인지에 따라서도 차이가 난다고 설명했다.

"11월이나 12월생 아이들이 아무래도 좀 늦어요. 아직 준비가 덜 된 상태로 입학하기 때문에 학교에서 기대하는 만큼 교실에 앉아 공부하기가 쉽지 않죠. 대다수의 아이들이 금방 수업에 적응하고 읽기도 곧잘 해요. 하지만 읽기를 어려워하는 아이들은 제가 맡아서 부족한 부분을 알기 쉽게 가르칩니다."

자넷은 수업에서 뒤처지는 아이들을 따로 모아 수업 중이나 방과 후에 가르친다. 캐나다 초등학교의 학습지원 교사는 관련 학위를 받은 실력 있는 정교사들이고 특수교육 분야의 자격증까지 갖춘 경우가 많다. 중등교육도 마찬가지이다. 내가 방문한 학교의 학습지원 교실에도 이런 전문 교사들이 여러 명 상주해 있었고, 학생들이 미리 약속을 하거나 아무 때나 들러서 자유롭게 보충수업을 받았다. 캐나다 교육 당국도 핀란드처럼 학습부진 아동을 지원하는 것은 전문성이 요구되는 중요한 교육과정이라고 인식하기에, 의지는 있지만 숙련도가 떨어지는 보조 교사보다는 학습지원 교사에게 그 역할을 맡겼다. 보조 교사들이 그 역할을 할 수 없다는 뜻은 아니고, 실력이 뛰어난 보조 교사들이 있는 것도 사실이다. 하지만 이상적으로는 가장 복합적인 학습지원이 필요한 아이들이 최고의 전문 교사에게 보충수업을 받는 것이 가장 효과적이다.

자넷은 내게 보충수업에서 아이들과 어떻게 공부하는지 설명하더니, 생각지도 못한 전략까지 알려주었다. "아이들에게 공부를 왜 하는지 설명해 주려고 해요. 스스로 깨닫지 못하면 누군가 옳은 방향으로 인도해야 한다고 생각하거든요. 글자의 발음을 배우는 이유, 사이트 워드sight words(눈으로 보는 순간 이해할 수 있도록 활용도가 높은 단어를 우선 익히는 기초단계의 언어 학습법-옮긴이)를 외워야 하는 이유를 아이들에게 설명해 줍니다. 이 과정이 무척 중요해요. 아이들 대부분이 수업하는 동안 공부하는 이유를 자연스럽게 체득하지만, 제가 가르치는 아이들은 이 부분을 잘 이해하지 못하기 때문이에요." 아이들에게 학습동기를 심어주는 것이 성공의 핵심이라는 말이었다. 학습동기와 경험이 아이들의 학업성취에 중요하다는 주장은 그 후에 내가 방문한 브리티시컬럼비아주와 온타리오주에서도 계속 들을 수 있었다.

캐나다식 학습동기 유발 전략

온타리오주에서 한 초등학교 교장에게 교장의 역할을 물은 적이 있다. 그녀는 맨 먼저 "아이들을 학교로 오게 만들어야죠. 어떻게 하면 학생들 한 명 한 명에게 소중한 공동체의 일원이라는 소속감을 심어줄 수 있을지 고민합니다." 듣기 좋은 말이지만 구체적으로 어떻게 하는지가 궁금했다.

"여러 가지 방법이 있어요. 우선 학교와 어떻게 관계를 맺어나가느냐가 중요해요. 학교 측에서 학생들의 의견을 들어주고 어떤 활동을 하고 싶은지 물어봐요. 그리고 교사나 학부모의 제안을 대부분 수용하죠. 아이들의 관심거리였던 병아리 부화장을 학교 안에 짓는다거나, 학부모들의 건의로 아이들이 연어 방생 체험을 나가서 즐거운 경험을 하게 된다거나 하는 식으로요. 또 아이들이 체스나 공예 동아리를 만들고 싶다고 하면 그것도 학교에서 지원합니다. 학교에서 모금 행사를 하면 모금액은 전액 학생 활동에 쓰여요. 학생들의 관심사가 최우선이니까요."

　지금까지 초등학교를 위주로 살펴보았지만 중학교나 고등학교도 마찬가지로, 교사나 학생들의 의견을 적극 반영할 뿐만 아니라 아이들이 다양한 관심사를 추구할 수 있는 제도를 마련하고 있다. 예컨대 고등학교에서 특별 활동으로 참여할 수 있는 동아리만 해도 테니스, 일본만화, 프리스비 던지기, 국제사면위원회, 토론, 럭비 등 무궁무진하다. 더욱이 학교에서 제공하는 동아리 외에 학생들도 누구나 마음만 먹으면 동아리를 만들 수 있다. 일대일 또는 소규모로 학생들의 개인적 고민이나 교우 관계에 대한 고민을 들어주고 학업과 진로 상담까지 전문적으로 맡아서 하는 어느 상담교사가 다양한 특별활동의 중요성을 내게 설명해 주었다. "모든 학생이 학교에 나오는 이유를 찾게 되죠. 조이라는 학생만 해도 그래요." 상담교사는 책상 위에 놓인 상담일지를 가리키며 설명을 이어갔다. "조이는 공부를 어려워하지만 그래도 학교를 끝까지 다니고 싶어 해요. 농구 동아리에서 빠지기 싫대요." 브리티시컬럼비아주에서는, 고등학교를 졸업할 때 교과목 성적과 뮤지컬 수업 등 일부 특별활동 성적이 합산된다. 내가 방문한 어느 고등학교의 교장은 전교생 1,000명 가운데 600명이 특별활동에 참여하고 있다고 자랑스럽게 밝히기도 했다.

　캐나다에는 고등학교마다 상담교사가 반드시 있다. 상담교사는 학생들의 정신 건강을 지키는 역할도 하지만, 전교생과 상담을 하면서 근황을 파악하고, 공부가 어렵지는 않은지, 선택과목은 무엇을 고를 생각인지 의견을 듣는 역할도 한다. 내가 만나본 또 다른 상담교사는 "학생들은 누구나 공부를 잘 할 수 있지만, 먼저 애정과 관심을 받지 못하면 셰익스피어 따위는 관심 밖"이라고 말했다. 어린 학생들은 특별활동을 담당하는 교사나 상담교사와 교류하면서, 책임감 있는 어른과 의미 있고 긍정적인 관계를 맺을 기회를 얻는다. 이런 기회는 어떤 이유로든 부모나 교과목 교사와 긍정적인 관계를 쌓지 못하는 아이들에게 특히 더 중요하다.

공부를 잘하는 학생은 이미 그것만으로도 학교에 오는 동기가 충분하지만, 공부에 관심이 없어 낙제할 가능성이 있는 학생에게는 공부가 아니라도 계속 학교에 나올 이유, 즉 노력을 쏟을 만한 대상이 있어야 한다. 캐나다의 교육 방침은, 학생들을 특별활동에 참여시키고 인간관계의 중요성을 강조하는 전략을 택해서 모든 아이가 학교의 일원이라는 생각을 갖고 학교생활을 잘하도록 유도하는 것이다. 이런 방식이 내재적 동기를 강화하고 여러 가지 긍정적 효과를 거둔다는 연구 결과가 있다.

코넬리우스-화이트Cornelius-White는 교사의 개인적 특성(공감 능력이나 다정함 등)이 학생들에게 어떤 영향을 미치는지 확인하기 위해, 총 119건의 관련 연구를 수집해 메타 분석을 시도했다. 그는 인간중심적 교사라는 변수와 학생들의 비판적 사고 및 수학·읽기 점수 사이에 높은 상관관계가 있음을 밝히고, 교사가 학생을 인격체로 대하고 관심을 기울일 때 발달이 촉진된다고 결론을 내렸다.[194] 온타리오주 정부도 '학생 성공' 전략에서 교사와 학생의 관계가 중요하다고 인정하고, 낙제 위기에 있는 학생들을 직접 가르치는 교사를 특별히 채용하고 있다.

학생들에게 동기를 부여하는 또 한 가지 제도적 장치는 학교 및 학급을 배정하는 캐나다만의 방식이다. 캐나다에서는 일반적으로 고급 수학이 시작되는 9학년(14~15세) 때까지는 학교를 선택하거나, 성적에 따라 계열을 나누거나, 과목에 따라 수준별 설정을 하는 경우가 없다. 캐나다도 과거에는 다른 나라들처럼, 타고난 소수의 학생들만 공부에 재능이 있다는 전제에서 인문계와 실업계를 나누는 이원화 교육정책을 시행했다. 하지만 오랜 논의와 열띤 논쟁을 거치면서 이원화 교육은 점차 통합교육으로 바뀌었다. 1968년 일부 주를 시작으로 대부분의 주가 1970년대에 통합교육제도를 도입했고, 1982년에는 나머지 몇몇 주를 끝으로 통합교육이 전국에 확산되었다. 1982년 이후 국제학력평가에서 캐나다의 성적 향상이 교육제도의 변화와 관련되었는지 한번 조사해 볼 만하다.

캐나다의 고등학교 입시도 평준화 정책에 따르지만, 입학 후에는 상담교사와 의논해서 본인의 원하는 과목을 원하는 난이도로 선택할 수 있다. 내가 만난 어느 고등학생을 예로 들어, 편의상 마이크라고 부르기로 하자. 마이크가 선택한 과목은 기초 수학, 고급 영어, 고급 사회 과목이었다. 대략 15세가 되면 전 과목을 통틀어서 진학 과정 아니면 직업과정으로 진로를 분리하는 대부분의 나라와는 상당히 대조적인 방식이다. 캐나다에서 학생의 선택을 얼마나 존중하는지 보여주는 사례가 있다. 마이크의 이웃 동네에 있는 학교는 최근 들어 '고급 수학' 수업을 들으려면 일정한 점수 이상을 받아야 한다고 제한을 두기 시작했다. 다시 말하자면, 얼마 전까지 그 학교 학생들은 수학 성적이 상위권이 아니라도 고급 수학을 선택할 수 있었다.

또한 학생들이 선택할 수 있는 수업의 범위와 종류도 다양하기 때문에, 마크도 본인이 원하면 금속세공이나 정비기술 같은 직업과정과 순전히 대학 진학에 필요한 교과목 수업을 동시에 들을 수 있었다. 이것은 캐나다 어디를 가나 마찬가지이다. 《학교 제도Learning to School》의 저자 제니퍼 월너Jennifer Walner는 캐나다 공교육을 이렇게 설명했다. "전국적으로 중등교육은 학생들이 진로를 탐색할 수 있도록 선택의 자유를 보장하는 것이 기본이다. 학생들은 진로를 결정하기 전에 자신의 강점과 재능이 어디에 있는지 확인하는 데 충분한 시간을 보낸다."[195]

국제적으로도 학생들이 진로 선택을 미루면 학습동기가 높아진다는 조사 결과가 드러났다. OECD 보고서에 따르면, '학생들의 학습동기 수준과 학교 제도에서 학생들을 서로 다른 학교나 교과과정으로 구분하는 정도는 부적negative 상관관계에 있었다.'[196] 다시 말해, 학업성적을 기초로 인문계와 실업계 학교를 구분하는 교육제도는 (캐나다처럼) 그렇지 않은 교육제도보다 학생들의 학습의욕을 떨어뜨렸다. 예외적으로 싱가포르 학생들의 학습의욕이 높은 것은 유교적 교육문화의 영향으로 보인다.

개별화의 한계

학생에게 폭넓은 선택권을 주는 등 개성을 존중하는 캐나다의 교육 방식은 내가 방문한 국가 중에 아이들의 개별적 요구를 충족하는 효과가 가장 컸다. 캐나다는 다른 나라에 비해 다양성이 큰 나라로 다채로운 문화적·언어적 배경을 가진 아이들을 한 교실에 모아놓고 가르쳐야 하기 때문에, 개별화가 어쩔 수 없는 선택일 수도 있다. 또 한 편으로는 아시아 국가들처럼 학부모가 자녀의 공부에 깊이 관여하기를 기대할 수 없기 때문에, 학생들의 관심사를 바탕으로 개별적으로 학습동기를 자극하는 방법을 찾아야 했는지도 모른다. 물론 이런 특수성을 무시하고 아이들의 개성을 외면할 수도 있지만, 이것은 캐나다 교사들이 쉬운 선택을 거부했다는 증거이다. 굉장히 멋진 일이다. 하지만 내가 캐나다에서 경험한 바에 따르면 개별화에도 한계를 정해야 아이들에게 도움이 된다는 생각이다. 지금부터 주의할 점을 알아보자.

내가 만나본 많은 캐나다 교사들은 학생들이 공부하는 방식에 맞춰 수업을 준비한다고 이야기했다. 아이들(그리고 성인들)마다 선호하는 학습 방법이 있다는 논리였다. 시각적 자료를 좋아하는 아이들, 말로 설명하는 것을 좋아하는 아이들, 직접 체험을 통해 배우기를 좋아하는 아이들이 다 다르기 때문에, 교사가 학생들이 선호하는 방식에 따라 도표를 준비하거나 실습을 준비하는 식으로 개별 맞춤형 수업을 해야 더 효과적으로 학습할 수 있다는 설명이다. 이것을 '맞물림 가설 meshing hypothesis'이라고 한다. 맞물림 가설은 영국에도 널리 알려진 이론이며 나 역시 교사 연수를 받을 때 이런 수업 방식을 배웠다. 이 방식은 시각, 청각, 운동감각을 의미하는 VAKVisual Auditory Kinesthetic 모델로 알려졌고 당시 모든 수업에서 VAK가 권장되었다.

문제는 이런 학습 방식의 효과가 증명되지 않았다는 점이다. 네 명의 존경받는 심리학자들이 맞물림 가설을 검증한 결과, 아동과 성인 모두 선호하는 학습 방식이 있는 것은 사실이지만 그들이 선호하는 방식이 더 나은 학습 결과로 이어진다는 가설은 '사실상 근거 없는' 주장으로 밝혀졌다. 학습 방식에 관한 이론은 헤아릴 수 없이 많지만 실제로 교육 현장에서 타당성을 검증해 볼 만한 실험적 연구는 별로 없다. 더구나 적절한 실험 방법을 적용한 몇 가지 연구에서는 맞물림 가설을 정면으로 반박하는 결과가 나왔다.[197]

이것은 교사들이 개념을 설명할 때 다양한 방법을 동원할 필요가 없다는 의미가 아니라, 학습자의 선호도보다 가르치고자 하는 개념이나 주제 자체가 수업 방식에 더 큰 영향을 준다는 의미이다. 예를 들어 학생들에게 캐나다 산맥의 구조적인 특징을 설명하려면 시각 자료가 최선이겠지만, 이민자의 상황을 이해하는 것이 수업 목표라면 수업 중에 낯선 언어를 사용해 보는 방식이 더 나을 수도 있다. 때로 유난히 까다로운 주제를 가르치는 경우에는 두 가지 이상의 방법으로 설명해야 효과적이며, 많은 캐나다 교사도 분명 이런 방식을 택하고 있다.

하지만 내가 주목하는 쟁점은 어떤 수업 방식이 교사들에게 시간 낭비인지 아닌지를 따지는 것보다 더 근본적인 문제이다. 설령 교사들이 좋은 의도에서 교육 환경을 학생에게 맞추려고 해도, 이 시도가 단기적으로는 그 학생에 대한 기대감을 낮추는 효과가 있기 때문에 결국 학습자에게 불리하게 작용할 수 있다. 이 문제가 수업 방식에만 국한되는 것은 아니지만, 수업 방식이 학생들에게 어떤 영향을 미치는지 분명히 보여주는 사례가 될 수 있다.

가령 초등학교 5학년인 조가 책 읽기를 싫어하고 만들기와 그림 그리기를 좋아한다고 하자. 조는 '운동감각' 학습 방식을 선호한다고 볼 수 있으므로. 교사는 그에게 읽기를 좋아하는 옆자리 친구 사라처럼 역사 교과서를 꼼꼼하게 읽으라고 하는 대신 교과서 그림을 바탕으로 로마 시대의 공중목욕탕을 그려보라고 할 것이다. 다음 수업에서, 조가 시인의 이름과 그의 작품이 적힌 종이카드를 분류해서 짝을 찾는 동안, 사라는 그 시인이 쓴 시를 바로 읽는다. 로마의 목욕탕이나 시에 대해 누가 더 많이 배울지 문제 삼지 않더라도, 이렇게 하면 조는 책 읽기가 늘지 않고 사라는 그림 그리기가 늘지 않을 것이다. 두 아이의 차이, 즉 아이들의 장단점이 지나치게 부각되어 조의 문학적 잠재력과 사라의 미술적 잠재력은 계발이나 성장의 여지도 없이 어린 나이에 사라지게 된다.

개별화가 지나쳤던 실제 사례를 한 가지 살펴보자. 나는 밴쿠버의 한 고등학교에서 3학년 학생들을 가르치는 역사 교사를 만났다. 열정과 성의가 넘치는 그녀는 학생들을 만나보라면서 나를 학교로 초대했다. 그녀는 최근에 학생들에게 어떤 동영상을 보고 오라는 숙제를 내주었고 그 내용을 직접 수업시간에 다루게 된다고 알려주었다. 다음 시간에 교사는 동영상을 보지 않고 온 학생 한 명과 숙제가 어땠는지 대화를 주고받았다.

"이번 숙제는 효과가 있었니?"

"아뇨."

"왜?"

"제가 게을러서요."

"그러니까 미루다가 결국 숙제를 하지 못했구나. 하지만 다음번 수업에서 동영상을 본 나머지 29명은 감상문을 쓰거나 다른 과제를 하고, 너는 나랑 일대일 수업을 했으면 좋겠어. 네가 '효과가 없다'고 포기했던 게 결국 너한테 이득이 된 거야. 네 말을 듣고 선생님은 오히려 다행이라고 생각했지. 왜냐하면 이제 내가 너를 따로 도와줄 수 있으니까. 무슨 말인지 이해하겠니?"

교사는 학생을 다정하게 대했다. 그 학생이 스스로 게으른 탓에 숙제를 하지 못했다고 인정했는데도, 교사는 학생이 계속 공부하고 수업에 참여하도록 격려했다. 어쩌면 그 학생에게 말하지 못할 가정사가 있어서 교사는 그가 학교를 포기하지 않도록 특별히 챙겨주는지도 모른다. 이런 방법으로 학생을 대하는 타당한 이유가 분명 있을 것이다. 하지만 겉으로 볼 때, 교사는 '게으름'이 학생의 타고난 특성이라서 다음번에도 숙제를 해 오지 않을 것이고 그러므로 집에서 숙제로 해야 하는 부분을 교실에서라도 할 수 있도록 교육 환경을 그 학생에게 맞춰줘야 한다고 생각하는 듯했다. 만약 이것이 사실이라면, 그 학생은 앞으로도 공부를 열심히 하지 않을 것이다. 그럴 필요가 없다는 것을 알기 때문이다. 결국 교사의 관심을 독점할 수 있으니 학생 입장에서는 좋을 수도 있다. 하지만 학생이 만약 사회에 나가서도 직장 상사에게 자신이 게을러서 서류 작업을 하지 못했다고 변명한다면, 어떤 일을 하건 오래 버티지 못할 것이다. 때로는 환경을 아이들에게 맞춰주기보다, 아이들이 환경에 적응하는 법을 배우도록 격려할 필요가 있다.

우등생 특별반, 허물없는 교육감

우리는 마음만 먹으면 언제라도 새 출발을 할 수 있다.
이른바 '실패'는 굴러떨어진 것이 아니라 아직 오르지 않은 것이기 때문이다.
- 메리 픽포드(Mary Pickford, 캐나다 배우 겸 프로듀서)

나는 밴쿠버 외곽의 작은 마을에서 즐거운 한 주를 보냈다. 고맙게도 초등학교 교사 마릴린이 추수감사절 가족 모임에 나를 초대해 환대를 베풀어주었고 그 덕분에 파이도 세 종류나 맛볼 수 있었다(호박, 초콜릿, 피칸 파이까지). 다른 나라와 마찬가지로 캐나다에서도 나는 뭐든 학교에서 도울 만한 일이 없는지 물었고, 마릴린은 내게 2학년 학생들을 일대일로 면담하면서 기초 평가를 해보라고 제안했다. 예를 들어, 아이들에게 숫자를 얼마까지 셀 수 있는지 물어보는 평가 항목도 있었고(110을 넘어가면 멈추게 했다), 내가 어떤 단어를 말하면 해당하는 신체 부위를 손으로 가리키는 항목도 있었다.

면담이 시작되었고, 어떤 남자 아이가 내게 장난을 걸어왔다. 짐작하겠지만 나는 영국 사람이라 영국식 억양으로 말한다. '귀ear'라는 단어도 캐나다 영어와는 다르게 발음한다. 내가 '귀'를 가리켜보라고 말하자 그 아이는 한 번에 알아듣지 못했다. "뭐라고요?" 이때부터 나는 당황했고 아이는 장난기가 발동했다. 내가 말할 때마다 그 아이는 키득거리면서 반문했다. "뭐라고요?" 하는 수 없이 나는 모든 신체 부위를 '캐나다'식으로 발음했다.

기초 평가 외에도 아이들의 '수행 수준'을 비율로 표시한 색채 차트와 그래프들이 교무실 밖에 전시되어 있었다. 캐나다에서 아이들에게 거는 기대가 어느 수준인지 알 수 있다. 브리티시컬럼비아주 정부는 교사들이 수업에서 참고할 수 있는 'BC 수행 평가 표준'을 개발했다. 이것은 학년별로 수업에서 기대하는 내용을 수준에 따라 '기대에 못 미침', '기대에 부응함(최저 수준)'. '기대 충족', '기대 이상' 등으로 구분하고 각각의 세부적인 특징을 기술해 놓은 것이다.[198] 예를 들어, 3학년 쓰기 평가에는 '글짓기(이야기나 시 쓰기)'가 포함된다. 공식 문서에는 글짓기 수행평가 기준으로 의미, 문체, 문법, 형식 등 다양한 세부 항목이 표시되지만, 간단히 요약한 내용은 〈표 3〉과 같다.

표 3 브리티시컬럼비아주 초등학교 3학년 글짓기 수행 평가 표준

수준	기대에 못 미침	기대에 부응함 (최저 수준)	기대 충족	기대 이상
특징	내용이 단순하고 일관성과 논리가 부족하며, 기본적 실수가 반복적으로 눈에 띈다. 지속적인 도움이 필요하다.	어떤 사건이나 생각을 막연하게 표현하고 가끔 세부 묘사가 등장한다. 부분적으로 내용이나 어법에서 실수가 눈에 띈다.	이야기나 시의 내용이 짜임새 있게 완결되고 이해하기 쉽다. 가끔 흥미로운 세부 묘사가 등장한다.	이야기나 시의 내용이 흥미롭고 창의성이 돋보인다.

그리고 평가 기준마다 실제 학생들의 글짓기 자료가 구체적 사례로 첨부된다. 이 부분이 특히 중요한 이유는, 인간이 본래 추상적으로 기술된 내용만 보고 구체적인 사례를 바로 떠올리는 데 익숙하지 않아서이다. 예를 들어, '흥미로운 세부 묘사'에 해당하는 구절을 한번 떠올려보자. "심슨 가족 주제가가 제일 좋았다. 왜냐하면 심슨 가족이 콘서트에 가는 장면이 나올 줄 몰랐기 때문이다" 혹은 "오피엄 극장에 그림을 그린 사람들이 높은 데 매달려 있었다고 선생님이 말했을 때 나는 좀 무서웠다"라고 쓴 아이도 있었다. 교사들은 이런 실제 사례를 기준으로 자기가 가르치는 학생들의 글이 어느 정도 수준인지 비교해서 결정할 수 있고, 인간의 뇌는 이 작업을 훨씬 더 능숙하게 할 수 있다.[199]

캐나다에서 성과를 기반으로 하는 교육과정과 수행평가 방식은 1980년대에 도입되었다. 1960년대 후반부터 1970년대까지는 각 지역별 교육위원회나 개별 학교가 교육과정을 결정하는 지방분권형 제도를 시행해 학생들이 보다 융통성 있는 교육을 받은 시기였다. 원래 교육제도를 탄력적으로 운영하는 방침은 이른바 '융통성 없는 수업, 시대에 뒤떨어진 교육과정, 비현실적인 규제, 경직된 조직, 잘못된 교육목표(1960년대 말 온타리오주 교육보고서에 등장하는 표현)' 등을 바로잡기 위해 도입되었으나, 채 20년도 지나지 않아서 다시 제자리로 돌아가게 된 것이다. 또다시 교육정책 입안자들은 학생들이 성취해야 하는 학력 수준을 학년별로 명시했고 이것이 오늘날까지 유지되고 있는 정책이다. 캐나다의 국제시험 성적이 오르기 시작한 것도 1980년대부터였다.

캐나다의 학업수행평가 표준은 주로 교사에게 유용하다. 교사는 주 정부가 제시하는 표준에 맞게 자체 평가를 시행해서 학생들이 기준을 충족했는지 판단하고 학생들의 발달 상황을 학부모에게 알리는 수단으로 활용한다. 또한 교사들은 BC주에서 제공하는 문제은행 자료도 이용할 수 있다. 문제은행은 과학이나 수학에서 교육과정과 연계해 학생들의 학력을 평가할 수 있는 객관식 문항들을 제공한다. 그밖에도 초등학교 4학년과 7학년 때 주 정부에서 시행하는 학력평가가 있다. 학력평가에서는 읽기, 쓰기, 수학 영역을 평가하는데, 채점은 외부 기관에서 진행되며 객관식 문항 외에도 수행 표준을 기준으로 학생이 어느 수준에 도달했는지 대략적인 평가를 받을 수 있다. 또한 중학생 전 학년을 대상으로 하는 간단한 학력평가도 있다. 온타리오주 역시 BC주처럼 수행평가 표준 제도를 시행하지만, 3학년(종합), 6학년(종합), 9학년(수학), 그리고 10학년(문해literacy) 때 외부 평가를 시행한다는 점이 다르다. 앞서 주 정부에서 한때 평가 표준을 폐지했다가 다시 도입한 배경을 소개했듯이, 이들 학력평가도 1960년대와 1970년대에 폐지되었다가 학생들의 학력 수준이 저하되고 공교육이 책임을 다하지 못한다는 비판이 거세지자 1980년대 후반과 1990년대에 걸쳐 다시 도입된 것이다.

캐나다에서 성과를 기반으로 학업성취도를 평가하는 방식은 준거–참조criterion-referenced 평가이자 등급 평가(절대평가 개념–옮긴이)로 알려져 있으며, 앞서 살펴본 여러 나라의 평가 방식과는 차이가 있다. 예를 들어, 싱가포르의 초등학교 졸업시험PSLE은 (준거참조의 반대 개념인) 코호트–참조cohort-referenced 방식으로, 정해진 표준에 따라 학생들의 성적을 측정하기보다 유사한 집단끼리 서로 비교해서 분석하는 상대평가의 개념이다. PSLE에서 실제 점수는 응시자 전체의 원점수를 포함해 PSLE T-점수(조정 점수)로 표시된다. 이렇게 되면 어떤 학생의 원점수가 낮아도 다른 학생들의 원점수가 더 낮다면 상대적으로 높은 조정 점수를 받는 반면, 모두가 높은 원점수를 받으면 상대적으로 낮은 조정 점수를 받게 된다(싱가포르 시험의 난이도가 점점 높아지는 현상에 대해서 '꼬마'가 엄마와 나눈 대화를 떠올려보기 바란다). 코호트-참조 방식에서 교과과정을 충분히 숙달했는지 여부는 부차적인 요인이며, 동급생에 비해 얼마나 높은 점수를 받았느냐에 따라 성적이 결정된다. 이와는 대조적으로 캐나다의 경우에는 특정 주에서 4학년 학생 전체가 한 명도 빠짐없이 수행평가 표준을 충족하는 것도 이론적으로(현실성은 낮지만) 가능하다.[200]

전문적인 이야기로 들리겠지만(실제로도 그렇다), 이렇게 상이한 교육평가 방식을 보면 교육에 접근하는 철학부터 근본적으로 다르다는 사실을 알 수 있다. 똑똑한 아이들과 그렇지 않은 아이들, 즉 교육할 가치가 있는 아이들과 그렇지 않은 아이들을 구분하고, 그에 따라 기회를 배분하기 위해 고안된 평가인가? 아니면 아이들이 사회가 규정한 지식과 기술을 습득하는 데 얼마나 성공했는지 확인하기 위해 고안된 평가인가? 두 가지 방식 모두 제 역할이 있으며 어느 정도까지는 교육 단계에 따라 효과가 달라진다. 하지만 캐나다처럼 모든 학생이 14세나 15세까지 일반 학교에 다니면서 공통의 기준을 충족할 수 있다고 믿는다면 굳이 학생들을 서로 비교해서 평가하고 점수대로 등수를 매길 필요가 없다. 아이들의 성과를 평가 표준과 전형에 비추어 판단하는 것만으로도 교육에 필요한 정보는 충분하다. 학업성취도 평가를 학생이 어느 학교에 가야 하는지 또는 어떤 교사가 봉급을 더 받아야 하는지 판단하는 기준이 아니라, 학교에서 아이들을 더 잘 가르치고 학생 개개인에게 도움을 주려면 어떤 방법이 좋을지를 의논하는 기준으로 삼으려 한다면, 코호트-참조 평가만큼 학생들을 미세하게 평가될 필요는 없다.

최우수 학생들을 위한 수업

나는 어느 일반 고등학교를 찾아가서 그 학교 교장과 캐나다의 교육제도에 대해 긴 시간 이야기를 나눴다. 금색 콧수염이 인상적인 밥 교장은 원목 책상 앞에 앉아, 15세까지 통합교육을 지향하는 캐나다 학교의 교육철학에 대한 자신의 생각을 분명히 밝혔다. "완벽한 세상이라면 절대로 아이들을 우열반으로 나누지 않을 거예요. 지능은 더 이상 문제가 아니니까요. 학생들에게 중요한 것은 흥미와 열정, 그리고 하고 싶은 일을 하는 방식입니다. 게다가 능력에 따라 구별하면 누군가에게 갈 수 있는 곳과 할 수 있는 일을 미리 정해주는 것이 아닌가요? 나는 이 학교에서 일하는 직업교육 선생님들을 잘 알고 있어요. 훌륭한 교육자들이죠. 그분들은 학창 시절에 능력이 모자라서가 아니라 아직 준비가 덜 되었기 때문에 실업계로 밀려났어요. 그래서 어릴 때 준비도에 따라서 한 사람의 인생을 좌지우지하는 건 옳지 않다고 생각합니다."

그는 잠시 멈추더니 자세를 고쳐 앉았다. 다음에 할 말을 생각하고 있는 듯했다.

"때가 되면 진로를 정해야 하겠죠. 하지만 13세 때 결정할 일은 아니라는 겁니다. 내가 보기에 그건 아동학대에 가까워요. '넌 별로 똑똑하지 않으니까 앞으로도 못할 게 뻔해'라는 말과 뭐가 달라요? 그렇게 말하면 안 되죠. '있지, 아마 지금 당장은 힘들지도 모르겠다. 하지만 네가 능력이 모자란 게 아니라 지금 준비가 덜 되어서 그래.' 나는 교장실에 오는 학생들에게 항상 이렇게 이야기합니다."

밥은 지능이 직장에서 유일하게 인정받는 특성은 아니라는 점을 강조했다. 그리고 지능에 관한 견해를 두 가지 덧붙였다. 하나는 지능이 고정된 실체가 아니라 발전한다는 것이다(그러므로 어느 시점에 준비가 부족할 수는 있지만, 그렇다고 해서 할 수 없는 것은 아니다). 다른 하나는 좀 더 복잡하다. 아이들에 따라 준비되는 나이가 다르다는 점을 인정하면서, 그는 재능과 능력이 발달하는 속도도 사람마다 다르다고 했다.

지능이 발달한다는 주장은 과학적 연구로도 충분히 뒷받침되었다. 사실, 싱가포르의 (지능이 고정되어 있다는 관념에 따라 설계된) 교육제도나 일본의 (모든 아이가 똑같은 학습능력을 가지고 출발한다는 관념에 따라 설계된) 교육제도에서 전제하는 가설보다 강력한 근거가 있다. 모든 캐나다인이 지능에 대해 밥과 같은 생각을 하는 것은 아니지만, 적어도 캐나다의 학교 제도는 이 두 가지 견해를 인정하는 듯하다.

실제로 지능은 발달한다. 7장에서 살펴본 대로 IQ가 변하지 않더라도 아이들의 지능은 계속 발달한다. 단지 일정한 선형 방식이 아니라 간헐적 방식일 뿐이다. 아이들의 지능은 마치 아이들의 키가 급성장하는 시기가 오듯, 한 달 동안 크게 발달하고 그다음 두 달 동안 변화가 없을 수도 있다. 앞서 자넷이 설명한 대로, 캐나다 학교에서 읽기 수업을 따라잡기 어려워하는 아이들을 따로 지원하는 것은, 제대로 가르치기만 하면 모든 아이가 성취할 수 있다는 신념을 바탕으로 한다. 또한 밥의 설명에 따르면, 캐나다 전국에서 고등학교 때까지 (진학교육과 직업교육은 물론) 수준별 설정을 늦추기로 결정한 것은, 발달이 완성 단계에 이르지 못했다는 이유로 누구도 어린 나이에 선택을 박탈당하지 않는다는 철학을 바탕으로 한다.

하지만 캐나다의 교육제도는 모든 아이의 지능이 같은 속도로 발달하지 않는다는 밥의 두 번째 견해와도 부합한다. 어떤 아이는 다른 아이들보다 더 쉽게 배운다. 이것은 부분적으로는 유전의 영향으로, 어떤 사람은 공부를 쉽게 하는 반면에 또 어떤 사람은 그런 사람과 같은 수준에 도달하려면 좀 더 노력해야 한다. 캐나다도 핀란드와 비슷한 방식으로 수업에 뒤처지는 학생들을 지원하는 정책을 시행하고 있다. 교사들은 기대치를 낮추지 않고, 자넷과 같이 전문 자격을 갖춘 학습지원 교사들은 보충수업을 통해 아이들이 어려움을 극복하고 또래 친구를 따라잡을 때까지 지원한다. 하지만 캐나다인들은 또한 우수한 학생들의 요구에도 맞춘다.

자넷은 정규수업이 쉽다고 생각하는 학생들을 위해 따로 진행하는 특별반pull-out group 모임에도 나를 초대했다. 거기 있던 다른 교사가 특별반에 대해 설명해 주었다. "초등학교에서는 잘하는 아이에게 친구들의 공부를 도와주라고 격려해요. 그러면 복습하는 데 도움이 되거든요. 하지만 계속 똑같은 내용만 반복해야 할 때도 있죠." 그래서 공부를 잘하는 아이들에게도 발전할 기회를 보장하기 위해 학교에서는 소규모 모임을 꾸려 특별반을 운영하고 있었다. 내가 참관했던 수업에는 학년이 제각각인 학생 일곱 명이 모였고, 캐나다의 유명 인물이라는 주제로 과제의 진행 상황을 발표하는 시간이었다. 고학년 아이들이 지난번 과제를 하면서 배운 자료 조사 방법, 즉 믿을 만한 온라인 검색 사이트가 어딘지 그리고 관련 자료를 검색하려면 검색어를 어떤 식으로 입력해야 최선의 결과가 나오는지 다른 아이들에게 알려주고 있었다.

정규수업 이외에 지적으로 동등한 학생들끼리 모여서 별도의 과제를 하면서 관심 있는 주제를 공부하는 방식은, 브리티시컬럼비아주 정부 웹사이트에 소개된 영재교육 지침에 따른 것이다. 주 정부는 밴쿠버의 한 고등학교 학생 가운데 영재 33명으로부터 학습 환경에 대한 피드백을 받았다. 만약 교사들이 최상의 학습 환경을 제공할 수 있다면, 가장 바라는 것이 뭔지 질문을 받았을 때 우수한 학생들의 공통적인 대답은 '독립적 학습 기회 제공, 우리가 관심 있는 것을 공부하게 해주세요, 나보다 높은 학년과 공부하고 싶다. 수준이 맞을 것 같다' 등이었다.[201]

존 해티John Hattie 교수가 이른바 '영재교육' 프로그램 연구를 메타 분석한 결과, 가장 효과적인 교육 개입의 형태는 '속진교육acceleration'으로 밝혀졌다. 속진은 특히 능력이 뛰어난 아이들을 상급생들과 같은 수업에 배정하는 것을 말한다. 이 접근법은 또래와 비교하면 효과 크기가 0.8(높은 수준)이었지만, 새로 배정된 반 학생들과 비교하면 별 차이가 없었고, 따라서 중요한 학교 시험에서 또래와 경쟁하는 것보다 오히려 불리하게 작용할 수도 있다. 해티 교수는 두 가지 유형의 영재 집단을 검토했는데, 하나는 아이들이 자신을 위해 특별히 개발된 교과과정을 따르는 경우였고(효과 크기 0.3으로 낮거나 보통 수준), 다른 하나는 별도의 반에 배정되어 일반 아이들과 똑같은 교과과정을 더 빠른 속도로 배우는 경우였다(이 책에서는 수준별 설정이라 불렀다). 후자는 최상위권의 경우 0.14(낮음)의 효과 크기를 나타냈다. 한편 자기능력개발수업enrichment class도 흔히 볼 수 있는 영재 교육법인데, 위에서 설명한 자넷의 소규모 특별반 수업이 여기 해당한다. 지도 교사의 경험에 따라 효과가 달라지긴 하지만, 이 방식에 참여한 학생들은 평균 0.39(중간)의 효과 크기를 보였다.[202]

캐나다에서 능력이 뛰어난 아이들에게 영재교육의 기회가 주어지는 범위와 방식은 주마다 다르다.[203] 영재교육을 의무적으로 시행하는 주는 없지만 금지하는 주도 없다. 그리고 14세 이전에는 어느 주에서도 수준별 설정을 허용하지 않지만, 일단 고등학생이 되면 학업이 우수한 학생들은 주 정부에서 제공하는 별도의 교육과정에서 일종의 '능력별 수업'을 받을 수 있다. 진로 구분이나 수준별 학급 선택이 교육의 형평성에 부정적인 영향을 미친다는 연구 자료를 읽은 이후로, 내가 궁금했던 것은 한 집단의 이익이 다른 집단의 이익을 희생하지 않고 모두가 혜택을 받는 방식으로 학생들을 구분할 수 있겠느냐는 문제였다. 오래전부터 이 문제에 관심이 있었기에 밴쿠버 섬에서 방문했던 한 고등학교의 사례에 각별히 관심을 갖게 되었다. 그리고 이런 사례가 캐나다 전역에 흔하다는 사실도 알게 되었다.

'몰' 모형으로 가득 찬 화학 실험실에서 나는 마리를 만났다(몰 mol은 화학 물질의 입자를 세는 단위이다). 그녀는 자신이 가르치는 AP Advanced Placement(대학과목선이수제-옮긴이) 수업에 나를 초대했고, 학생들은 반응 속도에 영향을 주는 요인을 조사하는 실험을 그룹별로 설계하고 있었다. AP 수업은 '최우수' 학생들만을 위한 것으로, 교사들이 능력이 되는 고등학생들에게 대학에서 배우는 고급 과정을 미리 가르치는 수업이다. 하지만 이 학교에서는 학생들을 여러 등급으로 선별하지 않고, 오직 AP 수업과 일반 수업(최우수 학생들을 제외한 모든 학생들의 수업) 두 단계로만 나누고 있었다. 최하위 등급에는 아무도 배정되지 않는다.

수업을 마친 후 마리는 그 이유를 이렇게 설명했다. "여기서는 학생들의 등급을 내리기보다 올려서 가르쳐요. 마치 밀물이 들어오면 모든 배가 바다에 뜨는 것처럼요. 아랫반으로 내려보내면 아이들은 공부를 포기하거나 스스로 멍청하다고 생각하게 돼요. 상위권이 아닌 아이들에게는 부담이 된다고 생각하는 사람들도 있지만, 실제로 예전에는 수업시간에 상위권 아이들 때문에 발표하기를 꺼리던 아이들도 새로 편성된 반에서는 더 활발하게 수업에 참여하고 있어요." 생각해 볼 만한 이야기이다.

기대와 책임

캐나다의 개별화 중심 정책을 생각해 보면 학생 수행평가 표준이 여전히 학년을 기준으로 한다는 사실은 다소 의외이기도 하다(예컨대 '4학년 말까지 ○○○○를 할 수 있어야 한다'). 모든 학생이 14세나 15세까지 같은 학년에서 동일한 교과과정을 배우는 제도이므로 핀란드, 일본, 싱가포르(초등학교), 상하이의 통합교육제도와 마찬가지이다. 이것은 최근까지 영국에서 실시한 개별화 정책과도 차이가 있다. 영국도 캐나다처럼 얼마 전까지 수행 표준을 근거로 학생들의 학업성취를 평가했지만, 이 기준(레벨level 개념)은 학년과 무관했다. 따라서 초등학교에 입학할 때 1-레벨부터 시작해서 개인의 발달 속도에 따라 월반이 가능했다. 일반적으로 초등학교를 졸업할 무렵이면 대부분의 아이가 4-레벨까지 도달하지만 이에 못 미치는 학생의 경우, 표준 학년에 배정하되 추가적인 지원을 하거나(캐나다) 아니면 개별화 전략을 택하게 된다(예전 영국).

일란성 쌍둥이인 코너와 에드워드의 사례를 가정해 보자. 두 사람은 태어나자마자 헤어져서 각기 다른 나라에서 자랐다. 둘 다 특별히 문제는 없지만 공부를 좋아하지도 않는다. 가령 캐나다에서 자란 코너가 초등학교를 졸업할 무렵 '기대에 못 미침' 수준으로 평가받는다면(뛰어난 교사의 지원을 받았음에도), 그는 중학교에 가서도 학력 표준에 도달하기 위해 계속해서 추가 지원을 받게 될 것이고, 당장은 기대 수준에 미치지 못하더라도 표준에 도달한 친구들과 한 반에서 공부하게 될 것이다. 그리고 코너가 고등학생이 되면 수업을 따라잡기 위해 보충수업을 받아야 하기 때문에 선택과목이 하나 줄어들 수도 있다. 참고로 덧붙이자면, 코너가 학교에 다니는 동안 특히 초등학교 때는 특정 과목에서 '아직 기대에 못 미친다'고 직접 알려줄 필요가 없지만, 교사와 학부모는 코너의 학력이 표준에 못 미친다는 사실을 확인하고 더 이상 뒤처지지 않고 따라잡을 수 있도록 지원해야 한다.

　한편 대서양 건너편 영국에서 자란 에드워드 역시 보조교사의 도움을 꾸준히 받았음에도 초등학교를 졸업할 때 4-레벨에 도달하지 못했다고 치자. 하지만 에드워드는 중학교에 가서 코너와 전혀 다른 경험을 하게 된다. 학교에서는 에드워드의 초등학교 졸업성적이 3-레벨에 그친 것을 확인하고, 입학 첫날 그를 3-레벨 학생들로만 구성된 반에 배정할 것이다. 3-레벨 수업에서는 에드워드가 동급생과 똑같은 과제를 해나가도록 추가로 지원하는 대신, 하기 쉬운 과제를 내줄 것이다. 일반 학급보다 수업시간에 다루는 분량이 적기 때문에 시험에서는 더 불리해진다. 게다가 3-레벨 학급은 수업 목표가 낮기 때문에 4-레벨에 배정된 또래 친구들에 비해서도 눈에 띄게 낮은 평가를 받을 것이다. 에드워드는 여러모로 손해를 보게 된다.

　학생들의 '레벨'을 평가하는 것 자체는 문제라고 할 수 없다. 하지만 평가 결과에 따라 학생들의 가능성을 제한하는 것은 잘못이다. 예전에 내가 일했던 중학교에서는 초등학교를 졸업할 때의 레벨을 기준으로 학생들에게 '목표 등급'을 정해주고, 목표 등급 스티커를 연습장 표지에 붙여놓으라고 했다. 방학이 끝나고 새 학기 첫 수업이 시작되면 아이들은 새로 받은 교과서에 자기 이름을 쓰기도 전에 목표 등급 스티커를 붙여야 했다. 어떤 학생은 'A' 등급 스티커를 받았고, 또 어떤 학생은 'C' 등급 스티커를 받았다. 심지어 '염원하는' 목표 점수가 과학에서 'D' 등급을 받는 것이라는 여학생도 있었다. 10대 아이들에게 이 스티커가 어떤 메시지로 받아들여질지 한번 생각해 보라. 교사가 조회 시간마다 목표 등급을 받을 수 있도록 열심히 공부하라고 격려해도 학생들이 성취감을 얻는 데 별 도움이 되지 않는다.

이상한 일이지만, 이러한 목표 등급제는 영국의 교육제도를 보다 공정하게 운용하기 위해 생겨났다. 영국 학교들은 시험 성적에 따라 평가받는다. 만약 어떤 학교의 성적이 부진하면 그 학교는 공개적으로 '공부 못하는' 학교로 낙인찍히고 학교 경영진도 물갈이된다. 이런 상황이 되면 당연히 학교장도 해고 위기에 처하기 때문에, 대다수의 교장은 성적을 올리라고 교직원을 닦달하게 되고 그 위기감과 스트레스가 고스란히 학생들에게 전달된다. 학교마다 등급별 설정이 다르고 입학생 구성도 다양하다는 점을 고려해서(가령 어떤 학교는 6-레벨 신입생이, 또 어떤 학교는 3-레벨 신입생이 많이 들어온다), '발달progress'이라는 개념이 도입되었는데, 이 개념은 어떤 절대적 수준에 도달하는가보다 얼마나 많은 진전을 보이는가를 평가하는 기준이 된다. 학생들의 이전 성적에 근거해서 '목표 등급'을 설정하는 방식도 이런 배경에서 등장했다.

목표 등급제의 의도는 나쁘지 않다. 다시 말해 학교마다 학생들의 수준이 다르기 때문에 '출발 기준'을 좀 더 공평하게 제시하려는 시도는 좋았다. 하지만 이것은 여러 가지 이유에서 효과가 없다. 우선 목표 등급제를 실시하면 낮은 등급에서 출발하는 학생들은 공부하려는 의욕이 더욱 꺾이고, 그런 학생들끼리 교류하면서 결국 지능에 따라 성적이 결정된다는 사고방식이 고착될 뿐이다. 설령 학생들의 등급을 교사들만 알고 있다고 하더라도, 일본 편에서 확인했듯이 교사의 기대치가 달라지기 때문에 여전히 학생들의 발달에 부정적인 영향을 준다. 목표를 설정하면 도움이 된다는 증거는 뚜렷하지 않다.[204] 그 목표를 타인이 정해주는 경우는 말할 것도 없고 당사자가 스스로 목표를 설정해도 마찬가지이다. 그렇다면 다양한 수준의 학생들이 뒤섞인 가운데 학교가 학생들의 성적을 책임져야 하는 이 까다로운 문제를 캐나다에서는 어떻게 풀어가고 있을까?

응답 책임과 책무 VS 법적 책임과 과실 책임

응답 책임answerability이란 무엇이며 왜 중요할까? 앞서 설명한 문제를 고민하다가 워드 문서에서 오른쪽 마우스를 클릭해 동의어를 검색했더니 대체 가능한 용어 네 가지가 화면에 떴다. '응답 책임' '책무responsibility' '법적 책임liability' 그리고 '과실 책임culpability'이었다. 이것은 아주 편리한 문서 기능인데, 미국과 영국의 학생성적책임의 차이점을 설명하거나 핀란드, 캐나다, 일본, 싱가포르 그리고 상하이의 제도를 비교할 때도 유용하게 사용했다.

내가 이번에 방문한 모든 나라에서 학교의 책임은 '응답 책임'과 '책무'에 해당한다. 교장이나 교감이 학교 운영에 책임을 지고 지역 교육당국의 감사나 이런저런 물음에 응답할 수 있어야 한다. 만약 이 역할을 충실히 하지 못하면, 다시 말해 학생들의 성적이 떨어지거나 학부모가 불평하는 이유를 타당하게 설명하지 못하면 학교에서 쫓겨날 수도 있다. 하지만 성적이 떨어지더라도, 교장이 상황을 충분히 인지하고 있으며 학습부진의 원인을 파악해서 새로운 프로그램으로 대체하거나 해결책을 모색하는 중이라고 확실하게 설명하면, 무사히 자리를 지킬 수 있다. 이런 학교에는 오히려 전문가들과 다른 학교로부터 지원이 쏟아질 것이다.

영국과 미국에서 학교의 책임은 보통 '법적 책임'이나 '과실 책임'을 의미한다. 앞서 설명했듯이 영국은 어느 학교의 학력이 최저 수준 아래로 떨어지거나 학교 사찰단이 방문 조사한 결과 '불충분' 또는 '개선이 필요한' 상태라는 판정으로 받으면 정부에서 책임을 묻는다. 그러면 학교 운영진이 교체되고 교장까지 해고당하는 경우가 종종 있다. 미국 일부 주의 경우에는 성적이 부진한 학교에 실제로 벌금을 매기기도 한다. 벌금 제도는 학교가 부진을 겪는 원인을 규명해서 해결책을 찾고 충분히 지원하기보다 학교 운영진을 처벌하는 성격이 강하다.

캐나다는 영국이나 미국과는 다른 방식을 택하고 있다. 캐나다도 학교에 큰 책임을 지운다. 많은 주에서 1980년대 이후 자체적으로 학력평가시험을 부활시켜 학교의 역할을 강화한 내용은 앞에서 살펴보았다. 그러나 캐나다는 학력평가를 미국과는 전혀 다른 방식으로 활용하고 있다. 온타리오에서 나는 다양한 교육 분야에서 일하는 훌륭한 교육자 6명과 (피자를 먹으며) 자유롭게 의견을 교환하는 원탁회의에 참석했다. 참석자 중 어느 교사가 EQAO^{Education Quality and Accountability Office}(온타리오주가 자체적으로 실시하는 표준학력평가로 모든 학생이 초등학교 3학년과 6학년, 9학년, 10학년 때 읽기·쓰기·수학 등을 평가받는다-옮긴이)를 요약해서 설명했다. "표준학력평가는 참고용 기준일 뿐이에요. 이 시험을 심각하게 받아들이는 사람은 이제 없을 겁니다. 더 이상은요." 그녀는 인상을 찌푸렸다. "시행 초기에는 초등학교 3학년 때 처음 EQAO 성적표가 나오면 난리가 났죠. 하지만 이제 사람들이 알게 됐어요. 시간이 좀 걸렸지만 지금은 이 평가가 학교 현장을 정확히 반영하지 않는다는 사실을 다들 알아요."

학교장들도 교사들에게 학생들의 성적을 책임지라고 하지 않는다. "어느 한 사람만의 책임이 아니잖아요? 초등학교 6학년 때 표준학력평가 성적은 4, 5, 6학년 때 아이들을 가르친 교사들의 공동 책임이라고 할 수 있어요. 교사 한 사람이 아니라 교사들 모두가 책임을 져야죠." 오히려 학력평가 결과는 교사 전체가 학교의 장단점을 파악하는 데 발전적으로 사용된다. "교사들이 표준학력평가 결과에 좌우되지는 않지만 참고할 부분도 있어요. 작년에 우리 학교 6학년 아이들의 성적이 좋지 않아서 이유가 궁금했죠. 그래서 학력평가 자료를 살펴보고 이를테면 수학에서 분수 때문에 성적 격차가 벌어졌는지 분석해 봤어요. 격차를 줄이려면 교사들이 어떻게 해야 할까요?"

몇몇 학교에서 성적을 올린다고 해결될 문제가 아니다. 캐나다에는 독자적으로 운영되는 학교는 없다. 원탁회의에서 만난 루시는 18개 학군 1만 5,000명의 학생들을 책임지는 온타리오주의 교육감이었고, 나는 교육감이 무슨 일을 하는지 궁금했다. 내가 루시에게 물었다(그녀가 관할하는 지역의 교장과 교감들이 있는 자리에서). "교육감이 없으면 어떻게 되나요?" 그녀가 대답했다. "학교를 감독할 사람이 없어지겠죠. 그럼 다들 엄청 좋아할 거예요!" 순간 웃음이 터졌다.

억지웃음이 아니었다. 직장 상사의 농담에 웃어주는 분위기가 아니라 모두들 정말 친해 보였고, 회의를 하기 위해 만났을 때도 전직 교육감인 디어드리를 오랜만에 만나서 반갑다며 환호와 포옹이 이어졌다. 친절하게도 디어드리는 원탁회의를 주관해 내 연구에 도움을 주었다. 브리티시컬럼비아주에서도 비슷한 일이 있었는데, 교육감과 교장들이 격의 없이 편안하게 어울렸다. 한 가지 예로, 어느 교장이 교육감에게 이렇게 말하는 것을 들은 적도 있다. "우리 학교에서 일할 기술 선생님 한 명만 알아봐 주세요. 당장 발에 뽀뽀하고 선물도 드릴게요." 진짜 발에 뽀뽀할 리는 없겠지만, 교육감이 학교를 평가하고 교장의 역할을 감시하는 존재라고만 생각했다면 이런 대화는 불가능했을 것이다. 캐나다 학교들은 공식적으로 감사를 받지 않는다. 1958년 학교 감사 부서가 해체되고 '학교 감독관' 역할을 브리티시컬럼비아 교육감이 대신하게 되었다.[205]

내가 방문했던 토론토 외곽에 있는 학교도 현직 교육감 루시의 소관이다. 루시는 교육감으로서 교육위원회를 대표하고(온타리오주에는 총 72개 학교이사회가 있다), 각 학교가 온타리오주 정부의 교육 정책을 잘 따르는지 확인할 뿐만 아니라 필요할 때 학교장들과 논쟁도 벌여야 한다. 하지만 교육감의 주된 역할은 학교가 지속적으로 발전하도록 지원하고 같은 학군에 속하는 학교들이 서로에게서 배울 기회를 마련하는 것이다. 루시와 같이 교육감들은 정기적으로 학교를 방문하고 교장과 의견을 교환하며 수업을 참관하고 학생들을 관찰한다. 이것은 학교 감사와는 상당히 다른 느낌이다. 왜냐하면 교육감이 정기적으로 허물없는 방식으로 학교를 방문하고 나서 개선이 필요하다고 판단하면, 학교장 및 교감과 상의해서 함께 대책을 마련하기 때문이다. 교육감은 어려움을 겪는 학교를 공공연히 비난하거나 자금을 삭감하는 대신, 비슷한 문제를 성공적으로 해결해 나가는 학군 내의 다른 학교를 함께 방문하자고 제안할 수도 있다.

하지만 만약 교육위원회와 교육감이 자기 역할에 실패한다면 어떻게 될까? '과실 책임'이나 '법적 책임'을 물어야 한다고 생각하는 사람도 있을 것이다. 결론부터 말하자면 그들은 대개 실패하지 않는다. 교육감들이 철저한 훈련과 세심한 인수인계 과정을 거치기 때문이다. 교육감으로 선발되는 인물은 성공적으로 학교 발전을 이끌면서 이력을 쌓은 전직 교장들이다. 그보다 먼저, 교장이 되려면 교육위원회가 운영하는 훈련과 선발 과정을 통과하고 교감으로서 능력을 증명해야 한다(교육위원회에서 단계별로 리더십 역량을 강화하는 훈련을 거친다). 하지만 예외적으로 교육위원회가 제대로 운영되지 않는 경우에 다음과 같은 일이 벌어진다(교육감이 직접 한 말이다).

"만약 교육위원회가 제대로 일을 하지 못하면, 교육부에 불려가서 해명을 해야 합니다. 그 후 위원회는 보완해야 할 부분을 찾아서 학교 발전 계획을 수립해요. 그런 다음 정부의 아낌없는 지원을 받으면서 세부 전략을 추진하고, 이듬해 결과를 보고할 때 개선된 부분이 있는지 확인합니다. 하지만 이것은 점진적 과정이기 때문에, 아무도 1년 만에 어떤 학교가 40퍼센트씩 변할 거라고 기대하지는 않아요. 우리가 증명하고자 하는 것은 학교가 꾸준히 나아지고 있다는 사실입니다."

가장 균형 잡힌 교육제도

책 없이 의학을 배우는 사람은 미지의 바다를 항해하지만,
환자 없이 의학을 배우는 사람은 바다 근처에도 갈 수 없다.
- 윌리엄 오슬러 경(Sir William Osler, 캐나다 의사)

콧수염이 멋있는 밥 교장 이야기로 돌아가 보자. 그가 지능에 대해 밝힌 첫 번째 요점, 즉 직장이나 실생활에 필요한 중요한 특성은 따로 있다는 점은 과학적 주장은 아니지만 상식에 근거하고 있다.

일반 인지능력검사는 직무수행 능력을 전반적으로 예측하는 데 유용하지만, 이것을 유일한 근거로 삼아 직원을 고용하는 채용 담당자는 거의 없을 것이다.[206] 대부분의 직종에서 원하는 인재는, 팀의 일원으로서 열심히 일하고 자신의 아이디어를 명확하고 자신감 있게 밝히며, 동료를 이끌어나갈 때 리더십을 발휘하고 조직의 비전을 성취하도록 자신감을 불어넣는 사람이다. 흔히 21세기형 직업에 요구되는 21세기형 역량(21세기 이전에도 물론 필요했던 역량)으로 언급되는 특성으로는 비판적 사고, 창의성, 효과적인 의사소통 능력이 있다.

더군다나 학생들은 일자리를 얻기 위해서만 학교에 다니는 것이 아니다. 많은 사람은 학교에서 아이들이 공부 외에도 다양한 소질과 특성을 발전시켜 각자가 속한 나라에서 어엿한 시민으로 성장할 수 있도록 준비시켜야 한다고 생각할 것이다. 바람직한 특성이 무엇인지는 문화권에 따라, 그리고 교육 책임자들의 견해에 따라 달라진다. 예를 들어, 일본에서는 무엇보다 학생들이 공동체의 일원으로 사람들과 어울리고 규칙에 순응하며, 예의를 지키고 남을 돕고 다른 사람에게 폐가 되지 않도록 가르친다. 캐나다 교육의 4대 목표는 일반적으로 정의할 때 '정신 함양, 직업 준비, 도덕성 발달, 그리고 개인적 발전'이며,[207] 온타리오주 교육부의 사명은 다음과 같다. "온타리오주 교육부는 모든 학생과 아동의 성공과 행복을 위해 헌신한다. 온타리오주 교육제도를 통해 학습자들은 필요한 지식과 기술과 특성을 개발하고 개인적 성공과 경제적 번영을 이루고 적극적으로 참여하는 시민으로 성장한다."

물론 교육부의 의도와 교육 현실은 별개라고 생각할 수 있지만, 내가 캐나다에서 만난 교사 중에는 공부 이외의 능력에 초점을 맞추는 교사들이 분명히 있었다. 제도적으로도 앞서 방문했던 4개국에서는 전혀 경험하지 못했던 체계적인 전인 교육이 시행되고 있었다.

다른 중요한 능력들

안개가 자욱한 어느 날 아침 학교로 가는 길에 마릴린은 새로 시작한 2학년 수업에서 느낀 점을 내게 이야기하는 중이었다. "근데 좀 아쉬워요. 수업에서 리더십 기술을 별로 안 다루거든요. 아이들은 리더십을 더 배워야 해요." 이 대목에서 나는 놀랐다. 마릴린은 이제 겨우 7세가 된 아이들의 리더십 교육을 걱정하고 있었다.

마릴린은 붉은 벽돌로 지은 1층짜리 건물 앞에 차를 세웠고, 나는 학교 수위실에 들러 방문증을 받았다. 마릴린을 따라서 알록달록한 복도를 지나 교실로 들어섰다. 마릴린은 수업 준비를 했고 그동안 나는 교실에 진열된 아이들의 작품을 보느라 바빴다. 아니나 다를까, 아이들이 교실에 들어와서 외투를 옷걸이에 걸자마자 마릴린은 7세 아이들이 리더십을 연습할 수 있는 기회를 만들어냈다. 매일 아침 아이들이 반복하는 일과가 있었는데, 그날의 날씨를 보고 교실 일기도에 적절한 그림과 요일 카드를 붙이는 활동이었다. 아이들은 돌아가면서 리더 역할을 맡았고 한 아이가 "오늘이 무슨 요일이지?"하고 물으면 교실 입구에 모인 나머지 아이들이 "수요일!"이라고 대답했다. "어제는?" "화요일!" "그럼 내일은?" 아이들은 이런 식으로 날씨와 요일을 연습했다. 그런 다음 리더를 맡은 아이는 수업이 시작되기 전에 아이들에게 자리로 돌아가 앉으라고 말했다.

고등학교에서도 리더십은 졸업이수학점에 포함되는 선택과목 중 하나로 중요하게 다뤄졌다. 내가 참관하러 간 날, 학생들은 그룹별로 모여 앉아 다양한 행사를 기획하는 과제를 하고 있었다. 어떤 아이들은 지역 노숙자들을 위해 바비큐 파티를 기획하고, 다른 아이들은 할로윈을 주제로 학교 댄스파티를 기획하고, 또 어떤 아이들은 지난번 행사를 결산하며 티켓 판매 수익을 계산하고 있었다. 아이들은 그룹별로 직접 대표를 선출하고 예산을 세우고 관련 업계 종사자들을 만나고 포스터를 만들었다. 그뿐만 아니라 행사가 끝나면 뒤처리까지 깔끔하게 마무리했는데, 이것은 어른들도 갖추기 힘든 능력이었다.

리더십 과정을 담당하는 교사 마틴은 학생들에게 과제를 내주고 마음대로 진행하라고 내버려 두었기 때문에, 우리는 교실 한구석에 있는 녹색 소파에 앉아 이야기를 나눌 수 있었다. "작년에 중학교 3학년 여자아이가 이 수업을 들었는데 정말 조용한 학생이었죠. 자신감도 부족한 편이라서 리더십 캠프를 갔을 때 집에 가고 싶다고 울었을 정도예요. 그런데 올해는 자신감이 점점 커지는 게 눈에 보여요. 자기가 나서서 여러 행사를 기획하고 몇몇 그룹에서는 리더를 맡아서 자신감 없는 아이들을 이끌 정도니까요."

브리티시컬럼비아주 교육부는 리더십 과정 이외에 '사회적 책임 수행 기준'도 지정했다. '사회적 책임'이라는 수업이 따로 있다기보다, 책임감 있는 자세와 능력을 개발하고 장려하기 위해서 다른 수업이나 활동과 연계하도록 정해놓은 기준이다. 자료를 정리하느라 중학생 아이들의 단체 면담 녹음을 듣다가, 맨 마지막에 교사가 하는 말이 귀에 들어왔다. "서로 의견을 적극적으로 경청하고 존중해줘서 고맙다"면서 교사는 아이들이 배운 능력을 부각했다. 교사들은 '평화적 문제해결'이나 '다양성 존중과 인권보호' 같은 공통 교육과정의 목표를 학생들이 얼마나 충실히 달성했는지 평가한다.

다른 나라들과 비교했을 때, 캐나다는 전인 교육의 중요성을 훨씬 더 강조할 뿐만 아니라 비학문적 기술을 자주 평가하려고 노력한다는 점에서도 남달랐다. 내가 참관한 어느 수업에서는 발표력과 창의성을 평가했다. 학생들은 제1차 세계대전의 원인에 대해 각자 조사한 내용을 발표하고 반 친구들과 의견을 주고받는 동안 발표력을 평가받고, 마르크스 사상을 어떻게 이해했는지 설명할 때 평가 기준표에 따라 창의력을 평가받았다.

분명히 밝히지만, 나는 캐나다 교육제도의 특징과 그들의 높은 PISA 점수 사이에 어떤 상관관계가 있다고 주장하려는 것이 아니다. 교육에는 시험 점수보다 더 중요한 요소가 많기 때문이다. 또한 캐나다 교사들이 비학문적 기술을 가르치거나 평가하는 방식이 최선이라고 생각하지도 않는다. 비학문적 영역은 애초에 이 책에서 다루는 주제에서 벗어난다. 중요한 것은 캐나다 교육 현장에서 교과목 이외에 비학문적 특성에 대한 논의와 실험이 진행 중이고 교사와 학생들이 시험 점수에만 매달리지 않는다는 사실이다. 물론 슬프지만 피할 수 없는 현실도 있다. 대부분의 선진 교육제도에서는(핀란드는 예외로 보이지만), 원하는 결과를 점수화해서 보여주지 않으면 정부가 교육을 우선순위로 올리지 않는다. 여기에는 그 나름의 논리적인 이유가 있다('정당한' 이유라고 표현하기는 애매하다). 납세자들의 돈이 공교육에 투입되면 그들은 세금이 제대로 사용되는지 확인할 권리가 있다. 하지만 이런 이유로 학교가 교육의 중요한 가치를 소홀히 한다면, 시험 점수 위주의 검증 제도에서 벗어나 비학문적 능력의 중요성을 제대로 측정해 볼 필요가 있다.

문제해결과 발견학습

지금까지 우리가 논의한 리더십, 기획력, 발표력, 다양성 존중 등의 자질은 비학문적 기술이자 특성이다. 물론 공부한 내용을 발표할 수도 있지만 우유가 코로 나왔던 경험을 발표할 수도 있다. 주제에 상관없이, 발표력은 사람들 앞에 자신감 있게 나서서 내용을 명확하고 짜임새 있게 전달하는 능력이다. 하지만 교과목과 보다 밀접한 관계에 있으면서 그 내용을 알고 이해하는 것 이상으로 중요한 다른 기술도 있다. 이 기술은 정재계 인사들이 특히 높이 평가하는 능력이며 국가 간 경제성장률의 차이를 설명하는 주요 요인으로 주목받아 왔다. 바로 비판적 사고와 문제해결 능력이다.

비판적 사고와 문제해결 능력이 중요한 21세기형 기술이라고 주장하는 사람들은, 교육제도가 처음 고안된 이후 세상이 많이 변했고 기술발달로 인해 단순 반복 업무는 대부분 기계가 대체한다는 점을 이유로 내세운다. 따라서 21세기에 필요한 능력은 컴퓨터로 대신할 수 없는 영역, 다시 말해 복잡한 문제를 팀으로서 해결하는 기술이며, 일반적인 방법으로 해결할 수 없는 문제나 하나 이상의 해답을 찾아야 하는 문제는 여러 명이 머리를 맞대야 풀 수 있다.

캐나다 전역에 1990년대 후반부터 2000년대까지 학교에서 비판적 사고와 문제해결 능력을 가르치려는 움직임이 있었다. 한 학교 교장이 내게 해준 이야기 속에는 이 부분에 대한 온타리오주의 교육이념이 반영되어 있다. "교육자로서 우리의 철학은 학생들이 서로 대화하고 소통하며 협력하고, 팀별 과제를 하고 수학적 교구를 사용하면서, 실생활에서 겪을 수 있는 문제를 해결하도록 돕는 것입니다. 그래서 학생들이 문제를 이해하지 못하면, 이해할 수 있는 방법을 찾고 관련 자원을 사용할 수 있도록 지원합니다." 이 철학의 밑바탕에는 학생들이 앞으로 살아가면서 겪을 수 있는 다양한 경험을 학교에서 제공함으로써 졸업 후 실제 생활에 어려움이 없도록 준비시킨다는 생각이 자리하고 있다.

이러한 생각의 변화가 반영된 결과, 사회에 필요한 기술을 학교에서 의무적으로 가르치는 새로운 교육과정이 여러 주에서 도입되었다. 새로운 교육과정에서는 문제해결 기술을 가르치는 방식도 중시되었다. 예를 들어, 2006년 서북부 캐나다 교육위원회가 설계하고 매니토바주, 서스캐처원주, 앨버타주, 브리티시컬럼비아주, 유콘 준주, 노스웨스트 준주에서 채택한 '수학 공통 교육과정 체계' 규정에 따르면, "문제해결 능력은 모든 수준의 수학 수업에서 중점적으로 다뤄야 하며, 문제해결과 추론 및 연계학습은 수학적 능숙도를 향상하는 데 필수적이므로 전체 교과과정에 통합되어야 한다"라고 명시되어 있다. 추후에 구체적인 항목도 추가했다. "학습 활동에서 문제해결 능력을 향상하려면, 교사는 학생이 스스로 아는 범위 내에서 문제에 접근하는 방식을 결정하도록 유도해야 한다. 문제에 접근하는 방식을 미리 알려주면, 그것은 문제해결이 아니라 문제풀이 연습이다."

이것은 교사가 새로운 내용을 그냥 가르치지 말고 학생이 그때까지 배운 내용을 기초로 해서 스스로 해결책을 찾게 하려는 의도로 파악된다. 또한 수학 문제를 풀 때 한 가지 풀이 방법만 가르치기보다 학생이 스스로 발견한 풀이 방법을 계속 발전시키도록 격려함으로써 주입식 교육을 줄여나가려고 한다.

이런 방식은 논란의 여지가 있다. 사실, 교사의 주입식 교육과 학생의 능동형 학습 중에 어느 쪽이 더 효과적인지를 둘러싼 논쟁은 전 세계에서 벌써 수백 년 넘게 지속되고 있어 전쟁이라고 불러도 될 정도이다. 나는 캐나다의 어느 학회에서 대학에서 수학을 가르치는 로버트 크레이건Robert Craigen 교수를 만났다. 학회가 끝난 뒤 내가 우겨서 근처 술집으로 자리를 옮긴 다음 여러 가지 질문을 던졌다. 진저비어를 마시면서 크레이건 교수는 이야기를 시작했다. 그는 이른바 발견 기반 학습discovery-based learning이 최고의 수학 교육 방식이라고 널리 알려진 데 대해 우려하고 있었고, 동료 수학자 애나 스토크Anna Stokke가 쓴 글을 내게 소개해 주었다.[208]

스토크 교수는 캐나다의 PISA(국제학업성취도검사)와 TIMSS(수학·과학 성취도 국제비교연구)의 수학 성적을 비교하며 대단히 흥미로운 가정을 했다. 그녀는 2003년과 2012년 사이에 캐나다의 수학 점수가 떨어진 이유가 궁금했다. 두 개 주를 제외한 모든 지역에서 상당한 하락세가 나타났고, 그중에 가장 심각한 앨버타주는 수학 점수가 36점이나 떨어졌다(42점은 1년 치 학업에 해당한다). TIMSS에서도 2003년과 2011년 사이에 캐나다 중학교 2학년 학생들의 수학 점수가 모두 하락했는데, 분수 문제에서만 기대치보다 다소 높은 점수를 얻었을 뿐이다.

스토크 교수는 캐나다 전역에서 수학 점수가 하락한 시기와, 발견학습 위주로 교과과정 및 교과서를 개정하고 전문가를 육성하자는 움직임이 시작된 시기가 일치한다는 점에 주목했다. 그리고 발견 기반의 수업 방식과 보다 전통적인 수업 방식의 교육적 효과를 비교·분석한 결과, (발견학습의 요소를 어느 정도 유지하면서도) 훈련과 교육과정을 전통적 수업 방식으로 되돌려야 수학 점수의 하락을 멈출 수 있다고 주장했다.

　이 분야의 연구 결과는 어떨까? 본질적으로 문제 기반 학습[209]은 학생들이 교사로부터 새로운 정보를 받지 않고 자기 주도형 학습을 통해 스스로 정보를 찾기 때문에 새로운 지식과 개념을 이해하는 데 비효율적이다(나중에 다른 효과도 살펴보겠다).[210] 존 해티 교수는 문제 기반 학습의 효과에 대한 연구 285건을 포함해 여덟 가지 메타 분석을 종합한 결과, 평균 효과크기가 0.15에 불과하다고 밝혔다.[211] 그리고 PISA 자료를 분석한 OECD의 최근 연구에 따르면, 대부분의 교육 전략이 수업에서 학습 효과를 내지만, 상위 15개국 중 14개국의 학생들은 모두 교사 주도형 수업을 받았다고 보고했다.[212] 게다가 일본 편 〈Box 3〉에서 설명했듯이 이런 결과가 나온 배경에는 믿을 만한 심리학적 근거도 있었다.[213]

　결과적으로 교육 기법을 바꿔야 캐나다의 PISA 점수가 다시 회복될 것이라고 주장한 애나 스토크 교수가 옳았다. 캐나다 전역에서 발견 기반 학습을 수학 수업에 도입한 이후 학생들의 수학 성적이 하락한 것은 사실이었다. 주 정부 차원에서 실시한 메타 분석과 실험에서도 발견학습의 효과는 미미했고 거기에는 원인이 있었다.

　퀘벡에서 나는 그 원인을 발견했다. 퀘벡주 역시 서북부 캐나다 교육위원회가 '수학 공통 교육과정 체계'를 시행하기 6년 전에 이미 수학에서 발견 기반 교육과정을 도입했다. 새로운 교육과정이 아이들의 수학 시험 점수에 어떤 영향을 미쳤는지 알아보기 위해 퀘벡대학교 몬트리올 캠퍼스UQAM의 경제학자들이 분석에 나섰다. 그 결과, 수학을 잘하든 못하든 상관없이 모든 수준에서 발견학습이 학생들의 성취에 부정적인 영향을 미쳤다.[214] 더욱이 새 교육과정에 따라 공부한 기간이 길수록 부정적 효과가 증가했고, 점수 분포의 하단에 속하는 아이들일수록 부정적 효과가 더욱 뚜렷했다. 2003년 PISA 자료를 보면, 퀘벡에서 하위권 학생들의 점수 하락 폭이 전국에서 가장 컸는데, 아마도 퀘벡이 캐나다의 다른 주보다 앞서 새로운 교육과정을 시행했기 때문으로 보인다.

Box 5 퀘벡주의 수학 교수법

퀘벡주의 TIMSS 점수는 하락세였지만 다른 나라와 비교하면 여전히 상위권이었고 캐나다 전체에서도 PISA 및 TIMSS 수학에서 1위를 유지하고 있다. 애나 스토크에 따르면, 퀘벡주는 다른 주들과 달리 예비 초중등 교사들이 대학에서 3학점짜리 수학 강의를 최소한 2개 이상 이수해야 하며 대부분 그 이상의 수학 강의를 듣는다. 이와는 대조적으로 온타리오주는, 예비 초등학교 교사들에게 수학 강의를 이수하라고 권고하지만 의무사항은 아니기 때문에 퀘벡 출신 교사들만큼 수학을 잘 이해하지 못하고 뒤처지게 된다.

퀘벡 출신의 수학과 교수 애니 새버드와 이야기를 나눌 기회가 있었다. 그녀는 캐나다 각 주의 교육 기법이 어떻게 다른지 연구 중이었고 자신의 생각을 이렇게 밝혔다. "주별로 차이가 있어요. 내가 보기엔 교사 훈련에서 차이가 나요. 한 가지 예를 들자면, 퀘벡 학제에서는 초등학교 7~8학년이 아니라 중학교 1~2학년이라고 합니다. 다른 많은 주에서 7~8학년까지는 초등학교 교사들이 수학을 가르쳐요. 하지만 퀘벡에는 수학을 전공한 교사들이 많아서 학생들이 실력 있는 교사와 2년을 더 보내게 되니까, PISA 수학 시험을 더 잘 준비하는 게 아닐까 싶어요. 물론 다른 지역 교사들이 못 가르친다거나 불성실하다는 뜻은 아니에요. 선생님들은 어디서나 학생들을 위해 최선을 다하죠. 하지만 교사가 실력이 부족하면, 아무리 잘 가르치고 싶어도 어쩔 수 없어요."

새버드 교수는 퀘벡 학생들의 수학 성적이 뛰어난 이유가 교사 훈련 때문이라고 생각하고, 더 나아가 퀘벡에서 예비 교사들이 받는 훈련의 양뿐만 아니라 훈련의 종류도 다른 주와는 다르다고 했다. 연구의 일부로, 그녀는 여러 주에서 몇몇 교사의 수업을 촬영한 다음 각주에서 모인 교사들에게 촬영된 수업에 대해 토론하게 했다. 그리고 교사들이 토론하는 동안 차이를 발견했다. 퀘벡 출신의 교사들은 수학에 훨씬 더 집중했다. '그들은 수학적 개념을 깊이 논의했다.' 새버드 교수는 이것은 퀘벡 교사들이 '교수법didactique' 훈련을 더 많이 받기 때문이라고 설명했다. 그리고 한마디로 정의하기 어렵다면서도 '교수법은 교육 기법과 수학을 제대로 결합한 것'이라고 요약했다. 다른 주에서는 교사들이 교육 기법(일반적 교수법)과 수학(과목으로서)을 따로 배우는 데 비해, 퀘벡의 교사들은 이른바 '수학 교수법didactique de mathématiques'이라는 교수법에 익숙하기 때문에, 학생들이 자주 틀리는 부분을 분석하고 수학적 개념을 해체해서 가르치는 경향이 있다.

최근에 영국 더럼대학교Durham University의 로버트 코Robert Coe와 동료들은 '훌륭한 교사(여기서는 학생의 성적을 올리는 교사)'의 자질이 무엇인지 연구를 검토했다. 그리고 훌륭한 교사의 두 가지 효과적인 특징 가운데 하나가 퀘벡에서 교수법으로 알려진 기술과 유사하다고 결론 내렸다. "훌륭한 교사는 가르치는 내용을 철저히 이해하고 학생들이 그 내용을 어떻게 받아들이는지 확인할 뿐만 아니라, 학생들이 생각해 낸 풀이 방법이 어떤 논리에서 나왔는지 평가하고 학생들이 흔히 하는 오해와 실수를 구분해 낼 수 있어야 한다."[215] 후자는 PCK(교수내용지식pedagogical content knowledge, 학생들을 가장 효과적으로 가르치기 위해 필요한 교사의 전문적 지식기반-옮긴이)라고 알려져 있다.[216] 로버트 코와 동료 연구자들은 교수내용지식이 학생들의 성적에 영향을 미친다는 강력한 증거를 발견했고, 캐나다에서 퀘벡의 수학 성적이 가장 높은 이유도 퀘벡주 교사들이 추가로 PCK 훈련을 받기 때문이라는 주장에 신빙성을 더했다.

직접 학생들을 가르치든 학생들이 스스로 발견하도록 지도하든, 교사가 PCK까지 갖춘다면 정말 멋진 일이 될 것이다.

핵심에서 벗어난 걸까

여기서 멈췄다면 핵심을 놓쳤을 것이다. 처음에 나는 능동적인 문제해결 능력과 창의적 사고와 같은 비학문적 기술이 중요하다고 이야기하다가, 방향을 틀어 전통적인 교과목 시험 성적만 살펴보았다. 하지만 '난 아무것도 후회하지 않는다Je ne regrette rien.'(프랑스 샹송 가수 에디트 피아프의 유명한 노래-옮긴이) 학문적 성과를 살펴본 것은 두 가지 이유에서 중요하다. 첫째, 이 책은 '최상위 성적'을 거두는 나라의 교육제도를 들여다본다. 그래서 국제시험 점수가 유의미하게 떨어지는 잠재적 원인을 살펴보는 것은 일부 사람의 생각과는 달리 매우 중요하다. 둘째, 일본 편에서도 살펴보았듯이, 먼저 교과목 지식을 제대로 갖추지 못하면 문제해결 능력과 비판적 사고를 기를 수 없다. 따라서 학생들이 교과목의 내용을 이해하는 데 비효율적인 방법을 지나치게 사용하면, 비판적 사고와 문제해결 능력을 배울 수 있는 기회와 범위가 좁아질 수밖에 없다.

문제해결이나 발견 기반의 교수법이 학생들의 기본적 지식과 이해를 발달시키는 데 큰 효과를 거두지 못한다고 해도, 혹시 다른 면에서 긍정적인 영향을 미칠 수 있을까? 물론이다. 그러니 이러한 교수법을 완전히 배제하면 낭비가 될 것이다. 문제 기반 학습은 '학생들이 이미 기초적 지식을 가지고 있을 때'[217] 그 지식을 보다 폭넓고 깊이 있게 이해하는 데 긍정적인 영향을 미친다. 다시 말해 일단 학생들이 기본적인 내용을 배운 다음에는, 문제 기반 교수법을 사용해 아이들이 지식을 응용하면서 깊이 이해하도록 도울 수 있다. 다만 학생들이 기본적인 내용조차 이해하기 힘든 상황에서는 응용력을 발휘해 특정 분야의 문제를 해결할 수 있는 단계에 도달할 수 없기 때문에, 처음부터 문제해결 방식으로 내용을 가르치려 들면 부작용이 생긴다.

한 분야에서 문제를 해결하거나 창의적으로 생각하는 능력을 기르기 위해서는, 반드시 내용을 알고 이해해야 하지만 그것만으로는 충분치 않다. 우리는 중국 편과 싱가포르 편에서 이 점을 분명히 확인했다. 싱가포르와 상하이 학생들은 중고등학교 때 전통적인 수업 방식으로 반복학습을 하면서, 다른 해석이나 의문의 여지가 거의 없는 입시 준비에 전념한다. 이 방식으로 학생들은 상당한 양의 지식을 습득하지만 이와 동시에 정답은 하나뿐이라는 고착형 사고방식을 갖게 된다. 고착형 사고방식은 세상에 이롭지 않다. 세상이 발전하려면 사람들이 세상만사를 흑백논리에 사로잡히지 않고 비판적으로 바라볼 수 있어야 한다. 아이들의 창의적 사고를 확실히 제한하는 경직된 접근법(주입식 교수법)과 아이들에게 아무것도 가르쳐주지 않고 스스로 모든 것을 발견하게 하는 방법(발견학습법) 사이에는 교육제도에 따라 다양한 교육 방식이 있다.

핀란드에서는 교사들이 토론 수업을 이끌면서 아이들이 자신의 의견을 발표하고 서로 의견을 교환하도록 격려하는 방식을 택했다. 일본 초등학교에서는 학생들이 문제를 해결하기 위해(해결 방법은 아니지만) 알아야 할 내용을 가르치기 전에, 교사들이 실생활과 관련된 문제를 먼저 제시해서 학생들이 수업 주제에 집중하게 한다. 한편 싱가포르 교사들은 먼저 실험이나 시범을 보여준 다음, 전체 학생들에게 흥미로운 질문을 던져 어떤 일이 일어났는지 이해하도록 격려했다. 그리고 캐나다의 교실에서는 교육과정에서 정한 것보다 훨씬 더 다양한 교수법이 실제로 적용되고 있었다. 모든 나라에서 공통적으로, 교사들은 학생들이 무엇을 배워야 하는지 학습목표를 염두에 두고 세심하게 수업계획을 세우고, 학생들이 새로운 내용을 잘 이해할 수 있도록 충분한 정보를 주었다. 이런 수업 방식은 전통적이라고 해야 할까 아니면 진보적이라고 해야 할까? 뭐라고 부르든 상관없을 것 같다. 비록 직관적인 표현은 아니지만, 어느 누구도 모든 것을 스스로 깨우치면서 독자적으로 문제해결 능력을 기를 수 없다. 하지만 다른 한편 문제를 스스로 해결하려 시도하지 않으면 역시 독자적인 문제해결 능력을 기를 수 없다.

이 책을 쓰기 위해 방문한 나라 중에, 내 아이를 어느 나라 학교에 보낼지 선택하라면 나는 캐나다를 택하겠다. 캐나다의 교육제도는 완벽과는 거리가 멀다. 특히 발견학습을 지나치게 강조해서 일부 캐나다 학부모들의 걱정이 크다고 알고 있기 때문에 나도 걱정이 들 것 같고, 일부 주 정부에서 교육 예산을 삭감하고 있기 때문에 내가 감명받았던 학교의 모습이 사라질 수도 있다. 하지만 전반적으로는 캐나다가 가장 균형 잡힌 교육제도를 운영하고 있다고 생각한다. 학교에서 학문적 내용과 비학문적 내용(광범위한 인지적, 사회적, 도덕적 능력과 특성)을 균형 있게 가르치고 있었고, 또한 모든 아이들에게 똑같이 높은 기대를 하면서도 한편으로는 아직 미숙하거나 준비가 덜 된 아이들에게 개별적으로 맞춤형 보충수업을 지원해 균형을 맞추는 점도 마음에 들었다. 학교 운영에서도, 학교에 책임을 묻는 측면과 학교 개선을 위해 조언과 지원을 아끼지 않는 측면이 조화를 이루고 있었다.

다섯 가지 원칙

어느 여름 저녁, 나는 런던에서 교육 학회를 마치고 근처 술집 정원에서 피노 그리지오Pinot Grigio(이탈리아산 화이트 와인-옮긴이)를 두잔째 마시고 있었다. 최신 교육 동향을 따라잡기 위해 비슷한 관심사를 가진 사람들과 이야기를 나누는 중이었다. 그때 맥주잔을 손에 들고 정원으로 나오는 사람이 있었다. 그는 내 친구의 친구였고 당시 교육부 장관의 자문 의원이기도 했다. 내가 손을 흔들며 알은체하자 그가 우리 테이블 쪽으로 다가왔다.

"루시, 반가워요. 연구 여행에서 돌아왔네요."

"네, 그래요." 나는 웃으며 대답했다.

"그래, 영국 교육제도에서 당장 바꿔야 할 세 가지는 뭔가요?"

내 얼굴에서 웃음기가 사라졌다. 캐나다에서 귀국한 지 며칠 되지 않아서 머릿속은 아직 그동안 여행에서 보고 들은 것들이 뒤엉켜 있었다. 내가 경험한 교육제도에서 배울 점이 무엇인지 아직 확실히 정리하기 전이었고, 더군다나 배운 점을 복잡하고 정치적인 영국 교육제도에 어떻게 적용할지는 생각해 보기도 전이었다(빈속에 와인을 한잔 반이나 마신 상태이기도 했다). 하지만 교육계 거물이 지금 내 의견을 묻고 있지 않은가.

"글쎄요, 우선 교사양성기관의 수를 줄이고 핀란드처럼 교사의 질을 확보하는 일부터 시작하면 어떨까 싶네요." 나는 대답했다.

"아니, 그건 별로 효과가 없을 거예요. 우린 스쿨 디렉트School Direct(영국 교사양성과정-옮긴이)를 충실히…."

나는 약간 무안했지만 다행이다 싶기도 했다. 그 순간 친구 하나가 술잔을 받아달라고 나를 부르는 바람에 우리 대화가 끊겼기 때문이다. 나는 기쁜 마음으로 친구에게 갔다.

이 책은 영국에 관한 것이 아니다. 이 책에는 핀란드, 캐나다, 싱가포르, 일본 그리고 상하이의 교육제도를 조사한 내용이 실릴 것이다. 딱 거기까지만 하고 싶었다. 왜냐하면 결국 아무도 양질의 교육을 설계하는 데 '무엇이 가장 효과적인지' 확실히 알 수 없기 때문이다(안다고 생각한다면 자신감이 과한 사람일 것이다). 교육제도를 실험하기는 어렵다. 때때로 교육정책을 책임지는 지도자들이 교육개혁을 제대로 평가하라는 결정을 내리지만, 결국 현실적으로 할 수 있는 방법은 특정한 정책과 학업 성적 사이의 상관관계를 밝히거나 성공적으로 평가되는 다른 교육제도를 사례연구법으로 조사하는 것뿐이다. 하지만 이런 불확실성에도 불구하고, 정치인들과 교육부 장관은 교육에 관한 결정을 끊임없이 내려야 하는 위치에 있다. 그리고 그들은 자신들이 대표하는 사회의 신념과 요구를 반영하고 그들을 위해 일하는 일선 교사들의 신념과 요구를 중재하는 결정을 내린다. 그러므로 교육계에서 일하는 사람들은 모두 어느 정도 불확실성을 안고 있으며, 지금까지 나온 증거를 고려해서 최선이라고 생각하는 방법을 선택해야

297

한다. 그러므로 나는 특정한 나라에 구체적인 정책을 제안하지는 않겠지만 거기서 멈추지도 않을 것이다. 지금부터는 높은 학업성취도와 교육의 형평성을 뒷받침한다고 내가 믿는 다섯 가지 교육의 원칙을 공유하고자 한다.

내가 방문한 나라들은 크기, 문화, 다양성, 역사 등 모든 면에서 전혀 달랐다. 하지만 영국으로 돌아와 책을 쓰기 시작한 지 몇 달 만에, 나는 그들 교육제도의 밑바탕에 몇 가지 공통적 접근 방식이 있다는 사실을 깨달았다.[218] 이것은 어떤 교육 목표를 달성하기 위해 모든 나라가 똑같은 방법을 택한다는 의미가 아니다. 이러한 접근 방식 또는 원칙은 상황과 정치에 따라 나라마다 달리 적용되며, 보통은 실제로 실험을 통해 검증해야 할 만큼 구체적인 원칙이 아니다(그만큼 구체적인 원칙이라면 모든 문화권에 적용될 것이다). 하지만 다섯 가지 원칙에서 출발한 정책은 구체적 유형으로 나타나므로, 각각의 원칙을 뒷받침하는 수준 높은 증거가 있는 경우에는 '주'를 달아 미주에 포함하여 정리했다. 재차 강조하지만, 여기 소개하는 다섯 가지 원칙은 15세 때 읽기·수학·과학에서 응용력을 평가하는 국제학업성취도검사 PISA에서 높은 점수와 공정한 결과를 얻는 데 유용한 원칙일 뿐이며, 교육에는 시험점수 말고도 훨씬 더 많은 것이 있다. 그래서 다섯 가지 원칙을 모두 살펴본 뒤에 우리는 마지막으로 중요한 문제를 하나 더 해결해야 한다. 이들 원칙을 적용해 PISA 점수를 높이려고 할 때 다른 소중한 교육적 가치가 희생되는가 하는 문제이다. 하지만 먼저 취학 전 교육부터 살펴보자.

원칙 1: 아이들을 정규교육에 대비하게 하라

아이들은 제각기 다른 준비 상태에서 학교에 입학한다. 영국에서는 부유한 가정에서 자란 아이들이 책과 대화에 더 많이 노출되기 때문에 상대적으로 빈곤한 아이들에 비해 초등학교에 입학할 무렵 이미 어휘에서 한발 앞서기 시작한다.[219] 핀란드와 중국의 경우에는 5세 아이가 이미 영국의 5세 아이보다 평균적으로 수학 이해도가 높았다(핀란드와 중국은 정규교육 시작 전이었음에도).[220]

상식적으로 생각하면, 불리한 조건에 있는 학생들이 앞서가는 또래를 따라잡을 수 있도록 돕는 방법, 그리고 영국이 핀란드나 중국을 따라잡는 가장 좋은 방법은 읽기와 산수를 가능한 일찍부터 가르치는 것이다. 아마 그런 이유로, 영국에서 6세 아이들에게 기대하는 학력 수준이 핀란드보다 높고,[221] 한국[222]이나 일본[223]에 비해서도 일찍부터 영국이 미취학 아동에게 산수 이론을 가르치는지도 모른다. 미국도 조기교육에 동참하고 있는 것 같다. 최근 연구에 따르면,[224] 어린이집과 유치원에서 갈수록 교사가 주도하는 교과목 수업이 늘어나고 있으며, 설문에 참여한 교사 중 25퍼센트는 유치원에서 아이들이 자유롭게 뛰어놀 시간이 없다고 응답했다.

하지만 이런 경우 이른바 '상식'은 조기교육 전문가의 의견, 경제학 또는 심리학 연구 결과, 그리고 최고 성적을 내는 교육제도의 관행과도 모두 어긋났다. 조기교육은 극히 중요하지만, 아동의 전인적 발달과 아동 주도 활동을 희생시켜 가면서까지 특정한 과목에서 학문적 지식을 강조하면, 긍정적 학습 성과도 오래가지 못할 뿐만 아니라 장

기적으로는 학습 동기, 사회적 행동, 정서적 건강 및 자존감 형성에 부정적 영향을 줄 수 있다.[225]

학습을 일찍 시작하는 아이들이 대개 초등학교 저학년까지는 늦게 시작한 또래보다 앞서가지만, 고학년이 될수록 이 차이는 줄어들고[226] 때로 역전되기도 한다.[227] 영국, 핀란드, 중국의 5세 아동을 대상으로 수학적 이해도의 차이를 연구한 결과, 연구자들은 "자료를 수집할 당시 영국에서 실시한 조기교육 방법(즉, 좁은 범위 안에서 특정 숫자를 계산하는 능력에 초점을 맞춘 접근법)은 일반적으로 아동의 기초 수리력 발달에 가장 유익한 방법은 아니었다"라고 결론지었다.[228]

핀란드, 싱가포르, 상하이 아이들의 초등학교 입학 연령은 7세이고, 캐나다와 일본의 경우에는 6세이다. 따라서 아이들은 입학 연령이 되기 전에 읽기나 덧셈 같은 특정한 학습 성과를 증명할 필요가 없으며, 취학 전 교육을 담당하는 교사들도 아이들의 준비도와 상관없이 무리해서 가르칠 필요가 없다. 필요한 기술과 태도, 지식과 이해력을 발달시키는 데 적당한 시간과 노력이 투입되면 아이들이 제 나이에 걸맞은 학습 성과를 내고 반 전체가 함께 공부할 수 있다.

하지만 아이들이 이런 기술과 태도를 반드시 스스로 익히는 것은 아니기 때문에, 6세 이전에는 모든 교육적 경험을 차단하는 것도 잘못이다. 취학 전에 누구나 이용할 수 있는 우수한 수준의 조기교육과정을 개발하면 장기적으로 가치 있는 투자가 된다.[229] 가장 효과적인 조기 교육과정은 아이들의 학습동기, 개성, 인지능력[230]을 자극해서 사회적 발달과 인지 발달이 균형을 이루도록 돕는 것이다. 그리고 이렇게 인지능력을 발달시키는 과정은 아이들이 놀이학습을 통해 사전

공부 잘하는 아이들의 나라

학업 기술을 익히는 준비 단계가 된다.

읽기 사전 학습은 읽기에 필요한 전반적인 어휘와 지식을 쌓고, 문자와 음성의 관계를 이해하고, 게임과 노래를 통해 문자에 익숙해지는 과정을 의미한다. 또한 정규교육을 받기 전에 필요한 사전 수학 기술에는 두 가지 유형이 있다. 하나는 관계를 이해하는 기술(분류, 비교, 연속, 일대일 대응 등)이고 다른 하나는 셈 기술(기본적인 숫자와 수량의 개념 이해하기, 숫자 세기 등)이다.[231] 중국과 싱가포르의 아이들은 영국 아이들보다 두 가지 기술에 더 능숙하고,[232] 취학 전에 유치원 놀이학습을 통해 이런 기술을 깨우친다(예를 들어, 여러 가지 장난감 자동차를 색상별로 짝짓거나 정리하거나 비교하기[233]). 일본 교사들도 아이들이 형식에 구애받지 않는 산수에 관심을 가질 수 있는 놀이 활동과 환경을 마련하며, 핀란드 교사들 역시 유치원에서 아이들이 놀이 활동을 통해 수학적 개념을 접할 수 있도록 준비한다.

이처럼 모든 나라에서 아이들은 취학 전 교육을 통해 여럿이 어울리는 환경에 친숙해지고 놀이를 통해 자기 조절, 규칙적 생활, 언어 능력 등 여러 가지 중요한 기술을 발달시킨다. 특히 언어발달은 이민자 가정의 아이들에게 매우 중요하고 어린이집이나 유치원에서 가장 큰 도움을 받는 영역이지만, 이민자들은 자녀를 유치원에 보내지 않는 경우가 상대적으로 많다.[234]

'아이들을 정규교육에 대비하게 하라'는 원칙을 좀 더 명확히 설명하기 위해 내가 지금까지 제안한 내용을 한 문장으로 요약하면 다음과 같다.

6세 이전에는 특정한 학업 성과를 기대하기보다, 다양한 환경에서 놀이 학습을 제공해 사회적 기술과 사전 학습능력을 발달시키라.

물론 그 밖에도 아이들이 준비해야 할 것은 많다. 일단 정규교육이 시작되면, 동아시아 교사들은 아이들이 책을 제자리에 두거나 모둠 활동에 참여하는 것처럼 다양한 활동을 자연스럽게 이행하고 학교생활이 몸에 배도록 상당히 긴 시간을 들여 가르친다. 캐나다에서도 비슷한 사례를 경험했다. 매일 아침 마릴린과 내가 학교에 도착하면, 아이들이 운동장에 줄지어 서 있다가 수업 종이 울리면 터덜터덜 교실로 들어가는 모습을 볼 수 있었다. 나도 영국에서 3학년 아이들을 가르친 적이 있기 때문에 7세 꼬맹이들을 통솔하는 일이 얼마나 힘든지 알고 있었다. 어린아이들에게 주변을 정리하고 책가방 싸는 법을 가르칠 때는 거의 눈물이 날 지경이었다. 그런데 마릴린이 맡은 아이들은 달랐다. 아이들은 교실에 들어서면서 코트를 벗어 야무지게 옷걸이에 걸고, 책가방을 풀어 그날 숙제를 제출한 다음, 흐트러짐 없이 자리에 앉아 수업이 시작되기를 기다렸다. 일정한 규칙에 따르면 아이들이 학교생활에서 정서적 혼란을 겪지 않아도 되기 때문에 귀중한 시간을 절약하고 당면한 학습 목표에 집중할 수 있다. 역사를 배울 때나 모둠 활동을 할 때도 마찬가지이다.

일찌감치 학교생활의 규칙을 가르치라.

내가 방문한 5개국 중 4개국에서 초등학교부터 중학교 저학년까지 수업 사이에 10~15분 정도 쉬는 시간이 주어졌고, 그동안 학생들이 스트레스를 풀 수 있었다. 일본과 중국에서 수업을 참관하는 동안 나는 학생들이 조용히 집중하는 모습을 봤지만, 대조적으로 쉬는 시간에는 똑같은 아이들이 교실 뒤편에서 씨름을 하며 노는 모습을 눈감아 줘야 했다. 교사들도(혹시 그 자리에 있었는지 모르지만) 그냥 내버려 두는 것 같았다. 쉬는 시간이 주어지면, 학생들은 공부하느라 지친 머리를 식히고 교우관계를 원활히 하며 덤으로 운동까지 할 수 있었다. 핀란드에서는 사시사철 아이들이 야외활동을 했고(핀란드 사람들은 "나쁜 날씨란 없다. 어울리지 않는 옷차림이 있을 뿐"이라는 말을 자주 했다), 중국과 싱가포르의 학생들도 수업이 시작되기 전에 운동장에 모여 아침 운동을 했다.

학생들(그리고 교사들)에게 수업 사이에 10~15분씩 쉬는 시간을 제공하라.

마지막으로, 핀란드와 캐나다에서 아이들의 학습 준비에 효과적인 역할을 담당한 이들은 특별 지원팀의 전문적인 교사 집단이었다. 그들은 전교생을 만나거나(핀란드의 경우) 추가로 지원이 필요한 아이들을 만나(캐나다의 경우) 학습 상담을 진행했다. 두 나라에서 내가 만나본 교사들과 교육정책 입안자들은 학생들이 간혹 사회적·정서적 문제로 인해 학교생활을 충실히 하지 못하는 경우도 있다고 인정하면서, 이것을 핑계로 삼기보다 문제를 해결하기 위해서 전문적 능력을 최대한 활용하고 자원을 투입해 단계별 조치를 취해나갔다.

아이들의 사회적·정서적 요구를 해결할 수 있는 전문 인력을 학교에 배치하라

사회적 기술과 사전 학습능력을 기르고 공교육 초기에 나타나는 문제를 바로잡으면서 교육의 기초를 바로 세우면, 아이들은 나머지 학교생활뿐만 아니라 인생을 준비할 수 있다.

원칙 2: 숙련성을 목표로 교육과정을 설계하라

만약 10세인 조지가 지난번 수업에서 분수를 제대로 '배우지' 않았다면, 분수의 곱셈을 이해할 수 있을까? 중학교 1학년이 된 애니는 초등학교 때 원자 개념을 배우지 않은 같은 반 친구들 때문에 벌써 세 번째 원자의 개념을 배우고 있다. 애니는 어릴 때부터 좋아했던 과학을 계속 좋아할 수 있을까? 이런 상황에 대비해서 아이들은 학년별로 습득해야 할 지식과 기술을 정해서 순서대로 배우게 된다. 핀란드, 일본, 싱가포르는 국가가 교육과정을 운영하는 한편, 중국과 캐나다는 주 정부 차원에서 훨씬 더 다양하고 분산된 교육과정을 운영하고 있다.

국가 또는 주마다 교육과정을 개발한다고 해서 단점이 없을 수는 없다. 만약 교육과정이 허술하면, 다시 말해 너무 많은 내용을, 비논리적 순서로, 지나치게 권위적인 교수법으로 가르치도록 설계한 경우에는 오히려 학생들의 공부를 방해하고 교사들의 정신 건강을 해칠 수 있다. 하지만 가르치고자 하는 교과목 내용과 시험을 적절히 연계하여 교육과정을 세심하게 설계하면, 그 교육과정을 거치면서 아이들이 삶을 풍요롭게 하는 핵심 내용을 접하고, 매번 전 단계에서 배운 개념을 토대로 다음 단계로 발전해 나갈 수 있게 된다.[235] 그렇다면 실제 교육과정은 어떤 형태일까? 솔직히 말해서 네 가지 다른 언어로

된 5개국의 교육과정을 샅샅이 살펴보기는 힘들었다. 하지만 내가 5개국을 여행하면서 보고 들은 내용은 교육학자들이 세계 최고 수준의 교육제도와 교육과정을 연구해서 추려낸 몇 가지 공통적인 특징과 일치했다.[236]

우수한 교육과정의 특징 세 가지는 다음과 같다.

- **최소한의 내용**: 소수의 주제에 집중하되 보다 심도 있게 다룬다
- **명확한 과정**: 어떤 개념과 기술을 가르칠지 명확히 규정하되 맥락이나 교육 기법은 자율에 맡긴다
- **논리적 구성**: 논리적 순서대로 개념을 구성하되 아동학습이론에 근거한다

이 세 가지 특징은 또한 맥락이 풍부한 수준 높은 교육계획뿐만 아니라 우수한 학교 교과과정의 토대가 되기도 한다. 하지만 국가나 주 정부가 공통 교과과정을 운영할 때의 이점은, 어느 학교나 동일한 교육과정으로 교육할 자격을 부여받는 것이다.[237] 그렇게 되면 공교육에서 일관성을 확보할 수 있으므로, 학생들의 전학이 자유롭고 심지어 교육제도의 형평성을 높이는 데도 도움이 된다.[238]

그렇다고 해서 개별 학교에 자율성이 부족하다는 의미는 아니다. 그 이유는 첫째, 국가가 규정하는 교육과정은 실제 교육과정과 동일한 것이 아니기 때문이다. 실제로 학교 현장에서 교사들은 교육과정에 규정된 사항보다 훨씬 폭넓고 다양한 교육을 실시하고 있으며 또 그래야만 한다.[239] 그래서 정부도 새로운 계획을 세우거나 이익단체의 요구를 들어주기 위해 교육과정에 함부로 내용을 추가해서는 안 되

며, 새로운 자료를 교육에 포함할지 여부는 학교의 재량에 맡겨야 한다(교육과 관련 없는 사람들은 교과과정에 '취미 교육'을 추가하면 학교가 훨씬 더 나아질 거라고 생각한다. 이런 말을 하는 사람들이 얼마나 많은지 모른다).

두 번째 이유는, 국가 교육과정의 수준이 우수하고 교육적 개념을 분명히 제시하기만 하면, 학교는 그 범주 안에서 교육 방식을 자유롭게 선택할 수 있기 때문이다. 가령 학교에서 물질의 상태 변화(고체에서 액체에서 기체로, 또다시 입자로 변하면서 에너지를 흡수하거나 방출한다는 개념)를 가르쳐야 한다면, 수업에서 아이스크림이 녹는 과정을 예로 들거나 지역 내 제철소에서 어떤 일을 하는지 연관 지어 설명하거나, 교사가 학생들의 관심사를 고려해서 결정할 일이다.

특히 캐나다 교사들은 학생들의 학습 동기를 자극하는 방식으로 주 정부가 정한 교육과정을 응용하는 능력이 뛰어나다. 내가 참관한 수학 수업에는 호박이 등장했고, 과학 수업에서는 아이들이 빈 요거트 용기에다 콩을 직접 길렀다. 캐나다에서 교사로 일하는 친구 하나는 내가 교과목 지식의 중요성에 대해 쓴 초고를 읽고 나서, 여백에다 빨간색 펜으로 이렇게 적어놓았다. "아이들에게 의미 있는 방식으로 가르치지 않으면 금방 잊어버린다." 교사들이 아이들 하나하나의 특성과 관심사를 파악하는 것이 얼마나 중요한지 새삼 확인하는 대목이었다. 핀란드의 교육과정은 양방향으로 응용된다. 먼저 어느 지역에 속한 여러 학교 교사들이 협력해 그 지역의 특색을 살린 지역 특화 과정을 개발한 다음, 이것을 지역 내 학교에 보급해서 아이들이 더 잘 배울 수 있도록 운영하는 것이다.

정작 개별 학교의 자율권을 제한하는 것은 학력평가시험을 지나치게 중시하는 경우이다. 시험 성적을 중시하는 경우에 교사는 시험 범위나 기출문제 위주로 가르쳐야 하기 때문에 그만큼 국가 교육과정을 자유롭게 해석할 여지가 줄어든다. 상하이, 일본, 싱가포르, 핀란드에서 교육과정을 설계할 때 공통적으로 고려한 목표는 숙련성 원칙이지만(캐나다는 주마다 다르다), 학습 동기를 부여하는 교사의 능력은 나라마다 학력평가를 얼마나 중시하는지, 그리고 얼마나 수준 높은 교육을 실시하는지에 따라 다르다. 학기말 시험 범위가 아니었다면 나는 중국에서 '우물 안 개구리' 수업을 그렇게 많이 듣지 않아도 되었을 것이다. 모든 아이들에게 교육과정에 따라 중요한 개념을 가르쳐야 하지만, 동기를 부여하는 방식으로 가르쳐야 아이들이 즐겁게 몰두해서 배울 수 있다.

원칙 3: 아이들이 물러서지 않고 도전하도록 격려하라

이 책을 읽고 오직 한 가지 원칙밖에 기억할 수 있다면 세 번째 원칙을 꼭 기억하기 바란다. 이 원칙은 학부모와 교사, 학교장이나 교육계 인사 모두에게 해당하며, 가정과 학교, 나아가 나라 전체에까지 영향을 미칠 수 있다.

나는 지금까지 지능에 관해서 꽤 많은 이야기를 했다. 왜냐하면 지능을 어떻게 바라보느냐에 따라 교육적 맥락에서 계획을 세우고 가르치는 방식이 달라지기 때문이다. 연구에 따르면, 심각한 지적 장애가 있는 경우를 제외하고 지능은 아동기 내내 발달하며, 지능발달의 속도와 용이성은 개인에 따라 유전적 요인과 환경의 영향을 골고루 받는다. 기술의 발달로 단순노동이 필요한 일자리가 감소함에 따라 사람들이 역사상 유례없이 수준 높은 교육을 받는 것이 가능할 뿐만 아니라 누구나 바라는 일이 되었다.

또한 아이들의 학교 성적은 현재 지능의 수준과 높은 상관관계에 있지만 그렇다고 지능이 고정불변한 것은 아니다. 지능은 교사의 자질, 학부모의 지원 그리고 학생 자신의 노력에 따라 얼마든지 발달한다. 따라서 만에 하나 지능이 전적으로 유전에 의해 결정된다 하더라도, 노력 여하에 따라 지능에 변화가 생긴다는 믿음을 갖고 성실하게 노력하면 학교 성적은 향상될 수 있다. 다행히 이런 거짓된 가정을 할 필요도 없이, 지능에 관한 믿음은 사실과 일치한다.

세계 최고 수준의 학력을 자랑하는 나라들이 교육제도 차원에서 아이들에게 도전을 장려하고 지능은 고정불변이 아니라는 신념을 심어주는 방식을 되짚어 보자. 내가 방문한 나라 가운데 4개국에서 모든 아이가 공교육을 시작한 이후 15세까지 단계별로 도달하게 될 것이라 기대하는 공통 학력 기준을 설정하고 있었다. 교사와 학부모들은 또래보다 뒤처지는 아이들도 보충 수업과 개인 교습을 통해 이 기준에 도달할 수 있도록 추가로 지원하고 결코 아이들에 대한 기대치를 낮추지 않았다. "괜찮아, 모두가 수학을 잘 할 수는 없어"라고 말하면서 한발 물러나서 그들을 다른 학교나 학급으로 보내거나 쉬운 교육과정으로 대체하는 대신, "수업을 따라잡을 때까지 우리가 도울 테니, 너희도 열심히 노력해야 해"라고 격려했다. 물론 상태가 심각해서 특수한 도움이 필요한 아이들의 경우에는 예외적으로 학부모가 자녀에게 특수교육이 더 이롭다고 동의할 수도 있다. 하지만 이 경우에도 판단 기준은 시험 성적이 아니라 심리적인 진단이 우선이다.

핀란드에서도 확인했듯이, 학생들을 이른 나이부터 성적에 따라 계열별로 분리하는 것은 교육제도에 더 큰 불평등과 불공정을 가져오는 것으로 드러났다. 게다가 부모의 배경(그리고 이주 여부[240])에 따라 학업 격차가 더 벌어지는 결과를 낳았다. 또한 진학 아니면 직업훈련이라는 학교 선택을 나중으로 미룰수록, 학업성취가 낮은 학생들의 성적이 점차 올랐으며 우수한 학생들에게도 불이익이 없었다.[241] 이와 관련해 폴란드는 교육개혁으로 학생들의 학교 선택을 단 1년 미룬 결과, PISA 점수가 무려 120점 이상 올라 세계에서 유례를 찾기 힘든 '극적인 개선' 효과를 얻었다.[242]

성적에 따라 진로를 나누는 학교 선택을 15~16세까지 미루라

물론 학교 선택을 미루는 것만으로는 부족하다. 통합교육을 실시하면서도 능력에 따라 수준별 수업을 시행하고 뒤처지는 학생들에게 쉬운 내용을 가르치며 기대를 낮추는 경우도 있기 때문이다. 핀란드, 캐나다, 상하이, 일본에서는 이런 경우를 찾아볼 수 없었다. 그들은 통합교육의 이념 아래 학생들이 중학교를 졸업할 때까지는 모든 교육과정을 똑같이 가르쳤다. 여기에 첫 번째와 두 번째 원칙이 효과적으로 결합되었다. 아이들 대부분이 취학 전 교육을 통해 정규교육을 받을 준비를 갖춘 다음 비로소 공교육이 시작되기 때문에, 처음부터 능력 차가 크게 벌어지지 않고 아이들을 한 반에 모아 가르치기도 수월하다. 또한 숙달 학습에 중점을 두고 한 가지 주제를 완전히 익힐 때까지 반복해서 가르치기 때문에, 모든 아이가 모든 주제에서 최저학력 기준에 도달할 기회를 얻을 수 있으며, 남들보다 숙달이 빠른 아이들은 해당 주제를 더 깊이 탐구할 수 있다.

15~16세까지는 (수준별 수업이 아니라) 혼합 교실에서 가르치라

15~16세 이후로도 아이들의 잠재력을 방해하는 부정적 기대가 은연중에 스며들어 교육의 공정성을 해치는 경우가 있다. 예를 들어, 스웨덴은 통합교육제도에서 혼합 수업을 하고 있지만, 이 수업에서 학생들은 각자 목표로 하는 등급을 정해서 개별화된 학습 과정을 선택할 수 있다.[243] 그래서 '통과pass' 과정을 선택하는 아이들에게는 기초적 사고만으로 해결할 수 있는 수월한 과제가 주어진다. 한편 싱가포르(학급 내), 캐나다, 핀란드, 상하이, 일본이 선택한 방식은, 모든 학생이 상당히 높은 수준에서 동일한 교육과정을 이수할 수 있다고 기대하면서 필요한 경우에 추가 지원을 달리하는 것이다. 한 교실 안에서 뒤처지는 학생에게 교사가 특별한 관심을 쏟거나 또래 중 우수한 친구가 지원하는 것이다.

하지만 주된 지원 방식은 교사가 제공하는 일대일 또는 소규모 추가 수업이다. 핀란드와 캐나다에서 이 역할을 맡은 교사들은 정규 수업에서 유난히 뒤처지는 학생들을 따로 모아 가르치거나 점심시간 혹은 방과 후에 추가로 지원한다. 동아시아에서도 교과목 담당 교사가 수업이 끝난 뒤 쉬는 시간이나 방과 후 시간을 최대한 활용해 학생들을 지원하고, 교사가 학부모와 긴밀하게 소통하면서 필요한 경우에 학교 수업 외에 부모나 과외 교사에게 도움을 받으라고 권한다.

내가 방문한 나라에서 자주 있는 일은 아니었지만(캐나다를 제외하고), 소규모 특별반을 편성해 영재교육을 실시하고 우수한 아이들이 정해진 교육과정을 넘어서 능력을 펼치게 하는 것도 공평하다고 생각한다. 보충 수업이나 영재 수업은 융통성 있게 운영하면 좋다. 그렇게 하면 주제와 상황에 따라 매번 다른 아이들이 도움을 받을 수 있기 때문에 아이들이 고착형 사고방식(예를 들어, 자신이 영재반에 속해 있기 때문에 한번이라도 실패하면 재능이 없다고 평가받을까 봐 어려운 과제에 도전하지 않겠다는 마음가짐)에서 벗어날 수 있다.

정규 수업 도중이나 수업 전후에 전문성을 갖춘 교사가 융통성 있게 수준별 소집단을 지원하라. [244]

원칙 4: 교사를 전문가로 대우하라

전문직으로 간주되는 직종(의사, 변호사, 회계사 등)과 그렇지 않은 직종을 구분하는 기준은 무엇일까? 전문직에 입문하려는 사람은 여러 해 동안 공부해야 하고 그동안 자신이 하려는 일과 관련한 지식 체계에 익숙해지기 시작한다. 그들은 수련 과정을 엄격하게 평가받으며 전문 자격 시험을 통과해야 전문가로 인정받게 되고 드디어 국가에서 공인한 전문가 협회에 새내기 회원으로 등록할 수 있다. 이 단계에 이르면 풋내기 전문가로서 실습을 시작하지만 책임져야 하는 범위는 극히 제한적이라서 경험 많은 선임의 혹독한 감독과 지도를 받으면서 경력을 쌓아나가야 한다. 그들은 실력을 증명하면서 책임이 커지게 될 것이고, 계속 공부하면서 단계를 통과하면 경력 사다리를 하나씩 밟고 올라 어느새 후배들을 지도하는 위치에 서게 될 것이다. 모든 사람이 전문직 과정이 얼마나 힘든지 알기 때문에 그들은 공인된 전문가로서 사회적으로 존경받고 경력 사다리의 꼭대기까지 오르면 수입도 상당히 많아진다. 결과적으로 전문직을 원하는 사람이 많기 때문에 우수한 졸업생을 선발할 수 있다.

내가 방문한 나라들은 교직에 대해서도 이와 비슷하게 접근하고 있었다. 우수한 교육제도를 가진 나라들은 교사훈련과정에 입문하는 예비 교사를 대학졸업자 중에 까다롭게 선별하고 명문 교육기관에서 1년 이상 훈련시킨다. 교사자격증은 교사훈련과정과 수련교사과정을 우수한 성적으로 통과한 사람들에게만 주어진다. 새내기 교사는 처음 몇 년 동안 선임 교사의 멘토링과 주간 교사회의를 통해 경험 많은 교사들과 긴밀한 협력관계를 유지해야 한다. 이 시기가 지나면 교사들이 교직의 진면목인 수업 자율권을 보장받고(현직연수는 계속되지만), 현직교사연수과정에 참가하는 것도 선택할 수 있다. 이것은 전문가를 양성하는 과정이며, 교사들은 점차 숙련성, 자율성, 관련성을 확보하며 내재적 동기를 강화해 간다.

예비 교사에게 최소한 1년 동안 전문 기관이 승인하는 엄격한 교사훈련과정을 이수할 것을 요구하라. 이 과정에서 교육학 및 교수법에 대한 내용지식을 가르쳐라. 새내기 교사들의 수업 부담을 줄이고, 전담 멘토 교사의 수업도 줄여 함께하는 시간을 확보하라. 교사들이 서로 협력해서 수업을 계획하고 평가하며 모든 교사가 서로 지원하고 교수법을 배우도록 권장하라.

이와 반대로 최소 학력 기준을 통과한 사람들을 교직에 입문시키고, 감독을 최소화하면서 교사훈련과정을 아무 기관에서나 운영하고, 교사가 되고 싶은 사람 누구에게나 자격을 주고(또는 교사자격증을 요구하지 않고), 교사가 된 후에는 정식 멘토링이나 협업을 생략하는 방법도 있다. 문제는 이렇게 하면 최소한의 수업 수준을 확보하기 위해 교사들의 수업 방식을 통제하면서 자율권을 제한할 수밖에 없다는 것이다. 그렇게 되면 교사들의 내재적 동기에 부정적 영향을 주기 때문에 교사들의 성과를 향상하려면 뇌물이나 협박이 등장할 수도 있다. 결국 교직의 매력은 떨어지게 될 테고, 교사 수급에 문제가 생겨 우수한 인재를 선발하지 못하게 되면서 교사의 위상은 갈수록 추락할 것이다. 또한 현직에 남아 있는 교사들은 과로와 의욕 상실에 시달리게 될 것이다. 나는 네 번째 원칙과 반대되는 사례를 묘사하고 있는데, 이것은 말하자면 '비전문가를 양산하는 과정'이다.

두 가지 유형의 교사양성제도를 설명하는 것도 좋지만, 만약 어떤 교육제도가 후자의 경우에서 벗어나지 못하고 있다면 어떻게 해야 할까? 보다 전문적인 방향으로 개선될 여지가 과연 있을까? 핀란드에도 이런 위기가 닥친 적이 있다. 그들은 어설픈 교사훈련과정을 개설한 전문대학을 폐쇄하고 모든 교사훈련을 명문대학 여덟 곳에 맡겼다. 싱가포르도 과거에 교사 수급 문제를 해결하기 위해 교사연수과정에 장학금(그리고 생활비까지)을 제공하면서 우수한 인재를 교직에 끌어들였다. 캐나다에서는 강력한 교원노조가 봉급 인상과 근무조건 개선을 위해 싸워왔기 때문에(교사의 봉급은 PISA 점수와 상관관계에 있다), 예나 지금이나 교직이 인기 직종으로 통하지만 지역에 따라 선호도에는 차이가 있다. 중국은 엄격한 자격요건을 내걸고 교사경력 제도를 도입해 교사의 사회적 위상을 높이고자 했다.

교사의 지위에 긍정적인 영향을 준다는 사실 말고도 대학 학위와 엄격한 교사훈련 과정을 거친 사람들에게만 교사자격증을 주는 데는 타당한 이유가 있다. 교사가 되기 위해 전문적 교육을 받아야 하는 분야가 실제로 있기 때문이다. 교사인 내가 직접 언급하려니 민망하지만, 다른 전문직과 마찬가지로 교사들이 알아야 하는 연구 기반의 지식 체계는 방대하다. 아동발달, 인지심리학, 교과목 지식(혹은 교수내용지식PCK)이 대표적이다.[245] 교사훈련과정 초기에 모든 예비 교사가 이와 같은 지식을 배우는 것은 아니다.[246] 그러나 교사들이 전문 지식을 습득하게 되면 능력을 비약적으로 발전시킬 수 있다.[247] 흥미롭지만 한편 당연하게도, 학업성취도검사 상위권 국가들에서 볼 수 있는 교육적 관행은 대부분 연구에서 이미 검증된 방법이었다.[248]

우수한 교육제도에서 교사가 전문지식을 갖추는 것은 공통된 요건이지만, 그러한 전문지식과 그에 따르는 교수법을 언제 그리고 어느 단계까지 요구하는지는 나라마다 달랐다. 핀란드 교사들은 교사훈련과정에서 전문지식을 모두 배워야 하고 초등학교 교사가 되기 위해서도 석사학위가 필요하다. 하지만 나라마다 사정이 다르고, 특히 우수한 청년 인재들이 별로 인기 없는 전문직(혹시 전문직이라 생각하더라도)에 도전하기 위해 그렇게 오랫동안 훈련받기를 원치 않는다면 그런 나라에서는 핀란드와 같은 방식이 부적합할 수도 있다. 일본에서는 교사가 초기에 공식적으로 교사 자격을 갖춘 뒤에 계속해서 멘토링과 연구수업을 통해 비공식적으로 전문적 발전을 도모하는데, 나중에 교장에 도전하려면 추가로 공식적인 연수과정을 거쳐야 한다. 중국과 싱가포르의 교사연수과정은 한층 더 엄격하다. 초기 교사연수 기간은 핀란드보다 짧지만, 일단 교직에 들어선 다음부터는 교사들이 전문적 지식과 기술을 더욱 발전시켜 경력 사다리를 오를수록 교육행정 또는 교사양성 분야에서 더 많은 자격과 책임을 부여받게 된다.

원칙 5: 학교에 책임을 묻되 지원을 아끼지 말라

이 원칙에 대해 내가 확고한 의견을 가지고 있지 않다면 거짓말일 것이다. 여러 나라를 돌아다니는 동안 나는 각 나라의 교육당국이 학교 발전을 위해 개발한 훌륭한 정책을 접할 때마다 자주 감탄하며 영감을 받았고, 그와 동시에 내 고향 영국에서 시행 중인 학교 개선책을 떠올리며 가끔은 울고 싶었던 적도 있었다(영국에서는 교육당국이 학교에 개선을 요구하고 개선되지 않으면 교장과 경영진을 전부 또는 일부 교체한다).

학업 성적이나 학교 운영이 부실할 때 학교가 책임을 진다는 면에서는 별 차이가 없었다. 내가 방문한 나라에서도 정부가 모두 학교에 책임을 물었다. 이들 학교는 교사와 교장 간 면담 결과(핀란드), 학교별 학력평가(일본, 상하이, 싱가포르) 또는 주 정부가 주관하는 전국표준학력평가(캐나다의 온타리오주와 브리티시컬럼비아주) 등에 근거해서 관할 교육청에 자료를 제출해야 했다. 세계적으로 볼 때 표준화된 학력평가를 실시하는지 여부는 PISA 결과 및 교육제도의 형평성과 상당한 관련이 있었다(핀란드의 사례를 보면 반드시 그런 것은 아니지만). 또한 싱가포르와 캐나다 일부 주에서도 표준학력평가 성적을 공개한다. 내가 방문한 모든 나라는, 비록 빈도와 집중도는 달랐지만 일정한 형태로 학교 감사를 실시했다. 학교 발전에 지원하기 위해서는 어느 학교에게 어떤 지원이 필요한지 구체적으로 알아야 하기 때문이다.

학교별 등급자료 또는 부정기적으로 전국학력평가를 이용해 지역 또는 국가 수준에서 학교의 수행을 관찰하라.

이렇게 학교를 평가한 자료는 다름 아닌 학교를 지원하기 위해 사용되었다. 이러한 상황에서 학교의 책임을 묻는 것은 법적 책임이나 과실 책임이라기보다 응답 책임과 책무를 의미한다. 몇 가지 사례를 보자. 앞에서 우리는 캐나다 주 정부에서 일선 학교를 어떻게 관리하는지 살펴보았다. 캐나다의 학교들은 교육위원회 아래 '학군' 단위로 분류되고, 교육위원회가 교육감(일반적으로 전직 교장)을 선출한다. 주정부 표준학력평가에서 저조한 성적을 거둔 학교가 있으면 교육감이 그 학교 교장을 만난다. 교육감은 교장과 함께 성적 부진의 원인을 밝히고, 앞으로 취할 단계적 조치를 의논하고, 성공한 사례로부터 실마리를 찾을 수 있도록 같은 학군 안에 있는 다른 학교를 연결해 주기도 한다. 또한 학교장들은 전략을 공유하기 위해 정기적으로 학교장 협의회에서 만난다.

싱가포르도 이와 비슷한 방법으로 접근한다. 학군마다 학교 리더십 팀을 개발·지도·감독하는 교육감을 파견해 학교가 효과적으로 운영되고 있는지 확인하고 학교끼리 협력을 장려하기도 한다. 하지만 캐나다나 싱가포르 모두 애초에 학교가 부실하게 운영될 가능성은 희

공부 잘하는 아이들의 나라

박하다. 교육 당국이 리더십 훈련(네 번째 원칙 참조)과 승계 계획에 투자하기 때문이다.

성공적으로 임기를 마친 전직 학교장 출신 교육계 관료들을 활용해서, 그들이 정기적으로 학교를 방문해 현직 교장들에게 조언과 지원과 인맥을 제공하도록 하라.

일본에서는 대부분 전직 교사나 교장 출신인 교육위원회 위원들로 학교 감사팀이 구성된다. 하시모토 교장은 자신이 속한 교육구에서 있었던 일을 말해주었다. "어느 해였는지 감사팀이 1년 동안 다섯 번이나 우리 학교에 와서 수업을 참관하고 교사들을 면담하더군요. 그러더니 연말에 이걸 만들었어요." 그는 뒤편 책장에서 제본된 책자를 하나 꺼내 보여주었다. 제목이 《학교 발전을 위한 충고와 추천》이었다. 하시모토 교장에게 영국에서는 학교 감사가 사흘 만에 끝난다고 했더니 그가 놀란 얼굴로 목소리를 높였다. "아니, 사흘 안에 학교를 어떻게 파악한다는 말입니까!"

일본, 싱가포르, 상하이에서 학력이 저하된 학교를 지원하는 또 다른 방법은, 의도적으로 좋은 교사들을 파견하는 것이다. 상하이에서 이것은 '위임 행정'이라는 정책의 일환이다. 상하이에서 내가 방문한 학교 중에는 비교적 가난한 지역이지만 학업 성적이 우수한 데다 전인교육을 성공적으로 시행하는 학교가 있었다. 그래서 이 학교는 정부로부터 상황이 열악한 다른 학교와 자매결연을 맺어달라는 요청을 받았다. 정부는 자금을 지원해 교사 몇 명과 주임교사 한 명을 다른 학교에 파견했고, 일정한 기간 동안 그곳에서 교직원을 보조하면서 교직원 훈련과 학교 행정까지 담당하게 했다. 그러자 긍정적인 효과가 나타났다. 도움을 받은 학교는 학력이 크게 향상되었고 교사 훈련을 주도했던 파견 교사들에게도 유익했다.

어려움을 겪고 있는 학교에 특히 실력이 뛰어난 교사들과 중간 관리자들을 파견해 우대하고, 이들이 다른 교사들을 교육하게 하라.

한편 일부 국가에서 실시하는 교육정책은 공식적으로 '행정 책임'이라고 부르지만, 흔히 '고부담 책임high-stakes accountability'(학교행정가나 교육정책 결정자 등이 평가 결과에 따라 학교나 교사에게 강력한 책임을 지라고 요구하는 것-옮긴이)으로 알려져 있는 원칙에 따른다. 이들 국가의 학교 개선 정책은 앞서 소개한 동기 2.0, 즉 당근과 채찍 전략을 기초로 하며 주로 채찍에 의존한다. 이 정책에 따르면, 어떤 학교가 일정 기준 이하로 운영될 때 폐교, 경영권 회수(영구적), 재정 축소 등의 위협을 받는다. 학교 운영진도 해고 위기에 몰리고 혹시 자리를 보전하더라도 평판이 떨어질까 봐 두려워하게 된다. 보통 이런 학교들의 조건이 가장 열악한 경우가 많은데, 빈곤 지역에 위치해 종종 학교 재정이 부족한 가운데서도 학교를 꾸려나가야 한다.

정부의 논리는, 그런 학교일수록 제재가 동기 부여가 되어 교사와 학교 운영진이 더욱 열심히 일하거나 특별한 방법을 모색하게 된다는 것이다. 하지만 압박감 속에서 전에 미처 생각지 못한 혁신적인 개선책을 찾기는 쉽지 않다. 오히려 창의성이 억압된다. 엄격한 평가를 받는 상황일수록 창의적 성과가 감소한다는 연구 결과도 있다.[249] 경영컨설팅업체 맥킨지McKinsey가 최상위 학교 제도를 분석한 보고서에는 창의성을 억압한다는 이유로 학력평가 점수를 공개하지 않는다는 어느 '아시아 교육부 수장'의 말이 인용되어 있다. "결과를 공개하면 교사들의 사기가 떨어지고 일을 제대로 하지 못합니다. 결국에는 교사들이 새로운 것을 시도하거나 배우지 않게 되지요."[250] 그러니 어느 학교가 애초에 역할을 소홀히 한 것이 아니라 이미 최선을 다하고 있다면, 더 열심히 한다고 해도 현상 유지만 될 뿐 크게 나아지지 않는다.

오히려 채찍 정책을 고수하면 학교가 현상 유지를 하지만 비정상적인 행동을 할 수도 있다. 맥킨지 보고서에 등장한 교육부 장관은 계속해서 이렇게 말했다. "그들은 학교를 지키는 데 집중하고 학생들의 학력이 향상된 것처럼 보이게 하는 방법을 찾아낼 것이다." 미국과 영국 학교의 고위험 책임에 대한 연구에서 밝혀진 바로는, 고위험 책임을 요구하면 교사들이 정책적 요구를 따르는 데만 집중하게 된다.[251] 따라서 교사들이 학생들 대다수를 희생시키면서 '상위권' 학생들을 집중 관리하는 한편[252] 하위권 학생들은 특별 과정으로 전환하여 학력평가에서 배제하고,[253] 심지어 시험 성적을 조작하는 경우도 발생한다.[254]

최상위 학교 제도에서는 정부가 학생들의 성적이 저조한 원인을 교사들의 지식, 전문성 또는 역량이 부족한 탓으로 돌린다. 그래서 학생들이 더 나은 교육을 받도록 하기 위해 학교와 교사를 지원해야 한다는 자세로 접근한다. 예외적으로 학교장이 학교를 개선할 의지가 없거나 변화에 소극적인 경우에는 해고할 수 있지만, 이것은 흔히 볼 수 없는 극단적 조치에 해당한다.

다섯 가지 원칙을 종합하라

다섯 가지 원칙 중 하나만 적용해도 교육제도를 향상하는 데 도움이 되겠지만, 그렇다고 나머지 원칙이 결여되면 곤란한 상황을 맞을 수도 있다. 예를 들어, 초등학교 1학년 첫 학기가 시작되자마자 모든 아이가 똑같이 준비된 상태라고 기대할 수 없고 정규교육을 시작하기 전부터 뒤처지는 아이들이 생긴다면, 전교생을 최저학력기준에 도달하도록 지원하기가 훨씬 더 어려워진다. 또 교사들을 전문가로 대우하기 위해 최고의 조건을 내걸어 우수한 대학졸업생을 교사훈련과정에 입문시킬 수는 있지만, 교사가 된 다음 무리하게 실적을 강요하면 교직에 남을 사람은 없을 것이다.

교육제도는 모든 부분이 서로 잘 맞물려 돌아가야 한다. 설령 정부에서 개념의 숙달을 목표로 흠잡을 데 없는 교육과정을 개발했다 하더라도, 학교에서 암기와 시험 위주의 수업에 매달려야 만점을 받을 수 있는 학력평가나 입시 같은 '고부담 시험high-stakes exam'을 치러야 한다면 교육과정에 관심을 두는 사람은 거의 없을 것이다. 지금까지 살펴본 다섯 가지 원칙은 상호보완적이다. 내가 방문한 나라마다 다섯 가지 원칙을 적용하는 방식은 서로 달랐지만, 공통적으로 읽기·수학·과학에서 수준 높고 공정한 교육을 제공하기 위해 이들 원칙에 따른다는 점은 같았다.[255]

일반적으로 다섯 가지 원칙은 나라마다 상황에 적합한 방식으로 추구해야 하며, 다른 나라에서 성공한 어떤 방법을 고스란히 모방하는 것보다 영감을 얻어 실정에 맞게 구현하는 것이 더 낫다. 한 가지 성공 사례는 영국이 싱가포르의 수학 교수법을 참고해 초중등학교 수학 시간에 '수학 박사Maths Mastery' 프로그램을 활용한 것이다. 이것이 영국의 일반적인 수학 수업과 다른 점은, 많지 않은 주제를 더 깊이 있게 다룰 수 있고(두 번째 원칙), 모든 아이가 다음 단계로 넘어가기 전에 일정한 수준에 도달할 것으로 기대한다는 것이다(세 번째 원칙). 그뿐만 아니라 이 과정에서 교사들이 전문적 연수과정에 참여할 수 있고(네 번째 원칙), 학교들 사이에 모범 사례가 공유된다는 점도(다섯 번째 원칙) 긍정적이었다.

이와 관련해 두 명의 영국 학자가 '수학 박사' 프로그램의 효과를 평가하기 위해 무작위 통제 실험(최고의 표준연구법)을 실시했다. 이 프로그램을 도입한 지 1년이 지난 뒤에 모두 87개 초등학교와 50개 중등학교에서 수학 성적을 조사한 결과, 급격하지는 않지만 상당히 긍정적인 효과가 나타났다. 연구자들은 이것이 무시할 수 없는 경제적 이익을 가져올 것이라고 추정했다(즉, 생애소득이 프로그램 운영비용

그림 6　　높은 학업성취와 형평성의 바탕이 되는 다섯 가지 원칙

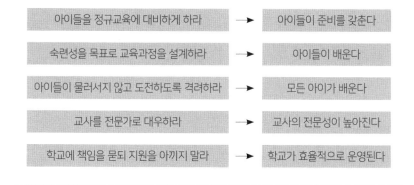

아이들을 정규교육에 대비하게 하라	아이들이 준비를 갖춘다
숙련성을 목표로 교육과정을 설계하라	아이들이 배운다
아이들이 물러서지 않고 도전하도록 격려하라	모든 아이가 배운다
교사를 전문가로 대우하라	교사의 전문성이 높아진다
학교에 책임을 묻되 지원을 아끼지 말라	학교가 효율적으로 운영된다

을 훨씬 웃돌게 된다).[256]

하지만 경제적 이익 말고 다른 교육적 효과는 없을까? 학생들이 수학만 잘한다고 교육의 임무가 끝나는 것도 아닌데 말이다. 내가 생각하는 다섯 가지 원칙이 다른 중요한 교육적 가치와 상충되지 않을까? 다음의 마지막 장에 덧붙인다.

지식 교육과 창의성 교육은 상충관계일까?

나는 아직 아이가 없다. 하지만 여러 나라를 여행하는 동안 내내 우수한 교육제도를 자랑하는 그곳에서 미래의 내 자녀를 공부시키면 어떨지 상상해 보았다.

나는 내 아이가 책을 많이 읽고 수학도 잘했으면 한다. 미국 내에서 최근 실시된 조사에서도 학부모의 대부분이 같은 바람을 내비쳤다.[257] 또한 내 아이가 과학도 잘하길 바란다(내가 명색이 과학 선생인데, 아이가 과학을 못하면 꽤 당황스러울 듯하다). 하지만 전 세계 조사에서 38퍼센트의 부모가 그랬듯이[258] 나도 그들처럼 내 아이가 자라서 의사나 변호사나 엔지니어가 되기를 바라는지는 아직 잘 모르겠다. 내게는 아직 먼 이야기처럼 느껴진다. 지금까지는 모두 우리가 살펴본 5개국 상위권 교육제도의 토대를 이루는 다섯 가지 원칙에 걸맞는 환경에서 아이를 키우고 싶은 마음이다.

나는 또한 내 아이가 폭넓은 교육을 받았으면 한다. 나를 닮았다면 그림이나 춤에는 소질이 없을지도 모르지만, 그래도 내 아이가 창조적 활동에 몸을 맡기고 예술을 통해 자신을 표현하는 법을 배우길 원한다. 학교에서 럭비 경기를 마치고 진흙투성이로 집에 돌아오거나 농구 시합을 마치고 땀내가 진동해도 좋을 것 같다. 그러느라 귀가 시간이 좀 늦어도 나무라지 않을 것이다. 그리고 학교에서 내 아이가 자신이 속한 지역공동체와 사회를 이해하고, 그 안에서 자신의 역할을 생각하고, 도덕적으로 올바른 행동을 하도록 격려해 주었으면 한다. 높은 PISA 점수를 받는 학교에 보낸다고 해서 이 가운데 하나라도 소홀해지는 것은 아니다.

캐나다, 핀란드, 일본의 학생들은 일주일 동안 수학, 과학, 언어 등 교과목 수업에 보내는 시간이 OECD 회원국 평균보다 짧아서 다른 활동을 할 시간이 충분하다. 상하이와 싱가포르 아이들의 주당 교과목 수업시간은 OECD 회원국 평균보다 길었지만, 상하이의 교과목 수업시간은 미국보다 주당 6분, 영국보다 주당 25분 더 길었을 뿐이라서 나머지 교육과정의 격차를 좁히기에는 미미한 차이였다. 중국에서 학생들은 중학생이 되어 고등학교 입시를 준비하는 동안에도 정치, 중국어, 수학, 외국어, 역사, 지리, 물리, 화학, 생물, 체육, 음악, 미술, 기술·가정 등 다양한 수업을 받는다. 특히 내 아이가 기술·가정 과목을 배운다면 나는 대환영이다.

그렇다면 반대급부는 무엇일까? 이들 나라에서는 어떠한 절충도 하지 않고 이렇게 우수한 성과를 내고 있는 걸까? 앞 장에서 설명한 다섯 가지 원칙을 다른 나라에서 적용한다면, PISA 점수가 오르는 대신 무엇을 포기해야 할지 따져보자.

일자리와 직업교육

영국의 어느 학생이 14세이고 성적이 하위권이라면 수업 참여에도 과제 제출에도 별 의욕이 생기지 않을 것이다. 그래도 선생님들 말씀대로 나중에 아무 사무직에라도 취업하려면 학교에 그저 계속 다니는 수밖에 없다. 한편 학생의 이모네 집 근처에 자동차 정비기술을 가르치는 명문 직업학교가 있고 학생이 늘 자동차 다루는 일을 꿈꿔왔다면, 수학과 영어 과목에서 최저학력기준을 통과하고 교사가 추천서를 잘 써주면 쉽지 않겠지만 입학을 시도해 볼 수 있다. 학생에게 다른 선택지가 더 있었다면 아마 훨씬 더 열심히 공부했을 것이다.

수준 높은 직업훈련 학교가 있다는 것은, 일반 고등학교에 진학해서 학업을 계속할 생각이 없는 학생들에게 중학교 때 공부할 계기를 마련해 주는 것 이상으로 분명한 장점이 있다. 맨 먼저 떠오르는 장점은 취업 가능성이다. 그리고 실용성은 이보다 덜할지라도, 정부가 직업훈련에 투자해야 하는 보다 근본적인 이유도 있다. 교육은 모두를 위한 것이어야 한다. 교육이 단지 대학으로 가는 사다리가 되어서는 안 된다. 대학에 못 가거나 안 가는 아이들이 사다리 중간에서 추락해 실업자가 되게 해서는 안 된다. 교육은, 모든 직업적 가능성을 포함해서 다양한 전문 분야로 진출하기 위한 핵심 지식을 가르치는 나무와 같다.

앞서도 주장했듯이, 아이들이 15세가 되기 전까지 몸통에서 나뭇가지가 갈라지면 안 된다고 생각하는 이유는 두 가지이다. 첫째, 21세기 들어 점점 더 많은 직종에서 고학력자가 필요하기 때문이다. 20세기에는 초등교육만 마쳐도 벌목꾼이나 공장 노동자로 일할 수 있었지만, 그들의 손자 세대는 아직까지 기계가 대신할 수 없는 일을 하기 위해서 고급 인지능력을 갖춰야 하고 남들처럼 교육의 결실을 맛봐야 한다. 둘째, 15세 이전에 진로가 갈라지면 부모의 배경이 시험 성적에 훨씬 큰 영향을 주기 때문이다. 부모가 의사라면 괜찮겠지만 부모의 학력이 낮거나 실직했거나 혹시 부모가 아예 없는 학생은 부당하게 선택의 폭이 좁아진다. 인문계와 실업계 중 골라야 하는 진로 선택을 중학교 이후로 미루면 취업 결과에도 긍정적 효과가 있다.[259]

15세가 넘으면, 핀란드, 일본, 상하이, 싱가포르에서는 별도의 기술학교에 진학할 수 있고, 여기서 다양한 형태의 기술교육과 직업교육을 전문적으로 받을 수 있다. 핀란드와 싱가포르에서는 기술훈련이 대학 수준의 교육(전문학교, 기술교육원)으로 이어질 수도 있다. 두 나라 모두, 인문계 고등학교에 진학할 자격이 있는 아이 중 일부가 기술학교를 선택하는데, 이것은 직업교육에 대한 생각이 변해가는 신호이다. 캐나다의 대부분의 주에서 아이들이 학업과 직업교육을 동시에 제공하는 고등학교에 갈 수 있고, 고등학교 졸업 후 어느 쪽을 전공할지 결정하기 전에 두 가지 과정을 섞어서 배울 수 있다.

이번 여행에서 교육제도에 대한 나의 야망이 커졌다. 불리한 배경을 가진 학생들을 지원해서 대학에 입학시키는 데만 초점을 맞출 것이 아니라, 사회·경제적 배경에 상관없이 대학에 가지 않기로 선택한 학생들 모두에게 우수한 교육 기회를 제공해야 한다. 다행스럽게도, 양질의 직업교육을 시행하는 것이 학업 성적에 부정적 영향을 주지 않고, 오히려 서로 보완하는 관계에 있다.

공부 잘하는 아이들의 나라

학교 만족도와 학습 효과

서양에는 동아시아 교육에 대한 선입견이 있다. 동아시아 학생들이 성적은 좋지만 불행하고, 고리타분한 교사들과 끊임없는 시험에 시달리며 배우는 즐거움을 모른다는 것이다. 이 책을 보고 꼭 그렇지만은 않다는 사실을 확인하기 바란다. 싱가포르, 상하이, 일본의 학생들은 많은 압박을 받지만 그렇다고 모두 비참하지는 않다. 현실에서는 많은 동아시아 학생들이 학교생활을 즐기고 있고, 영국이나 미국 학생들보다 학교 수업에 더 관심이 많다. PISA 테스트와 함께 실시된 '학생행복도' 설문조사에서 각국의 학생들에게 학교에 대해 어떻게 생각하는지 몇 가지 흥미로운 질문을 던졌는데, 학생들의 응답을 분석한 결과는 [그림 7], [그림 8]과 같다.

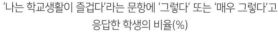

그림 7   학생들이 보고한 학교생활 행복지수

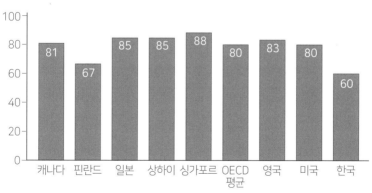

'나는 학교생활이 즐겁다'라는 문항에 '그렇다' 또는 '매우 그렇다'고
응답한 학생의 비율(%)

출처: OECD. PISA 2012 Results

덧붙이는 글 : 지식 교육과 창의성 교육은 상충관계일까?

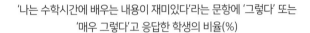

| 그림 8 | 학생들이 보고한 수학 관심도 |

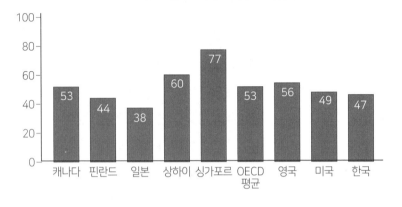

'나는 수학시간에 배우는 내용이 재미있다'라는 문항에 '그렇다' 또는
'매우 그렇다'고 응답한 학생의 비율(%)

출처: OECD. PISA 2012 Results

실제로 학교생활이 즐겁다고 응답한 학생들의 비율은 싱가포르 (88%), 상하이(85%), 일본(85%)의 순으로 높았고, 영국(83%), 캐나다 (81%), 미국(80%), 핀란드(67%)가 이들보다 낮았다(PISA 최상위권 국가 중 하나인 한국의 학생 행복도는 60%로 가장 낮았다). 학업 성취도가 높다고 해서 아이들이 반드시 학교를 싫어한다고 할 수도 없고, (핀란드나 한국의 경우처럼) 좋아한다고 할 수도 없다.

내재적 동기를 묻는 항목에서도 비슷한 상황이 벌어졌다. 다른 나라에 비해 더 많은 싱가포르(77%)와 상하이(60%) 학생들이 수학 시간에 배우는 내용이 재미있다고 응답했다. 중국 편에서 설명한 두 가지 이유를 기억할 것이다. 상하이 학생들은 교육의 중요성을 내면화하기 때문에 스스로의 의지로 열심히 공부하고, 반복학습을 통해 어떤 주제나 과목에 숙달하기 때문에 내재적 즐거움을 느낀다. 동아시아 교육제도에 대한 고정관념은 잘못된 정보였다. 교육제도가 모두 입시지옥은 아니며, 학교에는 배우는 기쁨과 심화학습이 존재하고, 같은 동아시아라도 나라마다 교육제도를 운영하는 방식이 상이했다.

그럼에도 불구하고, 이들 나라에서 아이들이 압박감을 크게 느끼는 것은 분명한 사실이다. 내가 싱가포르와 상하이에서 만난 학부모들은 자녀들이 지나치게 열심히 공부해야 하는 현실을 안타까워했고, 자신들이 속해 있는 교육제도 안에서 어쩔 수 없는 필요악으로 받아들였다. 나는 상하이와 싱가포르의 학생들 가운데 학교생활이 학교 밖 생활보다 상대적으로 더 즐겁다고 대답하는 아이들이 얼마나 될지 궁금하다. 그곳 아이들은 집이나 학원에서 공부를 더 많이 해야 하기 때문이다(그래서 핀란드 아이들은 학교가 상대적으로 재미없다고 평가할지도 모른다. 왜냐하면 그곳 아이들은 학교 수업이 없을 때 숲에서 뛰어놀기 때문이다). 여기가 높은 수행과 다른 가치가 상충되는 부분이다. 학생들의 인생을 결정할 수도 있는 고부담 시험(중국의 대학입시 '가오카오'나 싱가포르의 초등학교 졸업시험 'PLSE')이 교육제도의 핵심인 경우는 다섯 가지 원칙에 포함하지 않았다. 캐나다나 핀란드에서는 드문 일이기 때문이다. 하지만 시험의 압박이 있으면, 확실히 학부모가 자녀를 위해 더 공부시키고자 과외나 학원을 보내는 경향이 강해지고 결과적으로 자녀의 시험 점수와 스트레스 지수를 동시에 올리게 된다. 그렇다면 동아시아권 국가들이 PISA 보고서에서 최상위권을 독차지하는 것도 놀랄 일은 아니다.

만약 비아시아권 국가가 '중국을 이기기' 위해 학생들에게 이런

329

압박감을 견디라고 요구한다면 어떤 결과가 나올까? 시도는 해볼 수 있겠지만 그만한 번거로움을 감수할 가치는 없을 것이다. 동아시아 국가에서 학생들이 압박감을 느끼는 것은 학부모들 대부분이 시험을 중요시하기 때문이다. 그들은 학문 교육을 높이 평가하고, 공부가 장기적으로 자녀들의 시험 성적에 어떤 영향을 주는지 충분히 인식하고 있으며, 전형적으로 경쟁심이 강하다. 비아시아권에서 어떻게든 학부모에게 이런 교육관을 심어주고 중요한 시험 기간에는 자녀의 공부를 위해 직장에서 휴가를 받도록 설득하지 못한다면, 당분간 아시아권 국가들을 따라잡을 수 없을 것이다.

나는 문화가 바뀔 수 있지만, 자녀를 둔 모든 성인의 가치관과 행동을 바꾸기보다는 학교 내 문화를 바꾸는 데 초점을 맞추는 것이 더 생산적이라고 생각한다. 이렇게 하면 PISA 보고서에서 상위권에 진입하는 비아시아권 국가 수가 줄어들 수도 있지만, 내 생각에는 별 문제가 되지 않는다. 먼저 바꿀 수 있는 부분을 개혁하는 데 집중하고, PISA 테스트에서 상위 15위권에 도달한 다음, 중국이 (당분간) 이길 수 없는 분야에서 국가적 영재를 길러내는 데 집중하는 것이 훨씬 나은 전략이다.

21세기 기술

가장 최근에 등장한 정보 기술 분야의 전문성을 제외하면, '21세기형 기술'은 21세기 훨씬 이전부터 존재했다. 21세기 기술로 자주 언급되는 요소는 문제해결 능력, 비판적 사고, 의사소통, 창의성 등 우리 조상들이 수백 년 동안 사용해 온 기술이다. 최근 들어 이러한 기술이 다시 주목받게 된 이유는, 현재와 미래의 직종에서 갈수록 21세기 기술에 대한 의존도가 커지고 있기 때문이다.

학교에서 21세기 기술을 어떻게 가르쳐야 하는지 여기서 자세히 설명하지는 않겠지만(이 책의 주제가 아니므로), 앞 장에서 했던 질문, 다시 말해 학업성취도가 높은 나라에서 교육제도 때문에 전반적인 교육 발전이 저해되는지를 논의해 보려고 한다. 우수한 학업 성적과 21세기 기술 사이에 상충관계trade-off가 존재할까? 사람들은 그렇다고 생각한다. 그들은 동아시아 국가들이 높은 학업 성과를 거두고도 자국의 젊은이들에게 창의력과 비판적 사고가 부족하다고 한탄하는 모습을 보면서, 높은 학업성취가 21세기 기술을 희생한 대가라고 짐작하게 된다. 어느 정도는 사실이지만, 나는 그것이 전부는 아니라고 생각한다.

동아시아 교육제도의 특징인 고부담 시험 문화는 아이들에게 과도한 압박감을 주고 창의성과 비판적 사고를 억누르는 대표적 원인이다. 몇 번의 시험으로 일생의 교육적 기회와 그 이후 직업 선택에 결정적인 영향을 미치는 과도한 입시 문화에서는, 채점 기준표에 없는 기발한 대답이 허용될 여지가 그리 많지 않다. 수학에서는 그리고 과학에서도 어느 정도, 이것은 별로 문제되지 않는다(수학에서 다른 풀이 방법을 찾는 것은 '창의적'이지만, 답을 틀리면 '창의적'이 아니라는 로니의 의견에 동의한다). 반면에 언어, 문학, 역사, 정치에 표준화 시험을 도입하면, 다양하고 논리적인 사고를 버리고 모범답안에 따라 공부하라고 아이들을 가르치게 된다. 정부가 비판을 경계하거나(싱가포르와 중국), 동조를 중시하는(일본) 경우에는, 교사가 아이들의 창의성을 북돋울 계기가 더욱 부족하다.

이것은 표준화 시험에서 비롯되는 불가피한 결과가 아니다. 정부가 깊이 있고 폭넓고 실용적인 교육을 희생하면서 교사와 학생들이 시험에만 집중하도록 유인하는 것뿐이다. 상하이와 싱가포르는 오로지 시험에만 치우친 교육에서 벗어나고자 애쓰고 있으며, 학생들이 수업에서 배운 것을 응용하고 토론하도록 장려하는 방향으로 교육과정을 개정했다. 상하이에 등장한 새로운 신조는 '모든 문제에는 한 가지 이상의 답이 있다'는 것이다. 싱가포르와 일본도 창의성 교육을 위해 교과과정의 내용을 줄이기로 결정했다. 일본은 10여 년 전에도 21세기 기술을 장려하기 위해 별도의 창의성 융합교육을 도입한 적이 있다.

고부담 시험 제도가 유지되는 교육제도에서 교사들이 새로운 지침을 실제로 따르는지 여부는 매우 중요한 문제이다. 싱가포르와 상하이에서 내가 만나본 몇몇 교사는, 학교 성적과 입시가 학부모들의 최고 관심사이기 때문에 학생들의 시험 준비에 집중해야 한다고 털어놓았다. 각국 정부가 해결해 나가야 할 문제이다. 일본이 추진하는 '유토리 교육' 정책을 조사한 자료에 따르면, 초등학교 교사들은 이 교육과정을 환영했지만(아마도 초등학교에 시험이 없기 때문), 중고등학교 교사들은 받아들이는 시늉만 했다.

초·중·고등학교에서 전국 학력평가시험을 아예 없앤 핀란드의 경우, 교사들은 교육과정과 학생들의 요구에 가장 잘 부합하는 방식으로 아이들을 가르치고 평가하는 자율권을 갖는다. 캐나다의 경우에

공부 잘하는 아이들의 나라

는 주 정부가 표준화된 학력평가시험을 균형 있게 활용한다. 주마다 초등학교와 중학교에서 학생들의 성적에 반영되지 않는 시험을 부정 기적으로 실시하고, 그 결과를 '참고용 기준'으로 삼아 학교 운영 상황을 파악하고 정부의 개입과 지원이 필요한 곳을 찾아낸다. 그리고 고등학교에서는 해마다 실시하는 표준학력평가시험 결과를 졸업이수학점에 50퍼센트가량 반영해서 교사가 평가하는 교과목 성적과 합산한다. 이렇게 하면 학력평가시험에 대비하는 것 이외에도 교사가 수업 재량을 확보하고 학생들의 실력도 장기간에 걸쳐 더욱 섬세하게 평가할 수 있다.

시너지를 꾀하라, 상충관계가 아니다

일본은 PISA 성적이 하락하기 시작하자 '유토리 교육'에 제동을 걸고, 이전 교육과정에서 삭제했던 내용을 다시 도입하는 한편 토요일 수업도 부활시켰다. 국제시험 점수와 21세기 기술은 서로 상충관계일까? 양적인 면에서는 그렇다는 생각이 든다. 학년마다 할당되는 수업 시수가 정해져 있기 때문에, 새로운 내용을 배우고 이해하는 데 소요되는 시간은 배운 내용을 응용하고 비판적으로 생각하고 창의적으로 해석하는 데 소요되는 시간과 직접적인 경쟁관계에 있다.

같은 수업 중에 한 가지 유형의 학습이 다른 유형으로 원활하게 연결되며 두 마리 토끼를 모두 잡을 수도 있다. 하지만 그만큼 서로 시간을 빼앗긴다. 이를테면, 냉전 시대를 주제로 해서 당시 사건을 철저히 이해하고 2차 자료를 분석한 다음, 냉전의 책임이 누구에게 있는지 자신만의 생각을 밝히는 장문의 보고서를 쓰려면, 단순히 역사적 정보를 암기하고 시험에 나올 만한 요점을 공부하는 것보다 훨씬 더 많은 시간이 필요하다. 마찬가지로, 열전도 현상에 대해 방금 배운 지식을 활용해 보냉 효과가 뛰어난 도시락을 디자인하거나 같은 반 친구들 앞에서 이중 유리창의 원리를 설명하려면, 전도의 정의와 종류를 단순히 배우는 것보다 훨씬 더 시간이 많이 걸린다. 이처럼 학생들의 21세기 기술을 발달시키려면, 수업에서 한 가지 주제를 오랫동안 다루고 창의성과 비판적인 응용력을 길러주는 심화학습이 효과적이다.

　시간을 손해 보지 않고 이 문제를 해결할 수 있는 그럴듯한 방법이 두 가지 있다. 하나는 지식의 필요성을 완전히 배제하고 기술을 가르치는 데 집중하는 방법이다. 아닌 게 아니라 우리가 궁금한 것은 무엇이든 구글에서 검색할 수 있는 세상이다. 하지만 유감스럽게도, 이 방식은 효과가 없다. 문제해결, 비판적 사고, 창의성과 같은 21세기 기술은 어떤 용도로든 영역 특수 지식domain-specific knowledge(구체적 과목이나 주어진 문제 영역에 적합한 특별한 지식-옮긴이)에 기초하기 때문이다. 내가 교육제도에 대해 비판적으로 생각할 수 있다면, 그것은 틀림없이 내가 교육제도에 대해 많이 알고 있기 때문이다. 하지만 다른 영역, 가령 스코틀랜드가 영국으로부터 분리 독립을 해야 하는지를 놓고 찬반 논쟁이 벌어진다면, 경제학이나 스코틀랜드의 사정에 무지한 나는 어떤 지적인 의견도 내지 못할 것이다. 의사인 내 남자친구는 수많은 의학적 문제를 해결할 수 있지만, 이 책의 마케팅에 대한 조언이 필요할 때는 전혀 도움이 되지 않는다. 출판계나 마케팅에 대해 잘 모르기 때문이다.

　학생들이 실제로 어떤 문제를 해결하고 창의적으로 생각하는 능력을 갖추기 위해서는 학교에서 교과목을 배우면서 이런 기술을 익힐 필요가 있다. 사실에 기초한 튼튼한 지식 없이 생각하는 기술만 가르치려 들면, 학생들은 배운 것을 새로운 상황에 적용하거나 문제를 해결하는 능력을 기를 수 없다.[260] 문제해결 능력[261] 자기조절 전략,[262] 창의성[263] 등과 같은 특성을 휴리스틱heuristics(복잡한 과제를 단순화하여 직관적으로 해결책을 선택하는 의사결정 방식-옮긴이)이라는 전략 범위 내에서 가르칠 수 있다면, 교사가 학생을 직접 가르치는 쪽이 최선이다. 다시 말해, 교사가 학생들을 어떤 상황에 던져 넣고 스스로 해결책을 찾아내라고 기대하기보다, 학생들이 이미 알고 있는 지식을 특정 영역에 적용해 보라고 연습할 기회를 주는 것이다. 이것은 일본 초등학교처럼 교사들이 그날 배울 주제를 설명하기 전에 흥미로운 문제를 제시하는 방식이 잘못되었다는 뜻이 아니라, 학생들이 문제를 해결하려면 미리 충분한 지식을 갖춰야 하기 때문에 교사가 어느 정도까지 직접 가르치는 방식이 가장 효율적이라는 뜻이다.

　한편 시간적 한계를 극복하는 또 하나의 방법은 우리가 지식 교육과 창의성 교육 중 어느 쪽도 포기할 수 없다고 인정하는 것이다. 우리는 모두 아이들이 지식을 배우고 이해하는 동시에 창의성을 발휘하며 비판적으로 생각하기를 바란다. 그러니 두 가지를 모두 효과적으로 가르치려면 21세기 기술을 활용해 내용을 가르치는 수업 방식을 선택해야 한다. 예를 들면, 문제해결 방식으로 수학을 가르치거나 역사를 가르치면서 비판적 사고를 훈련하는 것이다. 이것은 학생들에게

덧붙이는 글 : 지식 교육과 창의성 교육은 상충관계일까?

각각의 개념이나 지식을 가르치는 데 시간이 '얼마나 오래' 걸리느냐 하는 양적 변화가 아니라, 학문적 개념을 '어떻게' 가르치느냐 하는 질적 변화의 문제이다. 따라서 싱가포르, 상하이, 일본, 핀란드 그리고 캐나다 일부 지역에서 교과목을 가르치는 방식에서 한 걸음 멀어진 변화가 될 것이다. 아이들에게 개념이나 기술을 가르칠 때 이와 같은 혼합 방식이 더 효과적일까?

이 방식으로 수업을 하면 개념을 먼저 가르친 다음 응용 방법을 가르치는 방식보다 시간이 절약된다고 생각할 수 있지만, 그것은 제대로 시간을 아끼는 것이 아니다. 아이들은 이런 식으로 개념을 배우지 않기 때문이다.[264] 작업 기억의 한계 때문에(주방 조리대 위에 놓인 요리 재료를 잠깐 사이에 개가 훔쳐 먹었던 비유를 기억해 보라), 아이들은 관련 개념을 완전히 이해하기 전에 새로운 개념을 스스로 발견하기 어렵다. 물론 가장 중요한 것은 아이들이 스스로 유레카를 외치며 무언가를 깨닫는 순간이다. 하지만 이 순간을 이끌어내는 가장 효과적인 방법은 교사가 체계적인 수업을 하는 것이다. 교사가 미리 꼼꼼하게 수업계획을 세운 다음, 학생들에게 개념을 명확히 설명하고, 자유롭게 의견을 묻는 질문을 하고, 시범을 보이면, 학생들의 지식과 이해력이 향상된다. 아이들은 먼저 개념을 이해해야 그것에 대해 비판적으로 생각할 수 있고, 배운 것을 활용해 문제를 해결하고 창의력을 발휘할 수 있다.

아이들이 문제해결 방식으로 수학을 배우는 대신 수학을 배우며 문제해결 방법을 깨우칠 수 있다. 또한 비판적 사고를 연습해서 역사를 배우는 대신 역사를 배우는 동안 비판적 사고가 길러질 수도 있다.

그러므로 개념적 지식을 가르치는 교육과 21세기 기술을 가르치는 교육 사이에서 절충점을 찾으려면 얼마나 많은 개념을 가르칠지 결정하기만 하면 된다. 아이들에게 지식을 심도 있게 가르친다고 해서 다른 중요한 창의적 기술을 가르칠 수 없는 것이 아니다. 오히려 창의성은 향상되고, 그다음에는 향상된 창의성 덕분에 개념을 더 깊이 이해할 수 있다.

마지막 말

20세 때 교육 분야에 몸담겠다고 결심한 이유는 세상에 교육보다 더 중요한 것이 없다고 생각했기 때문이다. 10년 후, 나의 신념은 더 커졌고 확실한 가치관으로 자리잡았다. 처음에 교사 생활을 하면서, 그다음에는 5개국을 돌며 다양한 교육제도를 견학하는 동안 아이들과 청년들을 만나면서 얻은 값진 경험 덕분이다.

교육이 제 역할을 하면 인재를 양성하고 열정을 일으키며 사회 유동성을 높일 뿐만 아니라, 미래를 짊어질 청소년들이 공동체 의식을 지닌 지적·창의적 시민으로 성장하는 기틀을 마련할 수 있다. 한편 교육제도는 자칫하면 학생들과 교사들의 의욕을 꺾어 아이들의 삶의 기회를 제한하고 기존의 사회 불평등을 심화할 수도 있다. 이 책은 완벽한 교육제도를 개발하는 '방법론'을 제시하려고 쓴 것이 아니다. 그렇지만 나와 함께 세계 최고의 교육제도에서 시행하는 정책과 접근법을 살펴보면서, 교육제도에 대한 이해의 폭을 넓히고 나라마다 어떤 교육제도가 가장 효과적일지 생각해 보는 기회가 되었기를 바란다.

그리고 교육문화가 달라서 어쩔 수 없다고 한탄하기 전에 이 점을 유념했으면 한다. 핀란드 교사들도 처음부터 모든 아이들이 그렇게 높은 수준의 학문적 성과를 낼 수 있다고 믿었던 것이 아니다. '낡은 제도'의 잔재가 사라지려면 시간이 필요하다. 일본 학부모들도 예전에는 교육의 중요성을 제대로 인식하지 못했다. 그래서 처음 의무교육이 도입되었을 때만 해도 아이들을 학교로 불러 모으기가 쉽지 않았다. 싱가포르 청년들은 한때 교사를 지금처럼 멋진 직업이라고 여기지 않았다. 1980년대에는 교사 자원이 부족해서 해외에서 교사를 들여오기까지 했다. 그러니 이들 나라의 성공을 부러워하면서도 문화탓으로 돌리고 본보기로 삼으려고 하지 않는다면 큰 실수를 하는 셈이다. 문화는 변화한다. 그리고 문화를 바꾸는 힘은 다름 아닌 학교와 교육제도에서 나온다.

미주

1 Charlemagne. Some remedial lessons are needed for European leaders. 2006. Available at: www.economist.com/node/5655172

2 *New York Times*; 6th December 2000; Available at: www.nytimes. com/2000/12/06/us/worldwide-survey-finds-us-students-are-not-keeping-up.html; Date accessed: 27th May 2016.

3 Coughlan S. Pisa tests: UK stagnates as Shanghai tops league table. 2013. Available at: www.bbc.co.uk/news/education-25187997

4 Bita N. PISA report finds Australian teenagers education worse than 10 years ago. 2013. Available at: www.news.com.au/national/pisa-report-findsaustralian-teenagers-education-worse-than-10-years-ago/story-fncynjr2- 1226774541525

5 Sjøberg S. PISA, politics, problems. Recherches en Education 2012;14(4):1–21.

6 Helsingin Sanomat. As translated in: Chung J. *An Investigation of Reasons for Finland's Success in PISA*. PhD thesis. University of Oxford. Oxford, 2001.

7 Mahoney J. Canadians ace science test. 2007. Available at: www. theglobeand mail.com/news/national/canadians-ace-science-test/article18150672

8 8학년 표본은 다음과 같이 정의된다. "8학년 표본은 ISCED(국제표준교육분류) 1단계(정규교육 시작)의 첫해부터 8년째 정규교육을 받고 있는 모든 학생으로, 시험에 응시할 당시에 평균 연령은 최소한 13.5세가 되어야 한다."

9 Bergesen OH. *Kampen om Kunnskapsskolen*. Oslo: Universitetsforlaget, 2006. As translated in Sjøberg (2012).

10 Thrupp M. When PISA meets politics – a lesson from New Zealand. 2014. Available at: theconversation.com/when-pisa-meets-politics-a-lesson-from-newzealand-26539

11 혹시 내가 이 책에서 '증거 선별'을 한 것은 아닌지 염려하지 않아도 된다. 그렇지 않아도 원고 마감을 일주일 앞두고 이 부분의 내용을 통째로 고쳐 썼다. 내가 소개하거나 주장한 내용을 반박하는 확실한 증거가 발견되면, 나는 곧바로 수정 작업을 거쳤다. 이 책의 모든 장에서 같은 과정을 거쳤음을 밝힌다.

12 Barber, M., Donnelly, K., & Rizvi, S. (2012). Oceans of innovation: the Atlantic, the Pacific, global leadership and the future of education. Institute of Public Policy Research. Barber, M., & Mourshed, M. (2007). How the world's best-performing schools systems come out on top. McKinsey & Company. Mourshed, M., Chijioke, C., & Barber, M. (2010). How the world's most improved school systems keep getting better. McKinsey. Organisation for Economic Co-operation and Development (OECD). (2013). Strong performers and successful reformers

in education: lessons from PISA 2012 for the United States. OECD, Paris, France. Stewart, V. (2012). A world-class education: Learning from international models of excellence and innovation. ASCD. Tucker, M. S. (2011). Surpassing Shanghai: An agenda for American education built on the world's leading systems. Cambridge, MA: Harvard Education Press.

13 예외적으로 아만다 리플리Amanda Ripley가 쓴 흥미진진한 책《무엇이 이 나라 학생들을 똑똑하게 만드는가(2014)》에 한국, 핀란드, 폴란드에서 교환학생으로 지냈던 미국 학생들의 경험담이 실려 있다. 원서: Ripley, A. (2013). *The smartest kids in the world: And how they got that way.* Simon and Schuster.

14 For more information on my methodology, go to my website: www.lucycrehan. com.

15 OECD. *Learning Beyond Fifteen: Ten Years After PISA.* Paris: Organization for Economic Co-operation and Development (OECD), 2014.

16 Whitebread D. *The Importance of Play.* London: University of Cambridge, 2012.

17 Kupiainen S, Hautamäki J, Karjalainen T. *The Finnish Education System and PISA.* Helsinki: Ministry of Education Publications, Helsinki University Print, 2012.

18 Antigua and Barbuda, The Bahamas, Barbados, Bermuda, Cayman Islands, Dominica, Grenada, Malta, Mauritius, Samoa, St Kitts and Nevis, St Lucia, St Vincent and the Grenadines, Tonga, Trinidad and Tobago.

19 Suggate S. School entry age and reading achievement in the 2006 Programme for International Student Assessment (PISA). *International Journal of Educational Research* 2009;48:151–61.

20 McGuinness C, Sproule L, Bojke C, Trew K and Walsh G. Impact of a play-based curriculum in the first two years of primary school: literacy and numeracy outcomes over seven years. *British Educational Research Journal* 2014;40(5):772–95. Schmerkotte H. Ergebnisse eines Vergleichs von Modellkindergarten und Vorklassen in Nordrhein-Westfalen. Results from a comparison of typical kindergartens and preschools in North Rhine-Westphalia. *Bildung und Erziehung* 1978;31:401–11. Marcon R. Moving up the grades: relationship between pre-school model and later school success. *Early Childhood Research and Practice* 2002;4(1):517–30.

21 Prais SJ. School-readiness, whole-class teaching and pupils' mathematical attainments. *Discussion Paper No.111.* London: National Institute of Economic and Social Research, 1997. Kavkler M, Tancig S, Magajna L, Aubrey C. Getting it right from the start? The influence of early school entry on later achievements in mathematics. *European Early Childhood Education Research Journal*

2000;8(1):75–93.

22 Suggate S, Schaughency E, Reese E. Children learning to read later catch up to children reading earlier. *Early Childhood Research Quarterly* 2013;28:33– 48.

23 의심을 완전히 거두지는 않았다. 이렇게 복잡한 분야를 조사할 때는 무엇이든 지나치게 확신하면 위험하다.

24 Dee, TS, Sievertsen, HH. *The Gift of Time? School Starting Age and Mental Health.* 2015. Available at: www.nber.org/papers/w21610

25 Black S, Devereux P, Salvanes K. Too young to leave the nest? The effects of school starting age. *The Review of Economics and Statistics* 2011;93(2):455– 67.

26 DfES/Institute of Education. The effective provision of pre-school education (EPPE). *Project: Technical Paper 12 – The final report: effective pre-school education.* London: University of London, 2004.

27 OECD. PISA 2012: *Key Results in Focus.* France: OECD Publishing, 2012.

28 Save the Children. *Early Language Development and Children's Primary School Attainment in English and Maths.* Save the Children, 2016.

29 National Audit Office. *A Literature Review of the Impact of Early Years Provision on Young Children, with Emphasis Given to Children from Disadvantaged Backgrounds.* London: National Audit Office, 2004.

30 Sylva, et al. (2004).

31 Melhuish (2004). Edward Melhuish 교수는 '발달에 적합하다'는 의미를 구체적으로 정의하지 않았지만, 최근 연구에 따르면 아동이 어떤 활동을 할 준비가 되었는지 결정하는 핵심 요소는 연령이 아니라(발달 속도에 개인차가 있기 때문에) 그 활동을 수행하기 위해 필요한 선행학습을 마쳤는지 여부이다.

32 Suggate S. The parable of the slower and the long-term effects of early reading. *European Early Childhood Education Research Journal* 2015;23(4):524–44.

33 Goswami U, Bryant P. *Children's Cognitive Development and Learning.* Cambridge: University of Cambridge Faculty of Education, 2007. Available at: http://cprtrust.org.uk/wp-content/uploads/2014/06/research-survey-2-1a.pdf

34 Sylva, K, Nabuco, ME. Research on quality in the curriculum. *International Journal of Early Childhood* 1996;28(2):1–6. Elkind D, Whitehurst G. Young Einsteins. Much too early: much too late. *Education Matters* 2001;1(2):8–21. 자신감이 학습 동기에 미치는 영향에 대해서는 Spinath and Spinath (2005)와 Jacobs, et al. (2002)을 참조한다. Spinath B, Spinath FM. Longitudinal analysis of the link between learning motivation and competence beliefs among elementary school children. *Learning and Instruction* 2005;15(2):87–102. Jacobs JE, Lanza S, Osgood DW, et al. Changes in children's self-competence and values: Gender and domain differences across grades one through twelve. *Child Development*

2002;73:509–27.

35 *All Work and No Play?* Presented at: Hay Festival, Hay-on-Wye, 27 May 2016.

36 Kiiveri K, Määttä K. Children's opinions about learning to read. *Early Child Development and Care* 2012;182(6):755–69.

37 Leppanen U, Niemi P, Aunola K, Nurmi JE. Development of reading skills among preschool and primary school pupils. *Reading Research Quarterly* 2004;39:72–93.

38 *Ibid.*

39 Suggate (2009).

40 Chung J. *An Investigation of Reasons for Finland's Success in PISA.* PhD thesis. University of Oxford, Oxford, 2001.

41 Ministry of Justice. Greater focus on education in youth estate. 2013. Available at: www.gov.uk/government/news/greater-focus-on-education-in-youthestate

42 Begin to Read. Literacy statistics. Available at: www.begintoread.com/ research/ literacystatistics.html

43 Hanushek E, Woßmann L. Does educational tracking affect performance and inequality differences in evidence across countries. *Economic Journal* 2006;116:63–76.

44 Woessmann L. International evidence on school tracking: a review. CESifo DICE report in: *Journal for Institutional Comparisons* 2009;7(1):26–34.

45 Woessmann L, Luedemann E, Schuetz G, West, M. *School Accountability, Autonomy and Choice around the World.* Cheltenham: Edward Elgar, 2009.

46 Horn D. *Age of Selection Counts: A Cross-Country Comparison of Educational Institutions.* Mannheim: Unniversität Mannheim, 2008. Available at: www. mzes.uni-mannheim.de/publications/wp/wp-107.pdf Duru-Bellat M, Suchaut B. Organisation and context, efficiency and equity of educational systems: What PISA tells us. *European Educational Research Journal* 2005;4(3):181–94.

47 Solsten E, Meditz S. *Finland: A Country Study.* Washington: Government Publishing Office for the Library of Congress, 1988.

48 Schuetz G, Ursprung H, Woessmann L. Education Policy and Equality of Opportunity. *Kyklos* 2008;61(2):279–308.

49 OECD. *Reviews of National Policies for Education:* Lithuania. Paris: OECD Publishing, 2002 OECD. *The Impact of the 1999 Education Reform in Poland.* Paris: OECD Publishing, 2011.

50 Kerr S, Pekkarinen T, Uusitalo R. School tracking and development of cognitive skills. *Journal of Labour Economics* 2013;31:577–602.

51 John Hattie 교수와 Education Endowment 재단이 이 연구에 대한 요약본을 제공한

공부 잘하는 아이들의 나라

다. Hattie J. *Visible Learning: A Synthesis of over 800 Meta-analyses Relating to Achievement*. New York: Routledge, 2008. Higgins S, Katsipataki M, Kokotsaki D, Coleman R, Major LE, Coe R. *The Sutton Trust-Education Endowment Foundation Teaching and Learning Toolkit*. London: Education Endowment Foundation, 2013.

52 Aho E, Pitkänen K, Sahlberg P. *Policy Development and Reform Principles of Basic and Secondary Education in Finland since 1968*. Washington: World Bank, 2006.

53 Pink DH. *Drive: The Surprising Truth About What Motivates Us*. New York: Riverhead Books, 2009.

54 Deci EL, Ryan RM. The 'what' and 'why' of goal pursuits: Human needs and the self-determination of behaviour. *Psychological Inquiry* 2000;11:319–38. Deci EL, Ryan RM. Facilitating optimal motivation and psychological well-being across life's domains. *Canadian Psychology* 2008;49:14–23.

55 Grant AM. Relational job design and the motivation to make a prosocial difference. *Academy of Management Review* 2007;32:393–417.

56 엄밀히 말해서, 목적의식은 내재적 동기를 강화한다기보다 내부적 동기(외부적 동기의 반대 개념)를 강화한다. 내재적 동기에 관해서는 싱가포르 편에서 상세히 다룬다.

57 Menzies L, Parameshwaran M. Why Teach? Available at: www.lkmco.org/why-teach; 2015.

58 Varkey GEMS Foundation (2013). *Global Teacher Status Index*. London: Varkey Foundation, 2013. Available at: www.varkeyfoundation.org/sites/ default/files/documents/2013GlobalTeacherStatusIndex.pdf

59 다소 논란의 여지가 있지만 알티녹Altinok의 유네스코 자료 분석(An international perspective on trends in the quality of learning achievement. Paris: UNESCO, 1965–2007)에 따르면, 핀란드의 국제학력평가 성적은 1960년대 중반부터 향상되기 시작했다. 그런데 핀란드의 교사훈련이 초급대학에서 4년제 대학 석사학위 과정으로 강화된 것은 이보다 10년 후인 1970년대 중반이다. 그렇다 해도 1970년대 중반 이후 30년 동안 핀란드 학생들의 성적이 지속적으로 향상된 것은 사실이므로, 새로 도입된 교사훈련 과정이 학생들의 성적 향상에 기여했을 가능성은 충분하다.

60 Izadi R. *The impact of school closures on student achievement – evidence from rural Finland*. Helsinki: VATT Institute for Economic Research, 2015.

61 Autti O. *The Role of Small Primary Schools in Rural Communities*. European Conference on Educational Research, 2011.

62 Leanna CR. The missing link in school reform. *Stanford Social Innovation Review*. Stanford: Stanford University, 2011. Available at: www2.ed.gov/programs/slcp/2011progdirmtg/mislinkinrfm.pdf

63 Sahlberg P. The most wanted: Teachers and teacher education in Finland. In Lieberman A, Darling-Hammond L (eds.), *Teacher Education Around the World: Changing Policies and Practices*. New York: Routledge, 2012;1–21.

64 Norris N, Asplund R, MacDonald B, Schostak J, Zamorski B. *An Independent Evaluation of Comprehensive Curriculum Reform in Finland*. Helsinki: National Board of Education, 1996; p29.

65 Savola L. Comparison of the classroom practices of Finnish and Icelandic mathematics teachers. *Journal of Mathematics Education at Teachers College* 2010;7–13.

66 Sahlberg P. *Finnish Lessons 2.0: What Can the World Learn From Educational Change in Finland*. New York: Teachers College Press, 2015.

67 OECD. *TALIS 2013 Results: An International Perspective on Teaching and Learning*. Paris: TALIS, OECD publishing, 2014.

68 Sahlberg P. (2015).

69 Statistics Finland (2011). Population Structure. In Sahlberg P. (2015).

70 Harju-Luukkainen H, Nissinen K, Sulkunen S, et al. *Selvitys maahanmuuttajataustaisten nuorten osaamisesta ja siihen liittyvistä taustatekijöistä* PISA 2012 – tutkimuksessa. As reported by the University of Jyväskylä, 2014. Available at: www.jyu.fi/en/news/archive/2014/08/tiedote-2014-08-15-14-56-41-604088

71 Reischauer EO. *Japan: The Story of a Nation*. Tokyo: Tuttle, 1981:127.

72 Benjamin GR. *Japanese Lessons: A Year in a Japanese School Through the Eyes of an American Anthropologist and Her Children*. New York: NYU Press, 1998.

73 Quoted in: Tanikawa M. Free to be. 2003. Available at: www.nytimes.com/2003/01/12/education/free-to-be.html?pagewanted=all; 1998.

74 Morita Y, Taki M, Hata M. *Nihon no ijime Bullying in Japan*. Toky Kaneko shobo. Available at: http://apjjf.org/-Shoko-YONEYAMA/3001/article.html; 1999.

75 Yoneyama S, Naito A. Problems with the Paradigm: The School as a Factor in Understanding (Bullying (with special reference to Japan). *British Journal of Sociology of Education* 2003;24:3:315–30.

76 Yoneyama S. *The Japanese High School: Silence and Resistance*. New York: Routledge, 2012.

77 Preamble to the Fundamental Code of Education, 1872 Government Document, in *Children and Youth in History*, Item 129. Available at: http://chnm.gmu.edu/cyh/primary-sources/129

78 Ministry of Education, Culture, Sports, Science and Technology. *The Establishment of Elementary Schools and Attendance*. Available at: www.mext.

go.jp/b_menu/hakusho/html/others/detail/1317264.htm

79 Ellington L. *Japan*. California: ABC-CLIO, 2009.

80 Rosenthal R, Jacobson L. Pygmalion in the classroom. *The Urban Review* 1968;3(1):16–20.

81 최근에 이 연구가 설계상의 허점 때문에 비판받는다는 사실을 알게 되었다. 이 분야의 최신 연구를 좀 더 검토해 본 결과, 수업 중에 자기충족예언이 일정한 역할을 하는 것은 분명하지만 유명한 로젠탈의 연구에서 드러난 것만큼 강력한 피그말리온 효과는 없었다. Jussim L, Harber KD. Teacher expectations and self-fulfilling prophecies: Knowns and unknowns, resolved and unresolved controversies. *Personality and Social Psychology Review* 2005;9(2):131–55.

82 Babad EY. Pygmalion in reverse. *Journal of Special Education* 1977;11:81–90.

83 Benjamin GR. (1997).

84 Yamamoto Y. Social class and Japanese mothers' support for young children's education: A qualitative study. *Journal of Early Childhood Research* 2015;13(2):165–80.

85 Kariya T. *Education Reform and Social Class in Japan: The Emerging Incentive Divide*. New York: Routledge, 2012.

86 Dang, L. Almost 50% of Japanese women are told they're 'causing trouble' for being pregnant. 2015. Available at: http://nextshark.com/japan-women-pregnantharassment

87 Benjamin GR. (1997).

88 Stigler JW, Hiebert J. *The Teaching Gap: Best Ideas From the World's Teachers for Improving Education in the Classroom*. New York, NY: Free Press, 1999.

89 Stevenson HW, Stigler JW. *The Learning Gap: Why Our Schools Are Failing and What We Can Learn From Japanese and Chinese Education*. New York: Summit Books, 1992.

90 A similar point is made by the National Mathematics Advisory Panel. National Mathematics Advisory Panel in: *Foundations for Success: The Final Report of the National Mathematics Advisory Panel*. Washington, DC, US. Department of Education, 2008. Available at: www2.ed.gov/about/bdscomm/list/mathpanel/report/final-report.pdf

91 능동 학습을 '진보적 교육 대 전통적 교육'이라는 관점에서 바라보고, 일본에 '진보적' 교육 기법이 도입되었다고 생각하는 사람들이 참고할 만한 두 가지 사례를 추가로 소개한다.
   1. 1990년대에 학창 시절을 보낸 어느 일본 중학교 교사는, 초중고교 시절 내내 수업에서 교사가 교과목 내용을 강의식으로 가르친 다음 학생들에게 문제풀이를 시켰다고 말했다. 내가 영국이나 미국 사람들이 일본 학교를 방문하고 나서, 일본이 국

제학력평가에서 좋은 성적을 거두는 이유는 교사가 학생들에게 창의력과 문제해결 능력을 발휘하도록 지도하기 때문이라고 생각한다는 이야기를 하자, 그녀는 깜짝 놀라며 의자 등받이에 몸을 기댔다. 그리고 눈을 동그랗게 뜨고 반문했다. "정말이요? 대체 어느 학교를 갔기에, 와, 진짜 희한하네요."

2. 일본에서 소그룹 활동, 정보통신기술ICT 활용, 일주일 이상 지속되는 과제 내주기 등 세 가지 '진보적' 교육 기법을 연계해서 자주 사용하는 초등학교 교사의 비율은 2012년에 실시된 국제 교수-학습 조사연구TALIS에 포함된 대상국 가운데 가장 낮았다.

따라서 나는 여러 면담, 수업 참관, 자료 조사를 바탕으로 다음과 같이 결론을 내렸다. 일본의 학교 수업에서 교사들이 상당히 체계적인 방식으로 추론과 문제해결 과제를 활용하지만, 전체 수업이나 암기식 수업처럼 보다 '전통적인' 교육 기법도 여전히 중요하게 다룬다.

92 이 분석은 브루킹스 연구소 Tom Loveless의 블로그에서 가져왔다. Available at: www.brookings.edu/research/papers/2014/08/07-new-york-timesmath-loveless

93 Stevenson & Stigler (1992).

94 OECD. TALIS 2013 *Results: An International Perspective on Teaching and Learning*. Paris: OECD Publishing, 2014.

95 모든 조사 대상국(OECD 회원국 및 비회원국 포함) 가운데 멕시코, 콜롬비아, 칠레 등 3개국에서 교사 1인당 학생 비율이 가장 높았다. OECD. (2015). *Education at a Glance 2015*: OECD Indicators. OECD Publishing, Paris.

96 Whitman NC. Learning from Japanese Middle School Math Teachers. *Phi Delta Kappa Fastbacks* 2003;505:7–46.

97 Catherine Lewis and Ineko Tsuchida. Planned educational change in Japan: the case of elementary science instruction. *Journal of Education Policy* 1997;12(5):313–31.

98 Japanese education system – school year and juku. Available at: http://members.tripod.com/h_javora/jed3.htm

99 Weisman, SR. How do Japan's students do it? They cram. 1992. Available at: www.nytimes.com/1992/04/27/world/how-do-japan-s-students-do-it-they-cram.html?pagewanted=all&src=pm

100 Bjork C. Local implementation of Japan's Integrated Studies reform: a preliminary analysis of efforts to decentralise the curriculum. *Comparative Education* 2009;45(1):23–44.

101 Kariya T, Rappleye J. The twisted, unintended impacts of globalization on Japanese education. In Hannum E, Park H, Goto Butler Y (eds.) *Globalization, Changing Demographics, and Educational Challenges in East Asia, Research in the Sociology of Education*. Bingley: Emerald Group Publishing; 2010;Vol 17:17–63.

102 Bjork C. Local implementation of Japan's Integrated Studies reform: a

공부 잘하는 아이들의 나라

preliminary analysis of efforts to decentralise the curriculum. *Comparative Education* 2009:45(1):23–44.

103 Fish, R. Japan: Recent trends in education reform. 2016. Available at: http://asiasociety.org/global-cities-education-network/japan-recent-trends-educationreform

104 싱가포르에서 초등교육이 의무화된 것은 2003년이며, 지금도 중등교육은 의무화되지 않았다. 대부분의 싱가포르 아이들이 중등교육은 물론 대학교육까지 받지만, 실제 의무교육은 초등학교 6학년까지이다.

105 모험을 감행해서 '직접 입학', 다시 말해 PLSE 결과가 발표되기 전에 음악 특기생이나 언어 특기생으로 중학교에 입학하는 전략을 짜지 않는 한, PLSE 점수가 거의 절대적이다.

106 이 수치들은 해마다 약간씩 달라지며 추정치에 불과하므로, 합산해도 정확히 100퍼센트는 아니다.

107 Hoh, WK. How David Hoe fought his way to university. 2014. Available at: www.straitstimes.com/singapore/how-david-hoe-fought-his-way-to-university

108 사회개발부가 추진하는 이 정책은 '똑똑하고 못생긴 독신자 중매사업'이라고 비하되기도 한다.

109 지능검사의 역사에 대해서는 Scott Kaufmann의 연구를 참조했다. 지능검사의 역사에 대한 더 풍부한 내용을 원한다면 다음을 참조한다. *Ungifted – Intelligence redefined.* (Basic Books, 2013)

110 '발달지체'라는 단어는 말 그대로 '정신적, 신체적, 사회적 발달이 보통의 또래보다 늦다'는 뜻이다. 앞으로 살펴보겠지만, 과거에는 발달 지체가 영구적 특성이라고 잘못 인식되어 왔다.

111 Binet A. Modern ideas about children. Trans. Heisler S. In: Kaufman, SB. *Ungifted: Intelligence Redefined.* New York: Basic Books, 2013.

112 Asbury K, Plomin R. *G is for Genes: The Impact of Genetics on Education and Achievement.* Chichester: Wiley, 2013.

113 사실 이보다 훨씬 더 복잡한 문제이다. 하지만 유전과 환경이 우선적으로 상호 작용한다는 것이 간단하지만 정확한 설명이다. 적절한 설명을 원한다면 다음을 읽는다. K Asbury and R Plomin's book *G is for Genes – The Impact of Genetics on Education and Achievement.* (Chichester, Wiley, 2013)

114 Asbury and Plomin (2013), *op. cit.,* 92

115 싱가포르뿐만이 아니다. 영국도 '문법학교', 즉 전통 방식의 인문계 중등학교를 아직 운영하는 일부 지역에서, 정도는 약하지만 이와 동일한 주장을 하고 있다.

116 MPs call for rethink of streaming, specialist schools, emphasis on exams. 2016. Available at: www.channelnewsasia.com/news/singapore/mps-call-for-rethinkof/2462490.html; Accessed date: 27th May 2016.

117 *Survey on Attitudes & Lifestyle among Primary 4–6 Pupils.* Singapore Press Holdings November, 2000. Available at: http://app.msf.gov.sg/portals/0/Summary/publication/SF4-Children.pdf

118 Singapore Window. Minister's plea not to belt children. 2000. Available at: www.singapore-window.org/sw00/001127a1.htm

119 언론에 보도된 싱가포르 교육부 장관 Heng Swee Keat의 면담 내용을 소개하다. "우리는 장기적으로 신중하게 고민해야 하며 어느 한 부분에만 초점을 맞춰서는 안 된다. 교육정책은 총체적으로 접근해야 한다. 모든 조각을 제자리에 맞춰 하나의 큰 그림을 완성해야 한다." 덧붙여 홍 장관은 교육부가 정책을 마련할 때 교사, 학생, 학부모와 교육당국이 분석과 협의를 수없이 거친 끝에 심사숙고해서 종합 계획을 세운다고 밝혔다. Available at: www.channelnewsasia.com/news/singapore/education-policy-has-to/2086914.html

120 Singapore 'still world's most expensive city'. 2016. Available at: www.bbc.co.uk/news/business-35765378

121 영국의 경제분석기관 이코노미스트 그룹EIU이 발표한 보고서 *Starting well: Benchmarking early education across the world*를 참고하라. 싱가포르 정부는 탄탄한 교육과정을 바탕으로 양질의 유치원을 운영하는 취학 전 교육제도를 계획하고, 이 제도를 전국으로 확대하기 위해 부족한 교사를 충원하려 애쓰고 있다. 정부는 충분한 자격을 갖춘 유치원 교사가 부족하다는 점을 충분히 인식하고, 이 문제를 해결하는 데 역점을 두고 있다.

122 DA Bell. *The China Model: Political Meritocracy and the Limits of Democracy.* Princeton: Princeton University Press, 2015: 126.

123 Saad, I. MP proposes pilot schools without streaming nor PSLE. 2014. Available at: www.channelnewsasia.com/news/specialreports/parliament/news/mp-proposes-pilot-schools-without-stream/962284.html

124 Lee Yock Suan, Minister for Education, reported in *Straits Times*; issue: 14th June 1994.

125 Youth unemployment in Singapore: an overview. 2013. Available at: www.elmmagazine.eu/articles/youth-unemployment-in-singapore-an-overview

126 Bol T, Van de Werfhorst HG. Educational systems and the trade-off between labor market allocation and equality of educational opportunity. *Comparative Education Review* 2013;57(2):285–308.

127 OECD Singapore. Available at: www.oecd.org/education/school/programmeforinternationalstudentassessmentpisa/49765882.pdf

128 Deci EL, Ryan RM. *Intrinsic Motivation and Self-determination in Human Behaviour.* New York: Plenum, 1985. 129 Deci EL, Koestner R, Ryan RM. A Meta-analytic Review of Experiments Examining the Effects of Extrinsic Rewards on

공부 잘하는 아이들의 나라

Intrinsic Motivation. *Psychological Bulletin* 1999;125(6):627–68.

130 Deci EL, et al. (1985).

131 Ryan RM, Deci EL. Intrinsic and Extrinsic Motivations: Classic Definitions and New Directions. *Contemporary Educational Psychology* 2000;25(1):54–67.

132 Ryan RM, Deci EL. (2000).

133 Choi K, Ross M. (Cultural differences in process and person focus: Congratulations on your hard work versus celebrating your exceptional brain. *Journal of Experimental Social Psychology* 2011;47(2):343–9.

134 Chen C, Stevenson HW. Motivation and mathematics achievement: a comparative study of Asian-American, Caucasian-American, and East Asian high school students. *Child Development* 1995;66:1215–34.

135 Wang Q, Pomerantz EM. The motivational landscape of early adolescence in the United States and China: a longitudinal investigation. *Child Development* 2009;80(4):1272–7.

136 Stevenson HW, Stigler JW. *The Learning Gap: Why our Schools Are Failing and What We Can Learn from Japanese and Chinese Education.* New York: Summit Books, 1992: P105

137 Wang, et al. (2009).

138 Heine SJ, Kitayama S, Lehman DR, et al. Divergent consequences of success and failure in Japan and North America: an investigation of self-improving motivations and malleable selves. *Journal of Personality and Social Psychology* 2001;81(4):599.

139 *Ibid*.

140 Ng FF, Pomerantz EM, Lam S. European American and Chinese parents' responses to children's success and failure: Implications for children's responses. *Developmental Psychology* 2007;43:1239–55.

141 Li J. *Cultural Foundations of Learning: East and West.* Cambridge: Cambridge University Press, 2012:p7.

142 Stipek DJ. *Motivation to Learn: Integrating Theory and Practice* (4th ed). Boston: Allyn & Baker, 2002.

143 Tobin J, Wu D, Davidson D. *Preschool in Three Cultures: Japan, China, and the United States.* New Haven, CT: Yale University Press, 1989.

144 Hess RD, Chang C-M, McDevitt TM. Cultural variations in family beliefs about children's performance in mathematics: Comparisons among People's Republic of China, Chinese-American, and Caucasian-American families. *Journal of Educational Psychology* 1987;79:179–88.

145 Heine SJ, et al.

146 Dweck C. *Mindset: How You Can Fulfil Your Potential*. London: Hachette UK, 2012.

147 Pualengco RP, Chiu CY, Kim YH. (2009). Cultural variations in pre_emptive effort downplaying. *Asian Journal of Social Psychology* 2009;12(1):12–9.

148 Dweck CS. *Mindsets and Math/Science Achievement*. New York: Carnegie Corp. of New York –Institute for Advanced Study Commission on Mathematics and Science Education, 2008.

149 Li J. (2012);14.

150 *ibid.*

151 Li J. (2012); 13.

152 Dweck CS. (2008).

153 Ng, F. F. Y., Pomerantz, E. M., & Lam, S. F. (2007). European American and Chinese parents' responses to children's success and failure: implications for children's responses. *Developmental Psychology*, 43(5):1239.

154 Greenberger E, Chen C, Tally SR, Dong Q. Family, peer, and individual correlates of depressive symptomatology among US and Chinese adolescents. *Journal of Consulting and Clinical Psychology* 2000;68(2):209.

155 Chao R, Tseng V. Parenting of Asians. *Handbook of Parenting* 2002;4:59–93.

156 East China Normal University (2015) Gaokao to be reformed: A better Channel for social mobility?; Available at: http://english.ecnu.edu.cn/df/cf/c1706a57295/page.htm

157 Qian H, Walker A. In: Tony Townsend and John MacBeath (eds.), *International Handbook of Leadership for Learning*. Germany: Springer, 2011: 209-25.

158 이와 별개로, 공립학교보다 훨씬 시설이 열악한 이민자 사립학교가 많다는 연구 결과가 있다. Chen, Y., & Feng, S. (2013). Access to public schools and the education of migrant children in China. China Economic Review, 26, 75-88 참조.

159 Strauss V. So how overblown were No. 1 Shanghai's PISA results? 2014. Available at: www.washingtonpost.com/news/answer-sheet/wp/2014/03/20/so-how-overblown-were-no-1-shanghais-pisa-results

160 OECD. *PISA 2012 Results in Focus. What 15-year-olds Know and hat they can do with what they know*. Paris: OECD, 2013. Available at: https://www.oecd.org/pisa/keyfindings/pisa-2012-results-overview.pdf

161 An SH. Capturing the Chinese way of teaching: the learning-questioning and learning-reviewing instructional model. In: *How Chinese Learn Mathematics: Perspectives From Insiders*. Fan LH, Fan NY, Wong, Cai JF, Li SQ (eds). Singapore: World Scientific, 2014:462–482.

162 Fan L, Miao Z, Mok I. How Chinese teachers teach mathematics and pursue

professional development: perspectives from contemporary international research. In: *How Chinese Teach Mathematics: Perspectives from Insiders*. Singapore: World Scientific, 2014:43–70.

163 Schleppenbach M, Flevares LM, Sims LM, Perry M. Teachers' responses to student mistakes in Chinese and US mathematics classrooms. *The Elementary School Journal* 2007;108(2):131–47.

164 Qiong LI, Yujing NI. Dialogue in the elementary school mathematics classroom: a comparative study between expert and novice teachers. *Frontiers of Education in China* 2009;4(4):526–40.

165 Fang Y. The cultural pedagogy of errors: teacher Wang's homework practice in teaching geometric proofs. *Journal of Curriculum Studies* 2010;42(5):597–619.

166 Biggs JB. The Paradox of the Chinese Learner. *Asian Contributions to Cross Cultural Psychology* 1996:180–199.

167 Watkins DA, Biggs JB. *The Chinese Learner: Cultural, Psychological, and Contextual Influences*. Hong Kong/Melbourne: CERC & ACER, 1996.

168 Li J. US and Chinese cultural beliefs about learning. *Journal of Educational Psychology* 2003;95(2):258.

169 Rao ZH. Understanding Chinese students' use of language learning strategies from cultural and educational perspectives. *Journal of Multilingual and Multicultural Development* 2006;27:491–508.

170 Deci E, Ryan R. *Handbook of Self-determination Research*. Rochester, NY: University of Rochester Press, 2002.

171 Wang Q, Pomerantz EM. The motivational landscape of early adolescence in the US and China: a longitudinal investigation. *Child Development* 2009;80:1280–96.

172 Stevenson HW, Lee SY, Chen C, et al. Contexts of achievement: a study of American, Chinese, and Japanese children. Chicago: University of Chicago Press, 1990.

173 OECD. *Ready to Learn: Students' Engagement, Drive and Self-beliefs – Volume III*. Paris: OECD, 2013.

174 Zhou N, Lam SF, Chan KC. The Chinese classroom paradox: a cross-cultural comparison of teacher controlling behaviors. *Journal of Educational Psychology* 2012;104:1162–74.

175 Chua A. *Battle Hymn of the Tiger Mother*. London: Bloomsbury Publishing, 2011:29.

176 Pratt D, Kelly M, Wong S. Chinese conceptions of "Effective Teaching" in Hong Kong: towards a culturally sensitive evaluation of teaching. *International Journal of Lifelong Education* 1999;18(4): 241–58.

177 Reuters. Wen says rote learning must go in Chinese schools. Available in : www. reuters.com/article/us-china-education-idUSTRE67U18Y20100831 ; 2010. 178 Tan C. *Learning from Shanghai: Lessons on Achieving Educational Success.* Germany : Springer, 2013. 179 BBC News : China universities 'must shun Western values'. Available at : www.bbc.co.uk/news/world-asia-china-31052682

180 Adams GL, Engelmann S. *Research on Direct Instruction: 25 Years beyond DISTAR.* Seattle : Educational Achievement Systems, 1996. Hattie J. *Visible Learning: A Synthesis of Over 800 Meta-analyses Relating to Achievement.* New York : Routledge, 2008.

181 Glaser R, Chi MT. Overview. In : *The Nature of Expertise.* Hillsdale : Erlbaum, 1988 : xv-xxvii.

182 New to BC. Diverse British Columbia : Immigration in Western Canada. Available at : http://newtobc.ca/2015/05/diverse-british-columbia-immigrationin-western-canada

183 OECD. Ontario, Canada : reform to support high achievement in a diverse context. In : *Strong Performers and Successful Reformers in Education: Lessons from PISA for the United States.* Paris : OECD, 2011.

184 Statistics Canada. *Immigration and Ethnocultural Diversity in Canada.* Available at : www12.statcan.gc.ca/nhs-enm/2011/as-sa/99-010-x/99-010-x2011001-eng.cfm

185 PISA 테스트에서 중국이 상하이 등 여러 도시로 나눠 참가하는 한편, 캐나다는 주별로 교육제도가 다른데도 불구하고 하나의 국가로 참가한다. 중국 여러 도시의 성적을 모두 합쳐서 하나의 국가로 계산할 경우, 모든 참가국을 통틀어 캐나다의 순위가 2009년에 6위, 그리고 2012년에는 9위에 해당한다고 볼 수 있다.

186 Entorf H, Minoiu N. What a difference immigration law makes : PISA results, migration background and social mobility in Europe and traditional countries of immigration. In : *ZEW-Centre for European Economic Research Discussion Paper,* (04-017), 2004.

187 National Centre for Education Statistics International Data Explorer.

188 3개 준주 지역은 PISA에 참가하지 않기로 했다. 가장 큰 이유는 접근성이 떨어지기 때문이며(에스키모족 자치구역인 누나부트Nunavut에는 도로가 없어 옆 마을로 이동할 때 비행기를 타야 할 정도이다). 이로써 캐나다 전체 학생의 1.1퍼센트가 PISA 검사에서 누락된 셈이다.

189 교육제도는 비슷하지만 주마다 점수는 제각각이다. 그 이유는 학생들의 배경이 상이하기 때문이다. 캐나다의 모든 주에서 비슷한 교육제도를 시행한다는 점을 고려할 때, 학생의 배경에 따라 주별로 점수가 달라진다는 설명은 일리가 있다. 설령 모든 나라가 동일한 교육제도를 시행한다고 하더라도 모두 똑같은 결과가 나타나지는

않을 것이고, 차이가 나는 가장 큰 원인은 학생들의 배경 때문일 것이다. 마찬가지로 캐나다 각 주에서도 점수 차가 적은 것은 교육정책의 유사성 때문이지만, 점수 차가 벌어지는 것은 아이들의 가정 환경 차이 때문이다.

190 사회학 교수이자 캐나다 교과서 저자인 Neil Guppy를 OECD가 인터뷰한 내용이다. Ontario, Canada: Reform to Support High Achievement in a Diverse Context, *Lessons from PISA for the United States*, 2011.

191 Cappon P. Think Nationally, Act Locally: A pan-Canadian strategy for education and training. (2014).

192 퀘벡주에서 실시되는 조기교육 프로그램을 평가한 결과, 조기교육이 5세 아동에게 부정적 영향을 미치는 경우가 확인되었다. 원인은 아이들이 너무 어린 나이에 과도하게 긴 시간 동안 함량 미달의 교사와 질 낮은 교육 환경에 노출된 데 있었다. Lefebvre P, Merrigan P, Verstraete M. Impact of Early Childhood Care and Education on Children's Preschool Cognitive Development: Canadian Results from a Large Scale Quasi-Experiment. In: *CIPEE. Working Paper 06–36*, 2006. Available at: www.cirpee.org/fileadmin/documents/Cahiers_2006/ CIRPEE06-36.pdf

193 유치원에 다니는 5세 아동의 비율이 (30퍼센트에서 거의 100퍼센트 가까이) 급격히 증가한 시기는 1960년대였다.

194 Cornelius-White J. Learner-centered teacher-student relationships are effective: a meta-analysis. *Review of Educational Research* 2007;77(1):113–43.

195 Jennifer Walner. *Learning to School: Federalism and Public Schooling in Canada*. Toronto: Toronto University Press, 2014:54.

196 OECD (2014). Are grouping and selecting students for different schools related to students' motivation to learn? PISA in Focus 39. Paris: OECD.

197 Pashler, H., McDaniel, M., Rohrer, D., & Bjork, R. (2008). Learning styles concepts and evidence. *Psychological Science in the Public Interest*, 9(3), 105-119. p105.

198 온타리오주에도 브리티시컬럼비아(BC)주처럼 수행평가 표준이 마련되어 있지만, BC 표준에서 사용하는 '기대에 못 미침'과 같은 부정적 언어는 사용할 수 없다. 부족한 부분 대신 학생이 성취를 이룬 부분에 집중한다.

199 비교 심사나 상대 평가에 대해 더 알아보려면 Daisy Christodoulou의 블로그 The Wing to Heaven을 참고하라.

200 어떤 의미에서는, 준거-참조 평가도 특정한 연령 집단의 일반적 성취 수준을 기준으로 삼는다는 점에서 상대 평가의 요소가 포함된다고 볼 수 있다. 등급도 사람이 정하는 것이므로 아이들이 이전 학년에서 성취한 수준을 기준으로 삼을 가능성이 크기 때문이다. 그리고 만약 이 시나리오가 현실이 되어 캐나다의 4학년 아이들이 단 한 명도 낙오하지 않고 수행평가 표준을 통과한다면, 그때는 평가 기준이 과연 적절했는지 비판하고 자성하는 목소리가 높아질 것이다. 그래도 준거-참조 평가와 상대 평가

사이에는 엄연한 차이가 있다.

201 British Columbia Ministry of Education. Gifted Education – A Resource Guide for Teachers. Available in: www.bced.gov.bc.ca/specialed/gifted/giftedlearners. htm; accessed dates: 2nd June 2016.

202 Hattie J. *Visible Learning: A Synthesis of Over 800 Meta-analyses Relating to Achievement*. Abingdon: Routledge, 2008.

203 Kanevsky LS. A survey of educational acceleration practices in Canada. *Canadian Journal of Education* 2011;34(3):153–80.

204 King LA, Burton CM. The hazards of goal pursuit. In: Chang EC, Lawrence J (eds). *Virtue, Vice, and Personality: The Complexity of Behavior*. Washington, DC: American Psychological Association, xxvi, 2003:53–69.

205 Dunae P. The School Inspectorate 1856 – 1973. Available in: www2.viu.ca/ homeroom/content/Topics/Programs/inspect.htm

206 Hough LM, Oswald FL. Personnel selection: Looking toward the future— remembering the past. *Annual Review of Psychology* 2000;51:631–64.

207 Döbert H, Klieme E, Sroka W. *Conditions of School Performance in Seven Countries*. Waxmann Verlag, 2004.

208 Stokke A. What to do about Canada's declining math scores. Commentary 427, CD. Howe Institute, Toronto, 2015. Available at: www.cdhowe.org/ sites/default/ files/attachments/research_papers/mixed/commentary_427.pdf

209 여기서 문제 기반 학습은 Gijbels(2005)의 정의에 따랐으며, 여섯 가지 핵심 특징은 다음과 같다. 첫째, 학습은 학생 중심으로 이루어진다. 둘째, 학습은 소규모 집단에서 효과적으로 이루어진다. 셋째, 교사의 존재는 촉진자 또는 안내자이다. 넷째, 실생활에 연관된 문제를 우선 제시한다. 다섯째, 당면한 문제를 도구로 삼아 필요한 지식과 문제해결 기술을 달성하고 결과적으로 문제를 해결한다. 여섯째, 새로운 정보는 자기주도적 학습을 통해 습득한다. '문제 기반 학습'과 '발견학습'이라는 용어는 보통 혼용되지만, Hmelo-Silver et al.은 두 용어 사이에 분명한 차이가 있다고 설명한다. 발견 중심 학습은 교사의 지도를 최소화하므로 효과가 다소 떨어진다. 여기서 인용한 연구는 문제 기반 학습을 다루기 때문에, 이것이 학령아동의 지식과 이해를 넓히는 데 얼마나 효과적인지 전반적으로 증거가 부족하다는 점에서 더욱 우려할 만하다. Gijbels D, Dochy F, Van den Bossche P, Segers M. Effects of problembased learning: a meta-analysis from the angle of assessment. *Review of Educational Research* 2005;75(1):27–61. Hmelo-Silver CE, Duncan RG, Chinn CA. Scaffolding and achievement in problem-based and inquiry learning: a response to Kirschner, Sweller, and Clark (2006). *Educational Psychologist* 2007;42(2):99–107.

210 Kirschner PA, Sweller J, Clark RE. Why minimal guidance during instruction does not work. *Educational Psychologist* 2006;41(2):75–86.

공부 잘하는 아이들의 나라

211 Hattie J. Visible learning: a synthesis of over 800 meta-analyses relating to achievement. Abingdon: Routledge, 2008.

212 Echazarra A, Salinas D, Méndez I, et al. *How Teachers Teach and Students Learn.* Paris: OECD, 2016.

213 작업 기억의 한계 때문에 문제와 연관된 사전 지식이 없으면 해결할 수 있는 문제의 범위가 줄어든다는 주장이다. Kirschner et al. 2006의 연구를 참고하라.

214 Haeck C, Lefebvre P, Merrigan P. *All students left behind: an ambitious provincial school reform in canada, but poor math achievements from grade 2 to 10.* Available at: SSRN 1966937; 2011.

215 Coe R, Aloisi C, Higgins S, Elliot Major L. *What makes great teaching? Review of the underpinning research.* Centre for Evaluation and Monitoring/The Sutton Trust, Durham, 2014.

216 퀘벡주의 교수법은 교수내용지식PCK과 공통점이 많지만, 그렇다고 완전히 같지는 않다. (퀘벡에서 사용되는 교수법이 유래한) 유럽에서는 전통적으로 교수법에 교육 과정 설계가 포함된다. 수학을 가르칠 때 다양한 비유를 사용하는 방법에는 장단점이 있기 때문에, 가령 은행 잔고, 기온, 수심 등 음수 개념을 도입할지 여부를 교사가 결정해야 한다. 퀘벡식 교수법과 PCK의 차이를 명확히 구분한 Dylan Wiliam 교수에게 감사를 표한다.

217 Hattie(2008): 211

218 내가 방문한 모든 나라가 다섯 가지 원칙을 모두 철저히 지키지는 않았지만, 각각의 원칙은 최소한 4개국에서 지켜지고 있었다.

219 Formby S. *Children's early literacy practices at home and in early years settings: Second annual survey of parents and practitioners.* National Literacy Trust, 2014.

220 Aunio P, Aubrey C, Godfrey R, et al. Children's early numeracy in England, Finland and People's Republic of China. *International Journal of Early Years in Education* 2008;16(3):203–21.

221 Alexander R. *The Education of Six Year Olds in England, Denmark and Finland: An International Comparative Study.* London: Ofsted, 2003.

222 Nah KO. A comparative study of mathematics education practices in English and Korean preschools focusing on implementation of curriculum content. *KEDI Journal of Educational Policy* 2011;8(1).

223 Whitburn J. Contrasting approaches to the acquisition of mathematical skills: Japan and England. *Oxford Review of Education* 1996;22(4):415–34. Although this research was conducted in 1996, the findings are still true – Japanese preschool is still entirely play-based.

224 Bassok D, Latham S, Rorem A. Is Kindergarten the new first grade? *Working Paper Series, No. 20.* Available at: http://curry.virginia.edu/uploads/

resourceLibrary/20_Bassok_Is_Kindergarten_The_New_First_Grade.pdf; 2015.

225 Sylva K, Nabuco M. Research on quality in the curriculum. *International Journal of Early Childhood* 1996;28(2):1–6. Elkind D, Whitehurst G. Young Einsteins. Much too early: much too late. *Education Matters* 2001;1(2):8–21. Dee T, Sievertsen H. The gift of time? School starting age and mental health. *NBER Working Paper No. 21610*, 2015. Available at: http://www. literacytrust.org.uk/assets/0002/4082/EY_Final_report_2014.pdf Black S, Devereux P, Salvanes K. Too young to leave the nest? The effects of school starting age. *The Review of Economics and Statistics* 2011;93(2):455–67.

226 Kavkler M, Tancig S, Magajna L, Aubrey C. Getting it right from the start? The influence of early school entry on later achievements in mathematics. *European Early Childhood Education Research Journal* 2000;8(1):75–93. McGuinness C, Sproule L, Bojke C, Trew K, Walsh G. Impact of a play-based curriculum in the first two years of primary school: literacy and numeracy outcomes over seven years. *British Educational Research Journal* 2014;40(5):772–95. Schmerkotte H. Ergebnisse eines Vergleichs von Modellkindergarten und Vorklassen in Nordrhein-Westfalen Results from a comparison of typical kindergartens and preschools in North Rhine-Westphalia. *Bildung und Erziehung* 1978;31:401–11.

227 Marcon R. Moving up the grades: relationship between pre-school model and later school success. *Early childhood Research and Practice* 2002;4(1):517–30. Suggate S, Schaughency E, Reese E. Children learning to read later catch up to children reading earlier. *Early Childhood Research Quarterly* 2013;28:33–48.

228 Aunio P, Aubrey C, Godfrey R, Pan Y, Liu Y. Children's early numeracy in England, Finland and People's Republic of China. *International Journal of Early Years Education* 2008;16(3):203–21.

229 Heckman JJ. Schools, skills, and synapses. *Economic Inquiry* 2008;46(3):289–324.

230 *ibid.*

231 Aunio, et al. (2008).

232 Ee J, Wong K, Aunio P. Numeracy of Young Children in Singapore, Beijing Helsinki. *Early Childhood Education Journal* 2006;33(5).

233 Nurturing Early Learners: A curriculum for kindergartens in Singapore. Numeracy. Available from: www.moe.gov.sg/docs/defaultsource/document/education/preschool/files/nel-edu-guide-numeracy.pdf

234 OECD(2015). Helping Immigrants Succeed at School – and Beyond. Available from: https://www.oecd.org/education/Helping-immigrant-studentsto-succeed-at-school-and-beyond.pdf

235 Bransford JD, Brown AL, Cocking RR. *How People Learn: Brain, Mind, Experience, and School.* Washington DC: National Academy Press, 1999.

236 이 부분은 Tim Oates(2010)의 연구와 Schmidt와 Prawat(2006)의 연구에서 많은 도움을 받았다. 독자들도 읽어보기를 권한다. Oates T. *Could Do Better.* Cambridge: Cambridge Assessment, 2010. Schmidt WH, Prawat RS. Curriculum coherence and national control of education: issue or non_issue? *Journal of Curriculum Studies* 2006;38(6):641–58.

237 주의 사항. 전국적으로 공통 교육과정을 개발하기 위해 반드시 정부가 나설 필요는 없다. 정부가 아닌 공공기관이 교육과정을 설계할 수도 있다. 중요한 것은 교사들의 신뢰를 얻을 만한 교육과정을 개발하는 일이다.

238 Van de Werfhorst HG, Mijs JJ. Achievement inequality and the institutional structure of educational systems: a comparative perspective. *Annual Review of Sociology* 2010;36:407–28.

239 Tim Oates의 연구를 참고하라.

240 PISA 보고서에는, 사회·경제적 지위와 읽기·수학 부문의 학업 수행이 연관관계에 있다는 설명에 이어서, 이민자 가정의 아이들이 비이민자 아이들보다 직업훈련과정으로 진학하는 경우가 44퍼센트 더 많다는 분석도 실려 있다. 빈곤층의 이민자 학생들을 실업계로 진학시켜 쉬운 과정으로 공부하도록 하면, 그들이 성취할 수 있는 학문적 기술을 제한할 뿐만 아니라 나중에 고위 전문직을 얻는 데도 추가로 걸림돌이 된다.

241 Hanushek E, Woßmann L. Does educational tracking affect performance and inequality? Differences-In-Differences Evidence Across Countries. *Economic Journal* 2006;116:63–76. Woessmann L. International Evidence on School Tracking: A Review. CESifo DICE Report – *Journal for Institutional Comparisons* 2009;7(1):26–34. Horn, D. Age of selection counts: A cross-country comparison of educational institutions. *Arbeitspapiere – Mannheimer Zentrum für Europäische Sozialforschung*; 107. Available from: http://www.mzes.uni-mannheim.de/publications/wp/wp-107.pdf; 2008. Duru-Bellat M, Suchaut B. Organisation and context, efficiency and equity of educational systems: what PISA tells us. *European Educational Research Journal* 2005;4(3):181–94.

242 Jakubowski M, Patrinos HA, Porta EE, Wisniewski J. The Impact of the 1999 Education Reform in Poland. *Policy Research Working Paper 5263.* Human Development Network Education, 2010.

243 Carlgren I. The Swedish comprehensive school—lost in transition? *Zeitschrift für Erziehungswissenschaft* 2009;12(4):633–49.

244 내가 방문한 모든 나라에서 이 역할을 수행하는 것은 숙달된 전문 교사들이었지만, 정식으로 교사훈련을 거치지 않았더라도 관련 교육을 받고 헌신적으로 가르치는 보조 교사 역시 학문적으로 또는 비학문적으로 성과를 낼 수 있다는 증거가 있

다. E.g. Cook et al (2014). The (Surprising) Efficacy of Academic and Behavioral Intervention with Disadvantaged Youth: Results from a Randomized Experiment in Chicago, *NBER Working Paper No. 19862.*

245 Hill HC, Rowan B, Ball DL. Effects of Teachers' Mathematical Knowledge for Teaching on Student Achievement. *American Educational Research Journal* 2005;42(2):371-406. Sadler PM, Sonnert G, Coyle HP, Cook-Smith N, Miller JL. The influence of teachers' knowledge on student learning in middle school physical science classrooms. *American Educational Research Journal* 2013;50(5):1020–49. Deans for Impact (2015). *The Science of Learning,* Austin, TX: Deans for Impact, available at: www.deansforimpact.org/pdfs/The_Science_of_Learning.pdf

246 Pomerance L, Greenberg J, Walsh K. Learning about learning: *What Every New Teacher Needs to Know.* Washington, DC: The National Council of Teacher Quality, 2016.

247 Coe R, Aloisi C, Higgins S, Elliot Major L. *What Makes Great Teaching? Review of the Underpinning Research.* Durham: Centre for Evaluation and Monitoring/ The Sutton Trust, 2014.

248 Ko J, Sammons P. *Effective Teaching: A Review of Research and Evidence.* Reading: CfBT Education Trust, 2013. Coe R, Aloisi C, Higgins S, Elliot Major L. *What Makes Great Teaching? Review of the Underpinning Research.* Durham:Centre for Evaluation and Monitoring/The Sutton Trust, 2014. Deans for Impact (2015). The Science of Learning, Austin, TX: Deans for Impact. Available at: www.deansforimpact.org/pdfs/The_Science_of_ Learning.pdf Pashler H, Bain PM, Bottge BA, et al. Organizing Instruction and Study to Improve Student Learning. *IES Practice Guide NCER 2007-2004.* Washington, DC: National Center for Education Research, 2007. Hattie J. (2008).

249 Byron K, Khazanchi S, Nazarian D. The relationship between stressors and creativity: a meta-analysis examining competing theoretical models. *Journal of Applied Psychology* 2010;95(1):201.

250 Mourshed M, Chijioke C, Barber M. *How the World's Most Improved Systems Keep Getting Better.* New York: McKinsey & Co, 2010:70.

251 Diamond J, Spillane J. High-stakes accountability in urban elementary schools: challenging or reproducing inequality? *The Teachers College Record* 2004;106(6):1145–76.

252 Neal D, Schanzenback DW. Left behind by design: proficiency counts and test-based accountability. *The Review of Economics and Statistics* 2010;92(2):263–83.

253 Jacob B. Accountability, incentives and behavior: the impact of high-stakes

testing in Chicago public schools. *Journal of Public Economics* 2005;89(5-6):761–96. Jennings J. Below the bubble: educational triage and the Texas accountability system. *American Educational Research Journal* 2005;42(2):231–68.

254 Jacob BA, Levitt SD. *Rotten Apples: An Investigation of the Prevalence and Predictors of Teacher Cheating* (No. w9413). Cambridge, MA: National Bureau of Economic Research, 2003.

255 상하이와 싱가포르에서 학생들은 여전히 어린 나이에 진로를 선택해야 한다(싱가포르는 진로 선택 시기를 늦추려고 노력 중이지만). 따라서 두 나라의 교육제도는 학업 성취도 향상에 효과적이지만 교육의 형평성은 상대적으로 낮다.

256 Jerrim J, Vignoles A. *The Causal Effect of East Asian 'Mastery' Teaching Methods on English Children's Mathematics Skills* (No. 15-05). Department of Quantitative Social Science-UCL Institute of Education. London: University College London, 2015.

257 Zeehandelaar D, Northern AM. *What Parents Want: Education Preferences and Trade-offs: A National Survey of K-12 Parents.* Washington DC: Thomas B. Fordham Institute, 2013.

258 HSBC. The Value of Education: Learning for Life. Available at: www.google. com/search?client=safari&rls=en&q=The+Value+of+Education:+Learning+for+Lif e%E2%80%99&ie=UTF-8&oe=UTF-8&gfe_rd=cr&ei=u65aV6X1E-Hc8geTho3wCA; 2015; accessed at: 6th June 2016.

259 Bol T, Van de Werfhorst HG. Educational systems and the trade-off between labor market allocation and equality of educational opportunity. *Comparative Education Review* 2013;57(2):285–308.

260 Bransford JD, Brown AL, Cocking RR. *How People Learn: Brain, Mind, Experience, and School.* Washington, DC: National Academy Press, 2000.

261 Pellegrino JW, Hilton ML. *Education for Life and Work: Developing Transferable Knowledge and Skills in the 21st Century.* Washington, DC: National Academies Press, 2012.

262 Dignath C, Buettner G, Langfeldt HP. How can primary school students learn self-regulated learning strategies most effectively? A meta-analysis on self-regulation training programmes. *Educational Research Review* 2008;3(2):101–29.

263 Scott G, Leritz LE, Mumford MD. The effectiveness of creativity training: A quantitative review. *Creativity Research Journal* 2004;16(4):361–88.

264 Kirschner PA, Sweller J, Clark RE. Why minimal guidance during instruction does not work: An analysis of the failure of constructivist, discovery, problem-based, experiential, and inquiry-based teaching. *Educational Psychologist* 2006;41(2):75–86.